◉シリーズ・現代の世界経済 9

現代の世界経済と日本

西島章次/久保広正 編著

ミネルヴァ書房

『シリーズ・現代の世界経済』刊行のことば

　グローバリゼーションはとどまることを知らず，相互依存関係の高まりとともに，現代の世界経済は大きな変貌を見せている。今日のグローバリゼーションは，瞬時的な情報の伝播，大規模な資金移動，グローバルな生産立地，諸制度の標準化などを特徴としており，その影響は急激であり多様である。たとえば，一部の新興市場諸国は急激な経済発展を遂げその存在感を強めているが，他方で2008年の世界金融危機による同時不況から，いまだに抜け出せない国々も多い。国内的にもグローバリゼーションは勝者と敗者を生み出し，先進国，途上国を問わず，人々の生活に深い影を落としている。

　グローバリゼーションの進展によって世界の地域や国々はどのように変化し，どこに向かっているのであろうか。しかし，現代の世界経済を理解することは決してたやすいことではない。各地域や各国にはそれぞれ固有の背景があり，グローバリゼーションの影響とその対応は同じではない。グローバリゼーションの意義と限界を理解するためには，様々な地域や国々のレベルで詳細にグローバリゼーションを考察することが必要となる。

　このため，本シリーズは，アメリカ，中国，ヨーロッパ，ロシア，東アジア，インド・南アジア，ラテンアメリカ，アフリカの8つの地域・国を網羅し，グローバリゼーションの下での現代の世界経済を体系的に学ぶことを意図している。同時に，これら地域・国とわが国との関係を扱う独立した巻を設定し，グローバリゼーションにおける世界経済と日本とのあり方を学ぶ。

　本シリーズは，大学の学部でのテキストとして編纂されているが，グローバリゼーションや世界経済に強い関心を持つ社会人にとっても読み応えのある内容となっており，多くの方々が現代の世界経済について関心を持ち理解を深めることに役立つことができれば，執筆者一同にとって望外の喜びである。なお，本シリーズに先立ち，ミネルヴァ書房より2004年に『現代世界経済叢書』が刊行されているが，既に7年が経ち，世界経済がおかれている状況は大きく変貌したといって決して過言ではない。本シリーズは，こうした世界経済の変化を考慮して改めて企画されたものであり，各巻ともに全面的に改訂され，全て新しい原稿で構成されている。したがって，旧シリーズと合わせてお読み頂ければ，この7年間の変化をよりよく理解できるはずである。

2011年2月

編著者一同

はしがき

　2011年3月11日，わが国は未曾有の東日本大震災に見舞われ，多くの尊い命が失われた。国際社会は直ちに迅速な支援の手を差し延べ，190をはるかに上回る諸国・機関からさまざまな援助の申し入れがあった。なかにはアフガニスタンのように，自国の基礎すら十分に固まっていない国からも援助の提供があった。今更ながら，多くの人々はグローバリゼーションのなかに生き，存在していることを改めて認識させられたのではないだろうか。

　ところでグローバリゼーションとは，経済学の視点からみると，ヒト・モノ・サービス・資本，さらには情報といった経済活動に不可欠な要素が国境を越え，地球規模で一体化しつつあることと定義できる。では，近年，何故にグローバリゼーションが顕著に進行するようになったのであろうか。まず重要な点は，貿易及び投資活動に関する障壁の削減あるいは除去が進んだことである。すなわち，第二次世界大戦の直後に設立された「関税貿易一般協定（General Agreement of Tariffs and Trade：GATT）」及びGATTを発展させた「世界貿易機関（World Trade Organization：WTO）」などは，この点で重要な役割を果たした。また，同様に世界各地で地域統合が進展し，少なくとも，その地域内では貿易障壁の削減あるいは除去が進んだことも見逃せない。要するに，ヒト・モノ・サービス・資本・情報などが，いとも簡単に国境を越えることが可能になったのである。

　また，次にICT（Information Communication Technology）の進展により，世界各地の情報が簡単に収集できるようになったことも，グローバリゼーションを進展させた。その結果，世界各地の消費者がいかなる嗜好をもっているのか，世界各地の企業がどのような業績をあげつつあるのか，世界各地の政府がいかなる政策を実施しようとしているのかなど，さまざまな情報を瞬時に入手できるようになった。こうした貿易障壁の削減・除去，さらにはICTの進展により，経済面における国境の重要性が低下した結果，世界経済の一体化が進み，いとも簡単に海外で生産された製品・サービスが入手可能になり，われわれは豊か

な生活を享受することができるようになったのである。

　このような性格を有するグローバリゼーションであるが，社会にマイナスの影響を及ぼす可能性がある点は注意を要する。経済面における国境の重要性が低下することは，世界的な規模で競争が激化することを意味する。その際，競争に打ち勝つことができる企業あるいは国は，より豊かになることが可能である。その一方，競争に太刀打ちできない企業あるいは国の地位は低下せざるをえない。その結果，利益格差，あるいは所得格差が拡大する可能性は否定できないであろう。

　本書の序章でみるように，わが国の国際的地位は1990年代以来，傾向的に低下しつつある。日本企業あるいは日本経済は，グローバリゼーションが進む国際経済において，果たして「負け組」に属するようになったのであろうか。もしそうだとしても，「負け組」から，「勝ち組」へと移ることは可能なのであろうか。このような問題を考える際に重要な点は，日本経済という視点からみて，国際経済あるいは世界の各地で何が起こっているかを熟知した上で，国際経済と日本経済はいかなる関係を築こうとしているかを考察することである。本書は，このような問題意識に立脚し，世界の主要地域と日本経済の関係を論じることを目的としている。

　ここで「シリーズ・現代の世界経済」について若干触れておきたい。神戸大学には社会科学系の大学院・研究所の教員を中心に「地域経済研究会」が組織されており，セミナー・ワークショップなど，活発に活動を続けている。2004年には，その成果に基づきミネルヴァ書房から「現代世界経済叢書」が刊行された。それ以来，7年以上の時間が経過し，現代の世界経済が大きく変貌している状況を踏まえ，日頃の研究成果を基に，同研究会は新たに「シリーズ・現代の世界経済」を企画し，アメリカ，中国，ヨーロッパ，ロシア，東アジア，インド・南アジア，ラテンアメリカ，アフリカの8地域・諸国を取り上げ，それぞれの地域・諸国の経済を詳しく分析した。さらに，本シリーズの第9巻である本書『現代の世界経済と日本』では，それぞれの地域・諸国と日本との関係に焦点を当て，その課題と今後の展望を議論している。

　本書の各章の分析を通じていえることは，わが国の対外的な課題は，先進諸国，新興諸国，発展途上諸国を問わずこれら諸国との経済的関係をいっそう緊密化し，グローバリゼーションの功罪を見極めながら，わが国経済をダイナ

ミックに前進させるエンジンとすることにあるといえる。しかし，誰もが予想するように，各国，各地域はそれぞれ独自の経済的特質や課題を有しており，今後の日本との関係を分析するには，各国，各地域に共通する部分だけではなく，それぞれの各国，各地域の諸情を十分に考慮する必要がある。このため，以下の8つの章は，それぞれの地域・諸国の専門家が担当し，各地域・諸国の諸事情を考慮した上で日本との関係が議論されている。本書及び同じシリーズ書により，わが国の将来について何らかの点を示唆することができれば，筆者一同の喜びとするところである。

　しかし，限られた紙幅のために十分に議論されなかった問題が残されている可能性や，現在の世界経済，各地域，各国の変化のスピードが極めて速く本書では見過ごした問題が存在する可能性があることから，読者の忌憚のないご批判を仰ぎたい。最後に，快く執筆頂いた各先生方と，本書の編集にあたりご尽力頂いたミネルヴァ書房の東寿浩氏に記して感謝申し上げたい。

　2012年7月

西島章次・久保広正

追補

　編著者の1人である西島章次・在ブラジル日本国大使館公使は，2012年7月28日，ブラジルにおいて交通事故により逝去されました。執筆者一同，追悼の意を表します。

現代の世界経済と日本

目　次

はしがき

序　章　世界経済における日本の課題……………………………………… 1
　　　　1　低迷する日本経済の国内的課題　1
　　　　2　日本の対外経済問題　5
　　　　3　日本経済の課題　10
　　　　4　各地域との日本の関係　16

第 1 章　アメリカと日本……………………………………………………… 19
　　　　1　貿易摩擦発生までの経済関係　19
　　　　2　日米貿易摩擦の概要と近年の変容　20
　　　　3　日米貿易摩擦のクロノロジー　24
　　　　4　日米相互のイメージ　29
　　　　5　経済理論からみた日本とアメリカ　32
　　　　コラム　アメリカの買い物と日本の買い物　37

第 2 章　中国と日本…………………………………………………………… 39
　　　　1　日中経済交流小史（1895～2010年）　39
　　　　2　中国のグローバル化と変貌する日中関係　49
　　　　3　日本からみた中国　55
　　　　4　中国脅威論を超えて　60
　　　　コラム　中国ニセモノ事情と日本ブランド　64

第 3 章　ヨーロッパと日本…………………………………………………… 67
　　　　1　日欧貿易摩擦　67
　　　　2　貿易摩擦から日・EU協調の時代へ　69
　　　　3　日・EU間の貿易・投資の特徴　70
　　　　4　ヨーロッパにとっての日本　73
　　　　5　日本からみたヨーロッパ　79
　　　　コラム　青山光子とリヒャルト・クーデンホフ・カレルギー　83

目　次

第4章　ロシアと日本 …………………………………………… 85

1　ロシアという国　85

2　現在の日本とロシアの経済関係　88

3　ロシアとの交流史　92

4　現在のロシアの経済構造とその問題点　97

5　今後の日ロ経済関係　102

コラム　北方領土問題　104

第5章　東アジアと日本 …………………………………………… 107

1　変容する経済構造　107

2　東アジアの多様性と日本　108

3　東アジアと日本の貿易・投資関係の構図　117

4　日本と東アジア——相互関係の歴史的変遷　122

5　関係の深化をめざして　128

コラム　「東アジア」,「東南アジア」ということば　109

第6章　インドと日本 …………………………………………… 131

1　日印経済の歴史的背景　131

2　国際貿易からみた日印経済関係　137

3　資本移動からみた日印経済関係　143

4　労働移動からみた日印経済関係　152

5　日印経済関係の展望　155

コラム　インドのデフォルトを救った日本　157

第7章　ラテンアメリカと日本 …………………………………… 161

1　ラテンアメリカとは　161

2　わが国とラテンアメリカとの経済関係　163

3　経済自由化後のラテンアメリカの変化　172

4　戦略的な経済関係の構築に向けて——今後の課題　178

コラム　デカセギ日系移民　182

vii

第8章　アフリカと日本……………………………………… 185
　　　1　アフリカとの経済関係の概要　185
　　　2　アフリカからみた日本　205
　　　3　日本からみたアフリカ　212
　　　コラム　アフリカのなかの日本と中国　216

終　章　グローバリゼーションと日本経済……………………… 219
　　　1　グローバリゼーションが進行する世界経済　219
　　　2　グローバリゼーションに直面する日本経済　224
　　　3　グローバリゼーションと今後の日本経済　228

索　引　231

序章
世界経済における日本の課題

　日本経済は，1990年代初頭以降，20年以上にわたる深刻な停滞から脱却できないでいる。世界経済がグローバリゼーションの下で急激な変貌を遂げるなか，日本経済は世界におけるプレゼンスの低下を続けている。この間，わが国においても構造調整や規制緩和が実施されたが，日本経済の地盤沈下を覆すほどの新しい活力を生み出すことなく，さまざまな形での格差を拡大させ，社会的，政治的にも不安定な状況を作り出してきた。こうした趨勢のなかで，2008年にはリーマン・ショックによって世界的な金融危機と景気後退がもたらされ，とりわけ日本経済は急激な円高の進行もあいまって，厳しい状況に直面した。さらに，2011年3月11日には未曾有の東日本大震災が発生し，東日本の沿岸部に壊滅的な打撃を与えた。被災地域の速やかな復興に加え，震災を引き金として表出もしくは深刻化した諸問題（電力制約，政府財政・債務の悪化，空洞化の加速，サプライチェーンの再構築など）も，喫緊に解決すべき課題となっている。本書は，日本経済が抱える多様な課題のなかでも，貿易，直接投資，国際協力など対外関係に焦点をあてるが，現在の日本と世界経済との関係には，それぞれの国・地域に応じてそれぞれに異なる課題があることに留意すべきである。以下の諸章では，アメリカ，中国，ヨーロッパ，ロシア，東アジア，インド・南アジア，ラテンアメリカ，アフリカの8つの国・地域と日本との関係が議論されるが，この序章ではわが国が直面する対外関係における基本的課題を議論しておく。

1　低迷する日本経済の国内的課題

　日本経済は，バブル崩壊とその後の金融危機を経て，1990年代から停滞が続き，今日においても構造的なデフレ状態にある。**図序-1**は，1956年からの実質GDP成長率を示しているが，高度成長期を含む1956年～73年の平均成長率が9.1％であったのに対し，第一次石油ショックからバブル期までを含む1974

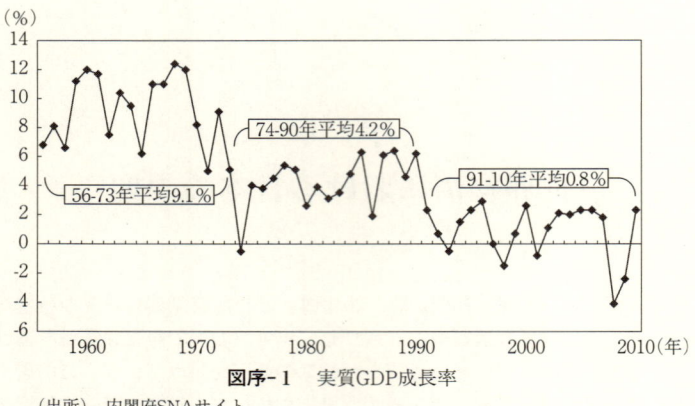

図序-1　実質GDP成長率

(出所)　内閣府SNAサイト。

年〜90年は4.2％に低下し，バブル崩壊からその後の停滞期である1991年〜2010年は0.8％とさらに低い成長率で推移している。この最後の期間には，マイナス成長率となった年が5年あり，とくに，1998年は金融システム不安と貸し渋りで，2008年，09年はリーマン・ショックによる世界金融危機の影響で，それぞれマイナス4.1％，マイナス2.4％となった。ただし，2010年は2.3％に回復した。

こうした1990年代からの傾向的な経済停滞を反映し，世界の名目GDPに占めるわが国の比率は1994年の17％強をピークに低下を続け，2010年には8％前後となり，同年には中国に追い抜かれてしまった。また，1人当たりの名目GDPもOECD加盟国中2000年の3位から2010年には14位にまで後退している。いうまでもなく，このような日本経済の低迷を議論する場合，基本的な問題として，少子高齢化，労働生産性，政府財政などの国内要因と，国際競争力などの対外的問題を考慮する必要がある。本節では，まず，国内的な要因に関していくつかの問題を簡単に確認しておく。

少子高齢化の進展は，労働力の減少，現役世代の社会保障負担の拡大，貯蓄率の低下による投資率の低下などをもたらし，経済のダイナミズムを失わせる。このため，出生率を回復させる社会的政策，女性労働の活用，退職年齢の引き上げなどが課題となる。しかし，これらの施策は十分な効果を生み出すには時間を必要とすることや，傾向的な趨勢を押し止めるには不十分であることも考えられる。

十分な労働力の増加が望めないとすれば，それをカバーするマクロ的な労働生産性の改善が必要である。このためには，資本装備率の上昇や，いわゆる全要素生産性の改善などが必要である。とくに，経済成長において，資本・労働などの生産要素以外の要因によって説明される部分である全要素生産性を改善させるためには，企業の参入・退出，産業間の資源再配分，生産効率の改善，IT技術の導入，労働者の質の向上などが活発になされる必要がある。しかし，過去20年間の日本経済を振り返ると，製造業はともかく，サービス業，農林水産業，不動産業での生産性の伸びは低く，産業の構造転換の遅れ，不活発なイノベーションを反映している。

　このため，わが国の労働生産性の国際ランキングは低落を続けている。OECDのデータに基づき各国の労働生産を比較した日本生産性本部の「労働生産性の国際比較」によると，日本の労働生産性はOECD諸国のなかで，2009年は20位，2010年は22位であった。ちなみに，2010年の1位はルクセンブルグ，2位はノルウェー，3位はアメリカであった。かつて，労働生産性や国際競争力が世界のトップレベルにあった日本であるが，現在では大きく順位を落としている。

　ところで，労働生産性の動向は一国の経済的パフォーマンスを決定する基本的要因の1つであるが，同時に，国際競争力を決定する重要な要因でもある。スイスのビジネススクール（IMD，国際経営開発研究所）は，生産性のみならず，経済状況，政府の効率性，企業の効率性，インフラなどを考慮して約60カ国の国際競争力を評価している（*World Competitiveness Yearbook*「世界競争力年報」）が，わが国は1990年～96年には4位以内であったが，2000年代に入ってからは，15位～25位と低迷し，2011年の結果は26位であった。ただし，こうした指標は企業活動に関わる視点からの評価であり，必ずしも国力や経済力を的確に反映する指標とは限らないことに注意が必要である。

　他方，近年の日本経済の進展は，労働市場に対しても大きな変化をもたらしている。戦後の日本経済は，各時期に経済を牽引する産業が登場し，産業構造の高度化をもたらすとともに，多様な雇用機会を創出してきた。今日では，サービス産業が大きな比率を占め，「ポスト工業化」の時代を迎えているが，1990年代以降は，競争力の高い産業分野ではいっそうの雇用削減による生産性改善が進展し，他方，活力の弱い産業では非正規雇用の拡大によって事業を継

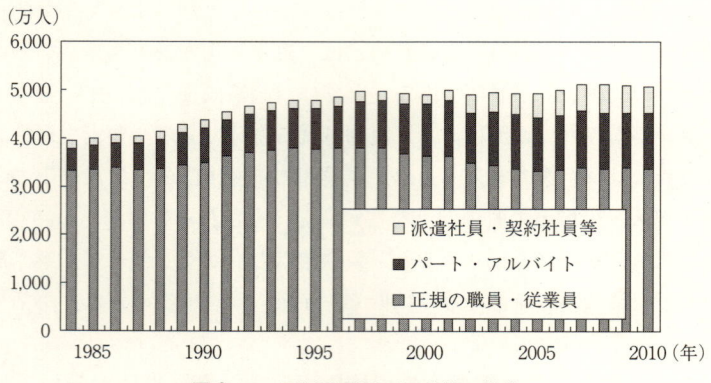

図序-2 雇用形態別雇用者数の推移
（出所）厚生労働省『労働経済白書2010』。

続する傾向を強めている。こうした，非正規雇用は正規雇用に比べて若年労働が習得すべき技能や知識を十分に獲得できず，労働生産性の改善を押し止める可能性が指摘される。また，非正規労働の増加は平均賃金の低下をもたらし，雇用者の賃金格差拡大をもたらすという問題もある。

図序-2は，正規雇用とともに，パート・アルバイトや派遣社員などの非正規雇用の比率の推移を示しているが，1990年代中頃から，非正規雇用の比率が傾向的に高まっていることが理解される。

また，以上のような労働市場の変化を反映し，わが国の所得分配における不平等化が進展している（**図序-3**）。厚生労働省の「所得再分配調査」によると，1981年以降，家計所得の不平等度は傾向的に拡大し，2008年には当初所得によるジニ係数で0.532，当初所得から税金，社会保険料を控除し，社会保障給付を加えた再分配所得でも0.376となっている。

したがって，1990年から今日に至る期間は，豊かさの向上が実感できない20年間であったといえる。こうした長期的な経済停滞やその原因，また，長期的な停滞から脱出するための重要な問題を議論するには，上でとりあげた問題以外に，たとえば，年金，政府債務，地方振興，農業部門，被災地の復興，教育改革など，多数の問題が存在すると考えられるが，以下では，対外的な側面に焦点を当てて議論する。

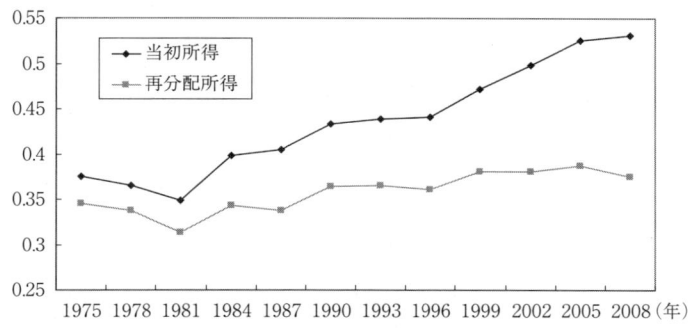

図序-3 日本の家計所得のジニ係数

(出所) 厚生労働省「所得再分配調査」各年版。

2 日本の対外経済問題

　グローバリゼーションの進展とともに世界貿易は急速に拡大を続けているが，わが国の世界貿易に占めるシェアは低下の一途を辿っている。日本の輸出と輸入の合計の世界の輸出と輸入の合計に占める比率は，1980年には7.2％であったが，2010年には4.8％にまで低下した。他方，中国のシェアはそれぞれ1.0％と9.4％であり，世界の貿易地図がいかに急変したかを物語っている（**図序-4**）。この間，世界の貿易は名目ドル表示で8.1倍に拡大したのに対し，日本は5.4倍，中国は実に79.0倍であった。グローバリゼーションの下で急激に拡大する世界貿易に追いついておらず，グローバリゼーションのメリットを十分に享受しているとはいえない。また，輸出依存度（輸出／GDP）でみると，アメリカを例外としても，ヨーロッパ諸国などと比較すると，日本は依然として低い。2009年は前年の世界的金融危機でいずれの国も貿易が停滞したが，同年の日本の輸出依存度は11.4％であるのに対し，ドイツは33.6％，韓国は43.4％，中国は24.5％であった。ちなみにアメリカは7.4％である（総務省統計局）。日本は貿易大国というイメージがあり，確かに貿易の絶対額ではその規模は極めて大きいが，GDP比率では国際的な標準からみると必ずしも高い国とはいえない。

　だが，貿易依存度が相対的に低く，また，世界貿易におけるシェアが低下している状況であるが，日本は依然として輸出に多くを依存する経済であり，し

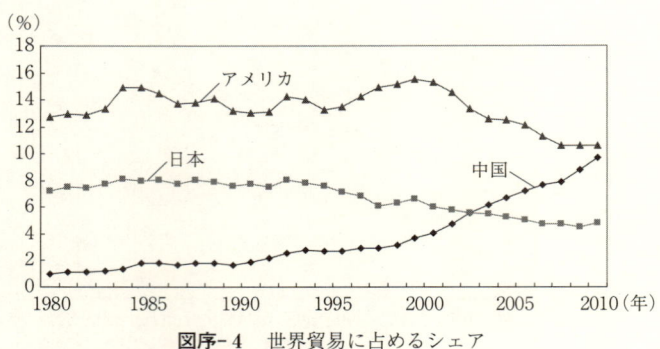

図序-4 世界貿易に占めるシェア

(出所) IMF, Direction of Trade.

かも，少子高齢化の下で国内需要が先細るなか，わが国の財にとっての海外需要はその重要性をいっそう高めつつある。とくに，精密機械，非鉄金属，電子部品，一般機械，自動車，電気機器などの輸出比率（輸出額／国内生産額）は高く，その比率は拡大傾向にある。しかも，これらの産業の多くが，直接的にも，間接的にも輸出による国内生産の誘発効果が高い点が重要である。この意味で，これまで輸出比率が高くはないが，輸出の誘発効果が高い鉄鋼や化学などの素材産業の国際的競争力の改善が重要な課題となる。しかし，輸出に依存する産業は，2008年からの世界的金融危機後に生じた円高によって輸出が激減し，極めて深刻な状況に直面した。貿易を拡大し，グローバリゼーションのメリットを享受することが必要であるが，対外依存による脆弱性が高まるというジレンマに注意が必要である。こうした脆弱性を克服するためにも，輸出産業の多様化，輸出先国・地域の多様化，新興市場での新規市場の開拓が今後の重要な課題となる。また，海外への直接投資は，海外での生産の拡大とともにこれらの生産に必要とされる部品，部材，素材などの中間財のわが国からの輸出を拡大させる側面も有していることや，特許使用料などのサービス輸出を拡大させる点からも重要である。

　輸入に関する問題としては，**図序-5**に見るように，消費財，資本財などの最終財の輸入比率が低下傾向にあるのに対し，鉱物性燃料の比率が拡大傾向にある点に着目すべきである。周知のようにわが国は資源・エネルギーの大部分を輸入に依存しており，とくにエネルギー自給率は2007年でいえば，原子力を

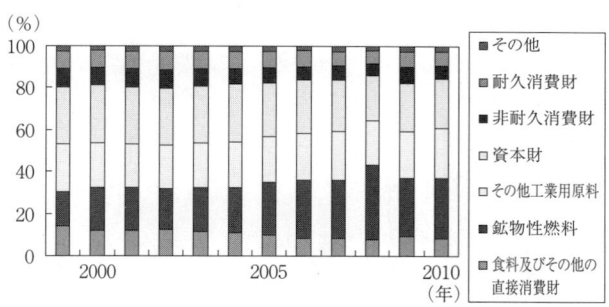

図序-5 日本の財別輸入

(注) その他工業原料には粗原料，化学工業原料，金属，繊維品を含む。資本財には一般機械，電気機械，輸送機器，耐久消費財には家庭用品，家庭用電気機器，乗用車，二輪自動車類・自転車類，玩具・楽器類を含む。
(出所) 財務省貿易統計。

輸入エネルギーとした場合は約4％，原子力を国産エネルギーとする場合でも約17％にすぎない（IEA, *Energy Balances of OECD Countries*, 2009）。米国，英国は原子力を輸入エネルギーとした場合でも60％を超えている。また，わが国においては，鉱物資源や一部の食糧の輸入依存度も高いことが知られているが，こうした輸入構造はこれらの財の国際価格の変化の影響を受けやすいことを意味する。とくに2000年代以降は国際市場で原油，鉱産物，食糧価格の急騰が続いており，日本経済に大きな変革を迫りつつある。

他方，日本への資源・エネルギーの供給国が偏向しているという問題もある。99.6％を輸入に依存する石油は，サウジアラビア，アラブ首長国連邦，イラン，カタール，クウェートなどに集中している。96％を輸入に依存する天然ガスは，インドネシア，オーストラリア，マレーシア，カタール，ブルネイなどが主要な供給国である。鉄鉱石，銅，アルミニウム，ニッケルといった鉱物資源やレアメタルもほとんどが輸入に依存している。今後も，中国，インドなどの新興諸国の旺盛な資源需要によって資源・エネルギー価格が傾向的に高まると予想されることから，日本にとっては資源・エネルギーの安定的な供給を戦略的に確保することが重要な課題といえる。また，省資源型の産業構造への転換も考慮されるべきである。

ところで，わが国の対外直接投資は，毎年の変動が大きいものの，2008年まで拡大傾向にあった。しかし，**図序-6**にみるように，2008年の国際的金融危

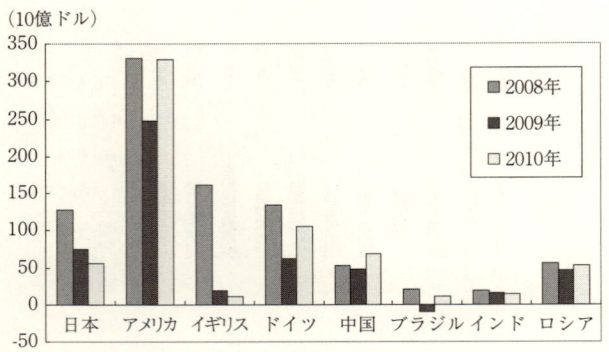

図序-6　対外直接投資
(出所)　UNCTAD, FDI Statistics.

機の影響もあり，2009年からは減少を示している。しかし，昨今の円高の進展は直接投資によって海外拠点を拡大させ，生産ネットワーク，生産工程間分業・企業内国際的分業の進展が見込まれるとともに，拡大する新興諸国の国内市場を確保することが可能となる。また，インフラ建設への参加は，資材・機材の日本からの輸出も拡大するという効果もある。もちろん，直接投資による海外への生産設備の移転は，国内の産業構造の空洞化をもたらし，雇用機会を漏出させる可能性を否定できないが，他方で，海外の生産設備に供給される素材，中間財の国内生産が拡大するのであれば，国内での雇用を拡大する可能性も考慮すべきである。なお，**図序-6**からは，中国などの新興諸国も既にかなりの額の対外直接投資国となっていることが理解される。2010年には中国の対外直接投資はわが国のそれを上回った。

　他方，**図序-7**にみるように，日本への対内直接投資の流入額は欧米諸国や新興諸国と比較して，極端に少ない状況である。しかも，2008年以降は低下を続け，2010年は純流出となった。2011年以降も，東日本大震災の影響もあり，大きく拡大することはないと予想されている。多くの先進諸国や新興諸国は，直接投資を受け入れることによって，資本，技術，経営ノウハウなどを積極的に導入し，経済の成長力を高めているが，日本は直接投資の受入を積極的に活用しているとはいい難い。日本経済が，海外企業の受け入れに対し依然としてさまざまな意味で閉鎖的であり，また，日本独特な商慣行などを有していることから，外国の企業にとれば，日本市場は魅力に欠けると判断されていること

序　章　世界経済における日本の課題

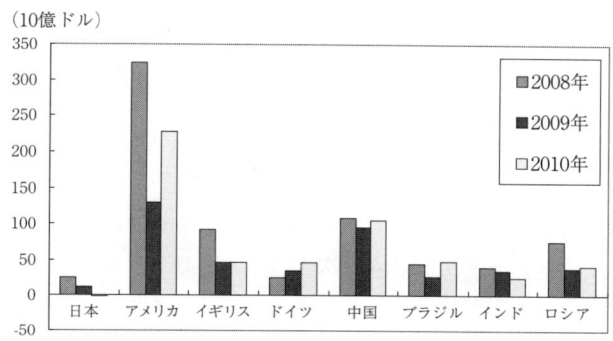

図序-7 対内直接投資
（出所）UNCTAD, FDI Statistics.

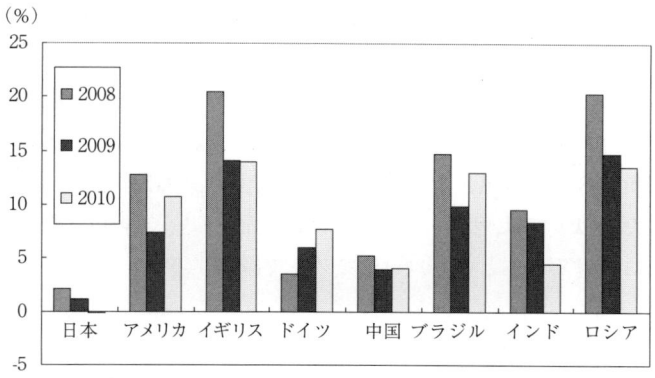

図序-8 固定資本形成に占める海外からの投資の比率
（出所）UNCTAD, FDI Statistics.

を物語っている。

　図序-8は、海外から流入する直接投資の国内資本形成に占める比率を示したものである。ここでも、アメリカ、イギリス、ドイツなどの先進諸国、中国などのBRICs諸国と比較して、日本の固定資本形成に占める直接投資の比率は極端に低い。こうした国際的な比較から、1990年代からの日本経済の失速の理由の1つとして、外国企業による資本形成を十分に取り入れていないことを挙げることができる。したがって、直接投資受入れの観点からも、わが国はグローバリゼーションのメリットを有効に活用していないといえる。

3　日本経済の課題

　今後，日本経済が進むべき1つの方向は，グローバリゼーションが進展する世界経済のなかで各国・各地域と戦略的な関係を構築し，グローバリゼーションのメリットを活用することによって，国内市場よりはるかに大きな海外市場を対象とし，経済にダイナミズムを吹き込むことであろう。しかし，対外的な経済関係の拡大は，同時に，対外的な脆弱性の拡大というリスクを背負うことを意味する。したがって，このようなトレードオフを念頭に置いておく必要があることはいうまでもない。

　近年の世界経済においても，アメリカの長引く景気の低迷と政府債務問題，EU諸国の財政問題・金融市場の不安定化，新興諸国の景気変動と社会的不均衡，資源・食糧価格の高騰など，依然として世界にはさまざまなリスクが存続している。わが国においても，以上の世界経済のリスクの下で構造的なデフレと急激な円高の影響が深刻化しつつあり，経済運営は厳しい局面に立たされている。2011年3月には東日本大震災が発生し，新しい課題も突きつけられることとなった。以下では，こうしたわが国が直面するいくつかの基本的な課題を，世界経済における日本というコンテキストで議論する。

(1)　貿易

　第1の課題は，さまざまな意味で貿易をいっそう多様化することである。地域的には，欧米地域のみならず，新興諸国，アジア地域，その他の発展途上地域との関係強化が重要となってきている。また，輸出分野でいえば，これまでのわが国の比較優位産業に依存するのではなく，高い技術，安心安全，インフラ，環境など，日本が強みを有しているが，まだグローバルに展開していない分野・産業の輸出を拡大する必要がある。

　これまで，輸出産業は輸送機器・電気機械，産業機械などの分野に集中しており，輸出企業としては大企業の比率が圧倒的に高い。今後，高い需要拡大が見込まれる新たな輸出産業の創出や，世界的な生産ネットワークの構築による輸出の振興が望まれる。また，高い国際競争力を有する中小企業が多数存在することから，これら企業の輸出へのいっそうの進出が望まれる。地域的にもこ

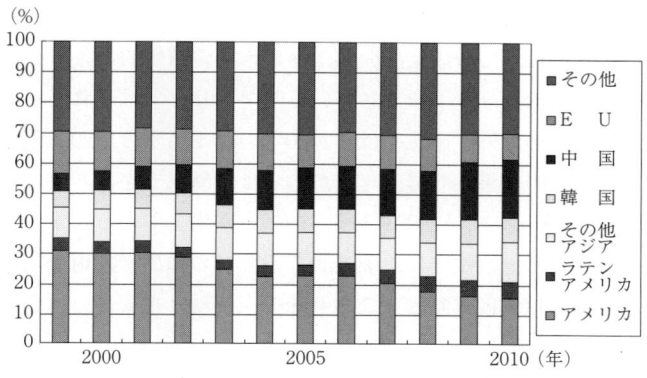

図序-9 日本の輸出相手国・地域
（出所）IMF, Direction of Trade.

れまでの主たる相手国であった先進国，アジア諸国のみならず，ラテンアメリカ地域，アフリカ地域などへの輸出拡大により，地域的なバランスを取る必要がある。ちなみに，近年のわが国の輸出相手地域をみると，先進国の比率の低下，途上国地域の比率の増加がみられ，たとえば，2000年にはアメリカとEUへの比率が42.9％，途上国地域（中国・韓国・その他アジア・ラテンアメリカ）へは27.6％であったのが，2010年にはそれぞれ23.9％，46.2％となり，よりバランスのとれた地域的な配分となりつつある（**図序-9**）。

今後，新しい産業分野を海外の成長市場につなげるためには，わが国が得意とする高技術を体化した素材，部材などの中間財の輸出促進，成長著しい新興諸国のニーズに適合させた消費財の開発，安全・安心を担保する日本標準の普及，環境や効率性を配慮したインフラ整備事業などの促進が望まれる。さらに，日本の文化産業（コンテンツ，ファッション，観光など）も有望である。こうした分野での輸出促進には，経済連携協定，自由貿易協定などの制度的な支援体制の強化が有効である。また，途上国におけるインフラ整備事業に関しては，単にプラント建設だけではなく，メンテナンス，オペレーション，人材育成などさまざまなサービスと一体になったパッケージ・ビジネスの需要の急拡大が見込まれ，日本のODA（Official Development Assistance，政府開発援助）と協調した形での進出が期待される。

（2） 海外直接投資

　直接投資企業の海外での事業展開は，海外市場の積極的な獲得，海外からの供給の安定化などのメリットを有しているが，メリットはそれだけではない。たとえば，製造業の海外生産比率は，2000年の11.8％から，2008年の17.0％に拡大しており，その結果として近年においては貿易収支をはるかに上回る所得収支（配当，ライセンス料などの投資利益）の黒字が生じている。また，生産ネットワークを拡大する直接投資は，製造装置や部材の輸出，技術や知的財産などのサービス輸出の拡大に貢献し，この意味で，貿易と投資は，代替的ではなく，補完的でもある。

　ここで，典型的な生産ネットワークとして，アジアにおけるケースをみてみよう。日本は，機械，製造装置，部材，部品などの産業財を製造し，アジア諸国に輸出する。韓国，台湾などでは，こうした財を日本から輸入し，かつては消費財の組み立て生産が中心であったが，今日では消費財，資本財のみならず，加工品，部品などの中間財を生産し，これらの財を世界に輸出している。さらに中国では，日本，韓国などから中間財を輸入し，組み立て工程を経て大量生産で消費財，資本財の完成品を世界に輸出する構図が基本である。マレーシア，フィリピンなどのASEAN諸国は，加工品，部品の輸出，輸入が多く，生産工程間における分業体制に組み込まれていることを示している。このように国際的な生産ネットワークの構造とその変化が，わが国の貿易に大きな影響を与えていることは明らかである。しかし，近年，韓国，台湾，中国の追い上げが激しく，わが国が中心であったアジアにおける生産ネットワークはダイナミックに変化している。このため，日本はより先端産業・分野での優位性を確立し，アジア諸国のみならず，他の地域を含む生産ネットワークを構築する必要がある。

（3） 産業空洞化

　生産拠点の海外移転は産業空洞化をもたらすとされている。2008年度における日本の海外進出企業数は約1万7700社で，製造業の海外生産比率は約17.0％に達し，とくに売上高ベースでみた海外生産比率は，輸送機器39.2％，情報通信機械28.1％，電気機械13.0％，一般機械12.8％，化学17.4％などの比率が高い（経済産業省『第39回海外事業活動基本調査（2009年7月調査）概要』）。

海外への生産シフトの要因には，賃金などの生産・事業コストの相違，拡大する現地市場の確保，為替レートの変化（円高）などが主要な要因であり，これらの要因を考慮した海外への直接投資自体は企業の当然の経済活動といえる。しかし，輸出が現地生産に代替すること，現地で生産されたものが逆輸入されることによって，国内生産が減少する空洞化が生じる可能性がある。とくに2010年の東日本大震災によってサプライチェーンが壊滅的な打撃を受けたことからサプライチェーンの分散化が叫ばれていることや，2008年以降の円高が続伸していることから，生産拠点の海外移転の加速が危惧されている。ただし，海外での生産に必要な資本財や中間財の輸出が誘発され，国内の生産が拡大する可能性も考慮しておかなければならない。

　ところで，空洞化の弊害に対処するには，情報，社会福祉，医療などの分野でのサービス産業の拡大とともに，欧米諸国と比して極端に少ない対内直接投資の促進が不可欠となる。また，対内直接投資はわが国における構造転換促進と生産性向上の促進にも重要な役割を果たす。この意味で対内直接投資の促進は，喫緊の課題といえる。対内投資の促進には，まず，過重な法人所得税を軽減するなどの制度的改善が必要である。法人税の実行税率は，日本40.7％，米国40.8％，英国28％，ドイツ29％，フランス33.3％，中国25％である。同様に，株式市場における外国企業上場数を見てみると，2009年3月末で，ニューヨーク市場が900社，ロンドン市場が601社，シンガポール市場が312社であるのに対し，東京市場はわずかに14社に過ぎず，日本が金融資本市場としても魅力に乏しいことを示唆している。

　さらに，アジアの中核的な拠点としての役割を強化し，それを世界にアピールするためには，事業立地の拠点，R&D拠点，金融市場の拠点，流通（港湾，空港）のハブ機能などの機能を改善し，魅力ある市場に変革することが不可欠であり，そのためのビジネス・インフラの改善が必要である。さらには人材育成，人材の供給が必須となる。とくに，外国企業で働ける人材の育成とともに，外国人労働者の導入も考慮すべきである。外国人労働の受入には社会的コストの問題が存在するが，高度人材の受入を促進し，日本で学んだ留学生の活用などが有効である。また，地方自治体の権限を強化し，外資の誘致を容易とすることも考慮すべきである。

（4） 資源確保

わが国のエネルギー，食糧，鉱産物などの資源確保に関わる課題である。わが国は，鉱物性燃料，食糧，さまざまな工業用原材料の多くを輸入に依存しているが，2000年代に入り世界的な資源価格の高騰に直面しており，わが国の交易条件は著しく悪化している。また，石油輸入の約60％が中東諸国に依存していることなどから，資源の安定供給の観点から鉱物性燃料の供給国・地域の地理的な分散や，エネルギー源の多様化が必要である。とくに2011年3月の東日本大震災以降，原子力発電への依存に関しては国民的な争点となっており，今後のわが国のエネルギー政策に関する早急な合意形成が必要である。他方，食糧自給率の改善も重要な課題であり，とくに食糧の4分の1を米国一国からの輸入に依存していることを忘れてはならない。こうしたエネルギーや食糧の確保は，国民の安全保障に直結する問題であり，輸入先の多様化，資源国との関係強化，日本の農業の発展，省資源型産業の促進に関し，一刻も早い戦略構築が課題である。

（5） 地域貿易協定

自由貿易協定（FTA）や経済連携協定（EPA）などの地域貿易協定の形成は，参加国間での貿易・投資・サービスなどの自由化・促進のみならず，さらには自国経済の効率化の促進などをもたらすとされている。2011年5月15日時点でWTOに通報されている地域貿易協定の件数は489件で，現実に機能している協定は297件だとされる（http://www.wto.org/english/tratop_e/region_e/region_e.htm）。EU諸国はもとより，多くの国々がさまざまな形態の地域貿易協定に参加し，貿易，投資などの促進を試みてきた。わが国はWTO体制のもとで多国間での貿易自由化を基本政策としていたため，2000年代に入るまでほとんど地域貿易協定には関与してこなかった。『通商白書 2011』（p. 246）によると，一国の貿易総額に占める地域貿易協定相手国への貿易額の比率は，米国が38.0％，韓国が35.8％，中国が21.5％であるのに対し，日本は17.6％に過ぎず，地域貿易協定への取り組みは遅れているといえる。

しかし，世界中で地域貿易協定が加速するなかでわが国も地域貿易協定へのスタンスの変更を迫られ，遅ればせながら，これまでに12カ国1地域との経済連携協定（EPA）が発効している（**表序-1**）。さらに，将来のEPA締結に向け

表序-1 わが国がこれまでに締結・署名した経済連携協定

相手国・相手地域	発効年月
シンガポール	2002年11月
メキシコ	2005年4月
マレーシア	2006年7月
チ　リ	2007年9月
タ　イ	2007年11月
インドネシア	2008年7月
ブルネイ	2008年7月
ASEAN	2008年12月
フィリピン	2008年12月
スイス	2009年9月
ベトナム	2009年10月
インド	2011年8月
ペルー	2012年3月

（出所）　経済産業省『通商白書2011』p. 246. インド, ペルーに関しては外務省ホームページ。

て，韓国，GCC（湾岸協力会議），オーストラリア，モンゴル，カナダとの間で交渉中または交渉開始の合意済みであり，日中韓FTAに関する共同研究も2011年12月に完了している。この他，EUとの交渉開始やASEANを含む広域経済連携などに取り組んでいる。しかし，オーストラリア，ブルネイ，チリ，マレーシア，ニュージーランド，ペルー，シンガポール，アメリカ，ベトナムの9カ国で交渉されているTPP（環太平洋パートナーシップ）協定に関しては，わが国においてはこの協定に参加するかどうかが大きな政治的・経済的関心事となっている。しかし，米国やオーストラリアを含むTPPへの参加は，経済的な規模の観点からみてこれまでのEPAとは比較にならないほどのメリットがもたらされると同時に，センシティブなセクターである農業などへの影響も極めて大きいと予想される。また，東日本大震災との関連で被災地域への影響などを十分に把握しておく必要があるといった指摘もある。経済産業省の産業構造審議会第1回産業競争部会「大震災後の日本経済を巡る現状と課題」（2011年6月1日）では，エネルギー政策の見直し，サプライチェーンの分散化，空洞化圧力の緩和，日本ブランドの再構築などを震災後のわが国の課題とし，TPPの重要性も議論している。しかし，日本政府はTPP交渉への参加に関して関係諸国と協議を進めているが現時点では交渉への参加表明を行っていない。TPPに関するわが国の国民的な合意形成という大きな課題が残されているか

らである。

4　各地域との日本の関係

　結局，今日のわが国に課せられた課題のうち，対外的な関係における課題を端的にいえば，先進諸国，新興諸国，発展途上諸国との対外関係をさらに緊密化し，これら諸国のダイナミックな発展がもたらす活力を取り込み，わが国の活力へと転換することにあるといえる。当然，そうした形でのわが国経済の発展は，世界経済の発展に対しても重要な貢献が可能となるといえる。いうまでもなく，各国，各地域はそれぞれ異なる特徴，課題があり，日本との関係を考える際には，それぞれ異なる観点からの議論が必要である。

　たとえば，アメリカ，EU諸国などの先進諸国とは，技術集約財など先端的な産業分野で激しいイノベーション競争に直面しており，こうした分野での国際競争力の強化が重要な課題である。また，世界経済における金融不安が継続するなかでわが国は先進諸国とともに，秩序ある国際金融システムや安定的な為替システムの構築に貢献しなければならない。他方，ダイナミックに成長を続ける中国・インド・ブラジルなどの新興工業諸国に関しては，わが国企業の生産拠点として，また，輸出市場としてその重要性はいっそう高まりつつある。しかし，多くの産業分野において新興工業国との間で激しい価格競争が繰り広げられている。このため，たとえば，こうした諸国のニーズに合致した製品を開発することや，国際的な生産配置・国際的なサプライチェーンの構築によって競争上有利な立場に立つ必要がある。また，これら諸国において必要性が高まりつつあるインフラ整備，環境保全などにおけるわが国の役割も重要である。いうまでもなく，諸外国と比して立ち遅れている地域貿易協定のいっそうの展開も重要な課題である。また，資源供給国との関係においては，資源価格が高騰するなかでわが国への安定的な資源供給を保証する関係構築が不可欠である。アフリカなどの途上国地域は，わが国の国際協力の最前線であり，効果的な国際協力のあり方が求められている。

　以下の各章では，アメリカ，中国，ヨーロッパ，ロシア，東アジア，インド・南アジア，ラテンアメリカ，アフリカの8つの国・地域に焦点を当て，それぞれの国，地域とわが国との間にどのような問題と課題が存在するのかを議

論する。
(注：本章の内容は筆者の個人的見解であり所属する機関の見解を代表するものではありません)

■ ■ ■

●参考文献
経済産業省『通商白書2011』。
経済産業省『海外事業活動基本調査』各年版。
西島章次・小池洋一編著（2011）『現代ラテンアメリカ経済論』ミネルヴァ書房。
国際経営開発研究所（IMD: International Institute for Management Development），*World Competitiveness Yearbook*（「世界競争力年報」）各年版。
日本生産性本部『労働生産性の国際比較』各年版。
西島章次編（2008）『グローバリゼーションの国際経済学』勁草書房。
国際エネルギー機関（IEA: International Energy Agency）（2009）*Energy Balances of OECD Countries.*

（西島章次）

第1章
アメリカと日本

　最近の日米関係においては，普天間基地の移転問題と東日本大震災における米軍の「トモダチ作戦」が注目を集めた。つまり，経済よりも安全保障に関わる事柄が，重要になっているように見受けられる。ただ，その前にはアメリカの金融危機が日本経済に重大な影響を及ぼして，2008年末から2009年初頭にかけて，日本経済は急激な景気下降を経験した。日本の輸出にいたっては，40％も減少したのである。金融危機が世界経済を巻き込んで，広範な景気後退を引き起こしたこともあるが，日米経済関係が依然として重要であることを示唆する出来事であったといえよう。

　アメリカの景気後退のなか，トヨタのプリウスの安全性に関する懸念が問題化して，トヨタの北米市場での販売が大きく落ち込むこととなった。連邦議会にトヨタの幹部が召喚されて，弁明に務めていた姿を見た人も多いだろう。アメリカのTV番組によるでっち上げ報道があったことも明らかになったし，その後の調査でもプリウスの安全性への疑問は否定されがちである。アメリカの自動車大手２社が政府救済を受ける一方で，不況対策として新車購入への政府補助が実施されていた時期の出来事でもあり，奇異に感じた人も多いだろう。また，1980年代から1990年代前半にかけて，両国間の経済関係で大問題となっていた貿易摩擦を思い起こした人もいるだろう。

　本章では，日米経済関係の歴史を貿易摩擦を中心として振り返るとともに，両国間の経済システムの違いや，互いに相手をどのようにみているのかについて，説明していく。最後に，両国の経済関係の今後についても，考察する。

1　貿易摩擦発生までの経済関係

　日本とアメリカとの経済関係は，ペリーの来航まで遡る。周知のように，中国航路あるいは捕鯨船の補給基地としての開港を武力によって強要され，幕藩体制の動揺が明確になった。締結された通商条約は，関税自主権も裁判権もな

い，不平等条約であった。アメリカに続いて，英国などの西欧列強に不平等条約を押しつけられていく。明治維新に向けた幕末の内戦においては，南北戦争後の武器がアメリカから大量に輸入された。

　明治維新の後，植民地化回避に向けた日本は富国強兵に励んだ。日清戦争に勝って，日本は植民地をもつ側に回ってしまった。日本外交の課題となった不平等条約の改正に当たっては，日英同盟の相手国となったイギリスと並んで，アメリカが早期に受け入れた。アメリカは日本の生糸の主要輸出市場でもあったし，日本人移民の受け入れ先でもあった。次いで日露戦争に勝った時には，講和の仲立ちを当時のセオドア・ローズベルト大統領が提供した。しかし，その後，日米両国は，太平洋を挟んで，互いに仮想敵国として対峙するようになっていく。アメリカ側の日本移民排斥や，日本側の三国同盟締結など，相互の読み間違えも重なり，両国は開戦に踏み切って，日本は敗北した。

　日本は米軍主体の連合軍に占領されて，経済も統制下に置かれた。日本の政治経済システムを変革しようとして，財閥解体や農地改革が実施された。日本の資本ストックは解体されて，戦地となったアジア諸国に送られることとなった。アメリカは，日本経済を農業国の水準に戻そうと試みたのである。しかし，冷戦が始まって，中国の内戦で共産党が勝利をおさめると，アメリカの日本占領方針は転換された。日本をソ連や中国への防波堤にすることとして，経済力強化と再軍備を進めることにしたのである。資本ストックの撤去は中止され，財閥解体も緩和された。1950年代の朝鮮戦争が，日本経済への特需となったこともよく知られている。

2　日米貿易摩擦の概要と近年の変容

　1990年代前半までの日米経済関係においては，「貿易摩擦」が最大の問題となった。日本の製造業企業の生産性が次第に高まって，さまざまな産業で次々と，アメリカ企業の競争相手となっていた。労働集約的な繊維産業から始まって，鉄鋼やTVを経て，アメリカの伝統産業である自動車，さらには半導体などのハイテク産業へと，摩擦の焦点は移っていった。アメリカ市場における日本企業の市場シェアが高まり，トータルでも日本側の輸出がアメリカからの輸入を上回り続けた。アメリカにとっての最大の貿易赤字相手国が，日本である

ことが常態となっていたのである。

　アメリカでは，保護主義的な動きがしばしば高まった。国際競争に負けて衰退しつつある産業を抱える選挙区の下院議員には，強い圧力がかかった。2年毎に全員が改選となるという厳しい制度の下，極端な言動をする者も現れるようになった。日本製のラジカセをハンマーで破壊してみせるといったパフォーマンスが，議事堂のなか，TVカメラの前で行われたし，日本に対する強硬姿勢を売り物にする議員が大統領選挙の予備選に候補として参加したこともあった。

　そうした際に，アメリカの保護主義勢力が使った論理は，不公平な競争が行われているというものであった。代表的な論点は2つあった。第1は，円の対ドルレートが低過ぎるというものである。日本政府が外為市場に介入して，円の対外価値を不当に安く維持しているのではないかという批判が，繰り返された。1985年夏に，当時の米ドルの対外価値が高過ぎるとして，レーガン政権はG5（米・日・独・英・仏）に呼びかけて，財務相と中央銀行総裁の極秘会合を開催し，外為市場への協調介入への参加了承をとりつけた。会合場所となったNYのホテルの名前をとって，「プラザ合意」と呼ばれている。当時の円ドルレートは1ドル＝250円という水準にあったが，その後，急速な円高が進んで，2-3年の内に，ほぼ1ドル＝120円という水準に移った。米ドルからみると50％の減価で，日本円からみると100％の増価という極端な調整であった。この急激な市場の変化の途中で，米政府高官がしばしば円高の進行を容認・促進する発言を行うという，「口先介入」を実施した。この円高に対して，日本では強い金融緩和が続けられて，資産バブルへとつながっていく。なお，プラザ合意当時のドル高に関しては，アメリカの財政赤字が大きくなって国内金利を押し上げたので，金利差が生じて外資の流入を招き，ドルの対外価値が高まっていたとするのが標準的な理解であろう。

　第2は，アメリカ市場は日本企業に対して開かれているのに，日本市場はアメリカ企業に対して閉ざされているというものであった。日本においては系列関係に基づいて企業間取引がされているので米国企業が参入できないとか，輸入品を販売する傾向の高い大規模店の出店が規制されていることで米国からの消費財輸入が阻害されているとか，日本企業同士の株式持ち合いが米国企業による日本企業買収を困難にしているか，次々と繰り出されたさまざまな批判が，

この論点に集約される。この論点に基づいた政策行動が、通商法301条やスーパー301条に基づくもので、「貿易相手国の不公正な取引慣行」に対して相手国と協議することを米国政府に義務づけ、問題が解決しない場合は高い関税の付加など制裁を発動するものであった。

日本サイドは、高品質で安価な製品を作っているのに何が悪いのかと苛立った。また、経済学から考えると、二国間の貿易収支にこだわる意味がないこと、一国の貿易収支は基本的にはその国のISバランスに依存していることなどを論じた。

しかし、最近になると、貿易摩擦はもはや日米関係における焦点とはなっていない。アメリカにとっての貿易相手国として、日本の地位が低下したことが大きいであろう。摩擦の第1の焦点となった輸入でみると、日本が最大の相手国であったのは、1980年代後半のみであり、基本的にはカナダが最も重要な相手国である。最近では、WTO加盟後の中国からの輸入が急増して最大の輸入元となった一方で、日本はメキシコよりも小さくなって、第4位でしかなくなった。日中両国がちょうど入れ替わった格好である。この変化には、電気機械や自動車などの日本企業がアメリカを中心としたNAFTA域内に進出して、現地生産を行っていることも、影響しているだろう。また、日本企業が中国などの第3国に進出し、日本から輸入した部品などを使って製造した製品を、その国から対米輸出していることも、関連している。

アメリカからの輸出先をみても、日本の地位低下は明瞭である。輸出面でも、カナダが基本的に最大の相手国である。日本は1980年から1990年代前半にかけて、第2位の輸出先であったが、その後のシェアは持続的に低下して、NAFTAに参加したメキシコに抜かれ、最近では中国にも抜かれて、第4位となっているのである。日本経済の長期停滞が影響していることには疑問の余地がない。さらに、同じ日本の長期停滞によって、日本型の社会経済システムの魅力が薄れ、経済的な脅威としてみられなくなったことも、摩擦の緩和に貢献したのであろう。

図1-1と**図1-2**から明らかなように、カナダとメキシコというNAFTA加盟国が、アメリカにとっての最大の貿易相手国なのである。この両国はアメリカの南北に隣接しており、非常に密接な経済関係をもってきたし、さまざまな貿易摩擦も経験してきた。しかし、NAFTAの締結以後、摩擦調停の方式もよ

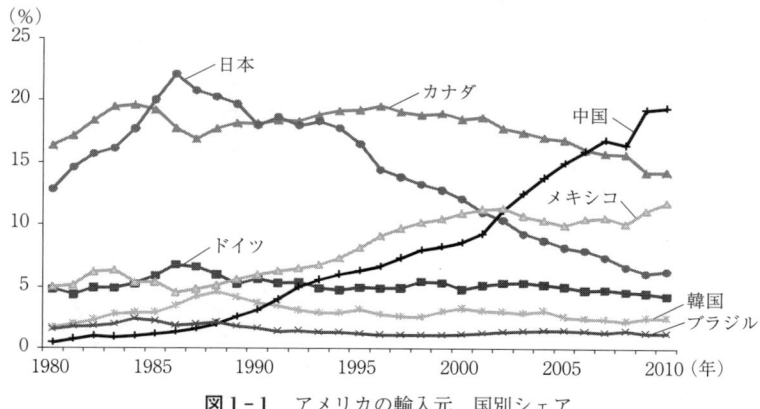

図1-1 アメリカの輸入元 国別シェア
（出所）IMF, Direction of Trade Statistics.

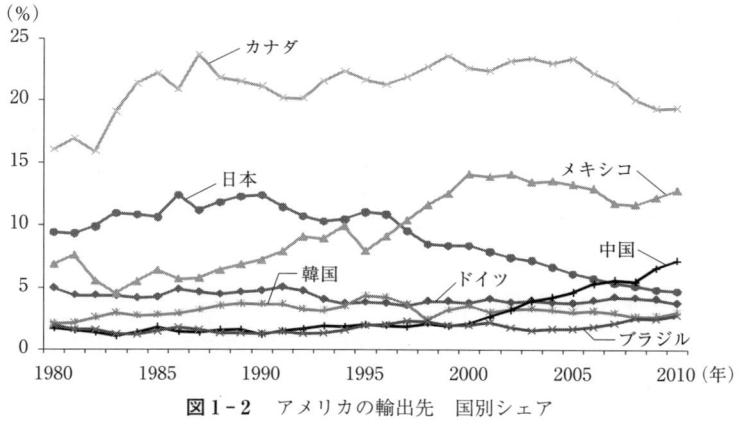

図1-2 アメリカの輸出先 国別シェア
（出所）IMF, Direction of Trade Statistics.

り対等なものとなったし，貿易は順調に伸びてきたのである。さらにアメリカとの間の輸出と輸入がともに大きいので，2国間の貿易収支でみると，アメリカにとっての最大の赤字相手国ではない。日本は2000年頃までは最大の赤字相手国であったが，その後中国が第1位となった。中国はWTO加盟を認められたことで通常の最恵国待遇を確保した上に，為替レートの政府コントロールを続けているので，アメリカが日本向けで適用したような交渉手法の効果は低く，対中貿易赤字の規模は巨大化を続けている。他方で，現在の対日貿易赤字は，

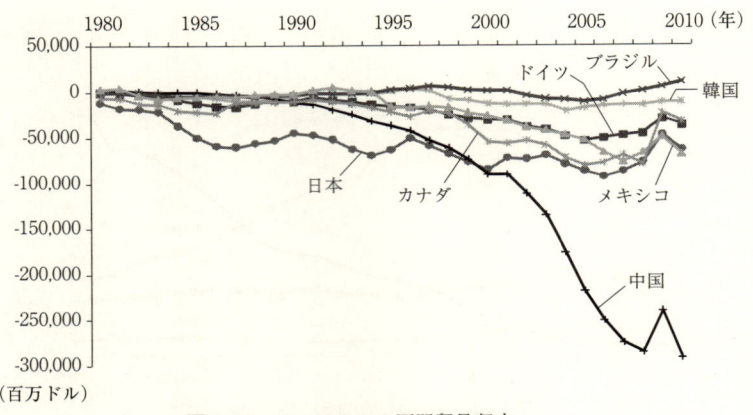

図1-3 アメリカの2国間貿易収支
(出所) IMF, Direction of Trade Statistics.

カナダやメキシコ相手の貿易赤字とほぼ同じ規模に留まっており、対米貿易摩擦も沈静化している。アメリカは、日本との二国間交渉で日本市場を開放させるよりも、NAFTAの成功にならって、TPPのような自由貿易協定を使う方向に通商政策の方針を変更しつつあるのであろう。

3　日米貿易摩擦のクロノロジー

(1) 戦後から1970年代まで

日米間では長年にわたって貿易摩擦が繰り返されて、両政府間でさまざまな通商交渉が行われ、多くの協定が締結された。順にみておこう。1950年代半ばには日本からの綿製品輸出が急増して、政府間交渉の結果、日米綿製品協定が結ばれた（1957年）。5年間にわたって、日本側が綿製品の輸出を自主規制するという内容であった。ほぼ同じ時期に、金属洋食器や合板などの対米輸出も急増して、日米首脳会談において、日本が「秩序ある輸出」を約束する替わりに米側も「一方的な輸入制限」を行わないことを約束した。なお、この当時の日米間貿易収支を総額としてみると、一貫して、日本側の貿易赤字であった。

1960年の日米安保問題での混乱を経て、翌年の首脳会談において、日米貿易経済合同委員会が設置された。両国間の経済問題を議論するための常設委員会であり、1971年まで継続されることとなる。高度経済成長期に入った日本は、

1960年代前半に（貿易自由化のための）GATTやIMFなどにおける途上国扱いを脱し，OECDにも加盟して経済先進国として認められ，貿易と資本取引の自由化に取り組むこととなった。1960年代半ばに日米間貿易収支が日本の黒字になったこともあり，アメリカ側は，牛肉やグレープフルーツ等の農産物と電子計算機などの輸入自由化を要求するようになった。日本側は，これらの自由化をなかなか実施しなかったし，電子計算機などは産業育成のための保護を継続し，直接投資も制限し続けた。同時期に，日本からの鉄鋼輸出が急増して，アメリカ側で輸入制限の動きが活発になった。日本の鉄鋼業界は米政府に対して，3年間にわたる輸出自主規制の実施を約束することで，輸入制限を回避した（1969年）。繊維に関する摩擦も化繊などに広がっており，政府間で日米繊維交渉が開始された（1971年に日本側の繊維業界が自主規制を決議したが，アメリカ側が政府間協定を求めたので，交渉は続けられて，1972年に日米繊維協定を締結することになる）。

　1970年代に入る頃，アメリカではケネディ＝ジョンソン民主党政権のベトナム戦争と「貧困との闘い」の同時遂行による財政赤字やインフレーションが発生して，貿易黒字も縮小しドルへの信認も低下しはじめていた。マクロ経済政策の引締めによるインフレ抑制に失敗したニクソン共和党政権は，賃金価格の凍結，米ドルと金とのリンクの撤廃，輸入課徴金の賦課など，過激な「新経済政策」を導入した（1971年）。この政策は，日本の輸出産業には衝撃として受け止められて，ニクソン・ショックと呼ばれることとなった。その年末，ワシントンDCで開催された多角的通貨調整交渉において，スミソニアン協定が結ばれて，日本円は1ドル=308円に切り上げられた。しかし，全般的な対日貿易赤字が減少兆候をみせなかったので，日米貿易経済合同委員会に換えて日米通商会議が開催された（1972年）。その後，日米首脳会議・日米ボン秘密交渉を経て，日本円は変動相場制に移行することとなった（1973年）。西欧各国も追随して移行した。戦後の国際金融・貿易の枠組みであったIMF・GATT体制のうち，ドルを正式な基軸通貨として固定相場を維持してきた国際通貨制度は崩れたのである。他方で，GATTの方では，多角的通商交渉の東京ラウンドが妥結している（1979年）。日本は政府調達の海外企業への開放を実施することとなった。

　この局面において，世界経済においては，産油諸国による原油価格の協調引き上げが実施された。第1次石油ショックであり，先進諸国はインフレーショ

ンと不況とが並存するスタグフレーションに突入した。日本もスタグフレーションに苦しんだが，輸出は高水準に留まった。アメリカは，それまでの国際的な常識に反する「黒字国責任論」を主張しはじめた（赤字国が国際収支危機に陥った場合はIMFが救済融資を行うが，その融資条件として，マクロ経済政策の調整を実行させられる）。さらに，日米独が世界経済を引っ張るべきだという「機関車論」を主張して，日本に対して内需拡大と貿易自由化および円高誘導を要求した。日米政府間の交渉において，内需拡大と牛肉・オレンジなどの輸入拡大を，日本政府は約束した。次いで，第2次石油ショックがおこり，ガソリン価格が高騰するなか，燃費の良い日本車の輸入が急増した。今度は，自動車の輸入規制を求める動きが活発になった。また，この間に，日本のカラーTVの対米輸出も大幅に増加した。アメリカの業界は，日本製カラーTVを不当廉売（ダンピング）だとして政府に提訴し，政府は訴えを認めて関税引き上げを検討することとなった。日本政府との間で輸出自主規制の交渉が妥結（1977年）する一方で，提訴の方は最終的に却下された。その後，日本企業はアメリカに進出して現地生産を行うようになったので，日本からの輸出は激減し，輸出自主規制協定も時限がきて消滅した（1980年）。

（2） 1980年代から現在まで

アメリカでは，カーター民主党政権が，内政においてスタグフレーションへの有効な対策を実施できず，また，外交においてもイラン大使館人質事件を解決できずに，行き詰った。そこで，保守派のレーガン共和党政権が「小さな政府」路線を掲げて登場した。財政支出の増加という不況対策ではなく，減税によって労働意欲を高め，規制緩和によって企業の収益機会を広げる一方で，金融引締めの継続によってインフレーションを止めようと公約したのである。正当な部分もある政策パッケージだが，減税しても財政赤字は増えないとか，金融引締めをしても失業は増えないなどといった，人気取りに過ぎない約束も含んでおり，全体的な整合性には欠けていた。アメリカ経済は深い不況に陥った後，緩やかに回復していく一方で，インフレーションは沈静化したが，財政赤字は巨大化し，ドル高と貿易赤字増加も伴うこととなった。

1980年代は，「（日本にとって）日米経済摩擦を中心に経済政策が展開されてきた10年間，と言っても過言ではない」（竹中 1991：1.4, 3）。1980年には米国の

自動車大手3社がそろって赤字決算となり，大規模な人員カットが行われた。自動車に関する摩擦が高まったが，フォードによる政府への救済提訴は退けられこととなった（輸入急増に対する救済措置を求めたのだが，アメリカ特有の独立委員会の一つであるITC（国際貿易委員会）が，日本車が失業急増の原因でないとして却下した）。そこで，最も弱体なクライスラー社のアイアコッカ会長の言動に代表されるように，議員への働きかけは強まった。レーガン政権は，経済活動への政府介入に消極的だったので，日本側の輸出自主規制を待った。日本政府が自動車業界の了承を取り付けた後，アメリカ政府の通商代表と3年間にわたる輸出自主規制で合意したのである（1981年）。その後，自動車各社は，米国での現地生産に邁進し，輸出台数は1986年をピークとして減少していった。

　半導体の輸出急増もほぼ同時期に問題化して，301条提訴やダンピング提訴が相次いだ。ハイテク産業の安全保障上の重要性も考慮されて，日本企業による米企業買収が阻止されたりもした。そうしたなか，「日米半導体協定」が締結された（1986年）。日本市場における外国製半導体のシェアを高めることと，日本製半導体のアメリカ市場におけるダンピング阻止を主内容とするものであった。翌年，アメリカ製半導体の日本市場シェアが高まらないことに対して，アメリカ側は協定違反として制裁措置を発動した。協定時に，サイドレターにおいて数値目標が提示・約束されたかどうかが論争点となった。こうした数値目標の設定自体が，自由貿易の理念に反するものなので，欧州諸国から疑念が提示されたりもした。この後，クリントン政権にかけて，アメリカは数値目標の設定に執着するようになる。日本の外国製半導体シェア上昇にむけた政策によって得をしたのは，韓国の半導体業界であったとも評価されている。

　この頃から，日本から輸出される個々の品目に関する協議から，米国製品への日本市場の開放，日本経済の構造に関する協議へと，日米間の通商経済会議の焦点は変化していった（日本の構造改革を進めるために，国内の反対を押さえる手段として，アメリカの要求＝「外圧」を利用したグループもあったと考えられている。他方で，伝統的な手法としては工作機械の輸出自主規制（1987年）があったり，牛肉・オレンジ交渉が最終決着して輸入割当制度が撤廃されたりもしている）。まず，レーガン政権の下，日米円ドル委員会が始まった。円が国際化されれば，海外からの円に対する需要が高まって円の対外価値が高まるであろうという建前で，日本の金融産業の自由化を推進しようとするものであった。次いで，さまざまな分

野の市場開放を求める「MOSS (Market-Oriented, Sector Selective) 協議」が、中曽根政権との間で始まった（1986年）。エレクトロニクス、電気通信、医薬品・医療機器、林産物、輸送機器の諸分野が対象となって、協議が進められた。さらに、ブッシュ共和党政権になると、「日米構造協議（Structural Impediments Initiative）」が始まった。双方の貯蓄投資バランスの歪みの是正、規制や慣行なども対象とするものであった。日本側では、貯蓄を促進するマル優制度が廃止されたり、大店法の出店規制が緩和されたりした。

続くクリントン民主党政権になると、宮沢政権との間で「日米包括経済協議 (framework talk)」が始められた。知的所有権、政府調達、保険、金融サービス、自動車・同部品、板ガラスなどの諸分野が対象となった。クリントン政権は、バブル経済当時の日本を脅威と考えて、日本経済の勢いを止めることを第一課題と考えていた模様である。政権発足時の大統領経済諮問委員会エコノミストであったブレイナードは、「日本は、競争上の主要脅威であり、可能な分野では挑戦すべきで、そうできない分野では模倣すべき対象である、とみなされていた。実際のところ、クリントン政権の新しい経済チームが就任するに当って、意見が一致していた主要なポイントの1つは、冷戦が終わったのだから、日本に対して手加減する必要はないということであった」と書いている (Brainard 2002: l. 29-33, 342)。当時、「冷戦は終わった。日本が勝利をおさめた」ともいわれてもいた。クリントン政権は、自動車交渉において数値目標の設定に強くこだわった。数値目標の設定は政府が貿易を統制する管理貿易であるので、経済学の論理で正当化することは難しい。アメリカでも共和党政権になると、その利用には一定の抵抗があると考えられる。しかし、民主党政権になると、政府の市場への介入に対する抵抗は弱まりやすい。

しかし、1990年代半ば以後、状況は大きく変化して、日米経済摩擦が耳目を集めることは稀になっていく。第1に、アメリカ経済の復活である。コンピューターのCPUや基本ソフトウェアの製造などの新産業において、アメリカ企業が圧倒的な強さを発揮するようになった。さらに、IT技術を体化した資本を蓄積し、それを活用するために企業組織を改編することで、アメリカ産業全体におよぶ広範な生産性上昇が起こった。第2に、日本が経済上の脅威とみなされなくなった。日本はバブル崩壊後に長期的な停滞に陥って、アメリカ経済にとっての主要な脅威ではなくなった。そして、日本型の資本主義という

経済システムがアメリカ型のシステムに代替しうるものではなくなった。第3に，産業別にみても，主要な摩擦分野となった業種では，自動車のようにアメリカ現地生産が進行するか，CPUのようにアメリカ企業が強くなったか，鉄鋼のように第3国の企業が強くなったか，などの理由から，日本からの対米輸出が問題にならなくなった。そして，アメリカにとっての最大の貿易赤字相手国も，日本から中国へと移行した。日本企業が中国に進出して，中国から対米輸出を行っている場合もあろう。第4に，世界貿易の自由化を推進するWTOが1995年に発足し，二国間の貿易紛争も，WTOの第3者パネルによる調停に委ねられることができるようになった。以前のように当事者国間で政治問題化することを，回避し易くなったのである。

なお，その後も，日米間で経済問題を協議する場は設定されている。クリントン政権の第2期には，橋本政権との間に「日米規制緩和対話」が始まった（1997年）。ブッシュ政権に替わって，小泉政権と「日米規制改革及び競争政策イニシアティブ」を含む「成長のための日米経済パートナーシップ」が始まり，麻生政権まで継続された（2001-2009年）。その後，オバマ政権は，菅政権との間に，「日米経済調和対話」を始めている（2011年）。

4　日米相互のイメージ

(1)　アメリカから見た日本

アメリカにおける日本研究者が多くなった最初の時期は，第2次大戦の前後であったといえよう。日本との戦争遂行とその後の対日政策を準備するために，アメリカ政府が後押ししたのであった。イギリスにおける外国研究が，帝国の植民地経営と関連していたことが想起されよう。この時期に，多くの若者が日本語を学んだ。当時の代表的な書物として，ルース・ベネディクトの『菊と刀』が挙げられよう。第二次大戦の終了後には，日本占領のために多くのアメリカ人が日本に滞在した。それらのなかから，日本文化や社会に関心をもって，研究を続ける人々が現れた。文学者のドナルド・キーン，経済学者のヒュー・パトリックなどが，あげられよう。

その次の時期は，日本経済が強くなった1980年代で，日本の経済に関心をもつ人々が現れた。エズラ・ヴォーゲルの『ジャパン・アズ・ナンバーワン』に

代表されるように，日本経済の強さへの関心や礼賛が現れたのである。日本企業も，アメリカの大学に多額の寄付をして日本研究を後押しした。この時期には，企業業績も好調だったので，大手企業は多くの若手社員を，アメリカのビジネス・スクールに留学させた。ビジネス・スクール側でも，寄付も見込めるし，日本企業や産業に教員が研究対象としての関心をもっていたので，歓迎していたという。

次いで目立つようになったのが，リビジョニストと呼ばれるようになったグループである。彼らは，日本の経済システムは欧米の経済システムと異なるという「日本異質論」を展開した。西欧型の民主主義的資本主義とは異なり，産業政策に象徴されるような官界と経済界との間の協力関係，経済界のなかにおける財閥や系列関係に特徴づけられるシステムであり，そこに日本経済の成功の原因を求めるとともに，その閉鎖性を批判したのである。彼らは，アメリカにも産業政策を導入することを提唱し，かつ，日本市場開放のためには一種の「アファーマティブ・アクション（積極的是正措置）」としての数値目標の設定を主張した。日本市場における米国製品は参入機会を制限されているので，米国内での人種差別に近いというのである。したがって，数値目標の設定は，マイノリティの雇用・入学などを促進するために導入された政策措置に準じるものだという（フクシマ 1992）。

チャーマーズ・ジョンソン，クライド・プレストウィッツ，ジェームズ・ファローズ，カレル・ファン・ウォルフェレンといった人々が，代表的な提唱者であった。彼らは，1990年代前半に，日本を経済的脅威とみなしていたクリントン政権に対して一定の影響力をもった。「リビジョニストの影響は今後も強まるだろう」という見方もあったが，その後，表舞台からは姿を消した。産業政策も数値目標も，例外的な政策手段としか，みなされなかったのである。日本経済の地位低下によってリビジョニストの影響力も低下した面もあるが，彼らの薫陶を受けた現役の日本経済研究者は勿論のこと，政府関係者や一般のアメリカ人であっても，日本経済に対する見方は，リビジョニストの影響を受け続けているのではないだろうか。

現在のアメリカにおいては，停滞を続ける日本経済への関心は低下した一方で，日本文化への関心は高い。日本経済から学ぶべきものはほとんどないが，日本文化は興味深いということなのだろう。筆者がオハイオ州のオバリン大学

に滞在した時の経験では，日本経済の講義の受講者数は少数にとどまるが，日本の歴史や文化の講義はどれも満室に近い状況だった。それに，大手書店に行けば日本の新作アニメの翻訳がずらりと並んでいる。なお，アメリカでも住宅価格バブルが崩壊してリーマンショックから金融危機に至ったし，その後の回復がはかばかしくないこともあって，日本のバブル崩壊後の経験について，「失敗の研究」という意味での関心は高まっている。

（2） 日本からみたアメリカ

　日本からは，明治以降，多くの人がアメリカに留学したし，移民として太平洋を渡った。高名な人々のなかには，津田梅子のように帰国して教育に献身した人もいるし，高橋是清のようにアメリカで奴隷扱いされた経験をもちながら首相になった人もいる。日露戦争終結後の講和条約締結に活躍した小村寿太郎は，セオドア・ローズベルト大統領とハーバード大学の同窓生であった。三国同盟締結を推進した松岡洋右も，アメリカで長く苦学していた。無名の人々では，アメリカの大陸横断鉄道建設に苦力として働いた人も多いし，カリフォルニアの農場で働いて自立を果たしていた人々は第2次大戦時の強制収容で財産を没収された。

　第2次大戦後も，フルブライト奨学金などを得て，多くの若者がアメリカに留学した。多くのアメリカ研究者が育って，アメリカの経済・社会・文化・歴史などを分析し，研究してきた。また，日本企業のアメリカ進出にともなって，多くのビジネスマンがアメリカ滞在の経験をもつようになり，アメリカ企業や現地従業員と直接的なコンタクトの経験を蓄積した。多くの人々がアメリカについて語り，書いてきた。また，日本国内でも，アメリカの文化に触れることは多い。ディズニーランドやUSJのようなテーマパーク，ハリウッド映画やポップ音楽，ジーンズやTシャツのようなカジュアルなファッションなど，どれもが身近な存在となっている。

　アメリカの経済社会に対するイメージとしては，なんといっても「自由の国」というものであろう。個人も企業も束縛されずに，自己責任で行動できるということであろう。他の多くの国々と比べて，旧来の慣習や，政府権力からの束縛は，確かに小さいであろう。しかし，単純な観察では見落とされ易い，大事な点がある（榊原 2004）。まず，自由といっても，あくまでもルールの限

界内での自由なのである。さらに，その限界は，環境条件の変化に応じて，人々や企業からのリクエストに応じて，協議の上で移動するのである。

　自由と関わって，自由な競争の激しい国，競争の結果に応じて損得が明確に分かれる優勝劣敗の国というイメージももたれているだろう。成功者は大金を獲得して富裕な生活を手に入れる一方で，失敗者は貧困に沈むことが，日常的に生じているというのである。IT革命において成功した人々は，若き成功者たちとして有名になった。富裕層のチャリティ活動も盛んであるが，"Winner takes all"なのだから当然だという評価もある。アメリカの貧困層の実態を報告する書籍なども多く出版されているので，アメリカが格差の大きな社会であることは，よく知られていよう。ただ，見落とされがちなのは，敗者復活戦があることであろう。ニクソン大統領は，ウォーターゲート事件でスキャンダルにまみれて辞任したが，後に外交などで独自の貢献をして世に認められた。

　アメリカ社会は移民社会であるというイメージも流布していよう。アメリカ・インディアンの住んでいた北米大陸に，欧州諸国から多くの移民が流入した。奴隷貿易によってアフリカから，さらに鉄道建設の労働力として中国や日本などのアジアからも，流入は続いた。最近でも年間に何十万人という人々が移住しているのである。アメリカで成功して豊かな生活を手に入れたいという望を抱いている人が多いことは，想像に難くない。なお，「人種のるつぼ」という表現もよく使われるが，それほど上手く混じり合っていないという批判も聞かれる。多くの民族・人種が接触するので，それらの間にさまざまな摩擦が生じがちなのである。アメリカ社会は，人種差別の問題に直面しつつ，それを軽減するさまざまな努力を重ねてきている。

5　経済理論からみた日本とアメリカ

　これまで，アメリカからみた日本と，日本からみたアメリカと，カジュアルに述べてきた。本節では，経済学の考え方に基づいた，両国経済システムの比較をしてみよう。比較経済システム論の考え方である。

　アメリカのリビジョニストの考え方のなかに，日本企業は系列関係のなかで取引をしていて，新来のアメリカ企業と取引をしないというポイントがあった。普通に考えると，閉鎖的な取引関係に固執すれば，良い取引相手がアプローチ

してきた機会を逃がしてしまうことになる。日本企業はそんなに不合理なことをしていたのだろうか。日本企業の取引慣行に何かメリットはないのだろうか。実は，同じ相手と取引し続けること＝長期的取引関係には，合理性が秘められている。同じ相手と取引を繰り返す場合，相手を騙すことは得にならないから，相互に信頼できる。新製品の開発において，協力し合うこともできる。この点は，日米の経済システムを比較する上で，重要なポイントなのである。

このポイントを理解するために，単純化して，2つの会社（A社とB社）の取引だけを考えてみよう。A社もB社も，ともに正常な取引（正常な商品を渡したり，正常な紙幣で支払ったり）を実行するか，あるいは不正な取引（偽物を渡したり，偽札で支払ったり）を実行するかを選択できるものとする。これは，異常な想定ではないことを理解してほしい。日本の日常生活では騙されることは稀であろうが，自分が見知らぬ国の市場で値札もついていない商品を買うことを想像してもらえれば，これが普通の状態であることが判ってもらえるだろう。

この状況において，両社間の取引におけるそれぞれの行動の組み合わせは，下の表のようにまとめることができる。判り易くするために，A社が売り手で，B社が買い手であるものとして，それぞれの場合の利得を数値例で考えてみよう。両方が正常な取引を行うと，どちらも望みのモノ（A社は品物で，B社は代金）を獲得できるので＋10だけのメリットを得ることができる。しかし，A社のみが不正な取引をした場合は，A社は商品を得た上にまともに代金をはらっていないので，ボロ儲け＝＋20のメリットを得る。しかし，騙された方のB社には，商品を渡した上に偽札をつかまされたので，メリットがなく－5の大損となる。逆に，B社のみが不正な取引をした場合は，両社の利得も丁度，逆になる。A社は正当な支払いをしたのに偽物をつかまされたので大損＝－5であり，B社は偽物を渡してきちんと支払ってもらえたのでボロ儲け＝＋20となる。最後に，両者がともに騙し合った場合は，ともに望みのモノを入手できないが，損もしていないので，どちらも＋5だけの利得を確保できる。

		A社の行動	
		正常な取引	不正な取引
B社の行動	正常な取引	10, 10	15, －5
	不正な取引	－5, 15	5, 5

上表でまとめられたようなケースにおいて，A社とB社との選択を考えてみ

よう。A社の立場で考えてみよう。まず，B社が正常な取引をしてくると予想すれば，自社が不正な取引をした方（利得：15）が，正常な取引をする方（利得：10）よりも，得となる。次に，B社が不正な取引をしてくると予想しても，自社は不正な取引をした方（利得：5）が，正常な取引をした方（利得：－5）よりも，得になる。つまり，B社がどう行動してくると予想しても，A社は不正な取引を実行する方が得となる。次にB社の立場で考えてみよう。A社と丁度逆に考えてみればいい。その結果は，A社が正常な取引をしようが，不正な取引をしようが，いずれが予想されようと，不正な取引を実行した方が，B社の得になる。

このように考えてくると，A社の選択もB社の選択も明確である。どちらも不正な取引を実施することになる。つまり，このケースの単純な均衡は，両者が不正取引を実行するというものなのである。そうすると，実現される取引による両社の利得は，上表の右下の欄の数値で表わされる。つまり，相互に正常な取引をした方がどちらも望ましいモノ（＋10の利得）を得られるという高位均衡があるのに，結果は相互に不正な取引を実施してしまい，どちらも現状維持（＋5の利得）という低位均衡に甘んじることとなる。この設定は，ゲーム論で良く知られている，「囚人のジレンマ」のケースに当っている。

この分析結果は意外と頑健なものであり，取引一般に潜んでいる罠を明示してくれている。2社間で低位均衡が発生する状況が経済全体にも当てはまるとすると，経済全体が低位均衡に沈むことになる。この望ましくない均衡から，より望ましい高位均衡に移る方策は，どのようなものだろうか。現実の経済社会が工夫してきた対策は，基本的に2つある。第1の方策は，シンプルである。不正な取引を法的に禁止し，取引内容を監視し，不正取引を実施した者を罰することで，不正取引を抑止するというものである。第2の方策は，それほどわかり易いものではないが，長期取引関係の採用であった。繰り返し取引をするのなら，一時的な利得を追及して関係が悪化するよりも，協力関係を築いて高位均衡を長く維持しようということになる。囚人のジレンマのケースでも，1回限りのゲームではなく，繰り返しゲームであれば，協調が生まれ得るという，広く知られた結果である（アクセルロッド 1998）。世界の経済社会を見渡すと，どこでも，これら2種類の方策を利用していることがわかる。ただし，どちらにウェイトを置くかはさまざまであるし，環境の変化に応じて経時的に変化も

する。

　日米両国はどのように対応してきたのであろうか。日本は，まさしく第2の方策にウェイトをおき，長期的な協調関係がうまく維持できるように，洗練してきたのである。大事なことは，関係者が自分の利得に納得できることであった。毎回の取引でそれを実現できるとは限らないので，一方に一時的な利得が発生した場合には，長期的に他方にお返しするという慣行が生まれた。そうして，長期的な「結果の公平性」が実現されたのである。こうした長期的取引関係が出来上がると「一見さん，お断り」で新規参入は難しくなるが，「損して，得とれ」を実践すれば，その壁も乗り越えることもできた。

　他方で，アメリカは，第1の方策を重視してきたといえよう。さまざまな国からの移民が集まった国なので，互いのバックグラウンドは判りにくいし，長期的関係など基礎にすべくもない。そうしたなかで，短期的な取引関係でも，正常な取引が実現される方向で，経済システムが整備されていったのである。このシステムにおいて重視されるのは，「機会の公平性」となった。情報公開が奨励され，司法制度を整えた。社会的には，大きなコストが投入されている。このことは，おびただしいほどの，弁護士数にもよく現れている。このアメリカのシステムは，IT革命の恩恵を強く受けることとなった。情報公開のコストが激減したし，その検索機能は「機会の公平性」の実現にも大きく役立つこととなった（地主 2000）。

6　今後の日米関係

　クリントン政権の下に貿易摩擦が激しかった頃は，その対日批判は日本においてジャパン・バッシングといわれた。他方，日本サイドでは，反米や嫌米・侮米という言葉が生まれた。その後に貿易摩擦が鎮静化した後は日本への関心が薄れたようで，いつしかジャパン・パッシングと呼ばれるようになった。日本経済が長期停滞に沈んでいる間に，中国経済が高度成長を遂げて，アメリカ経済にとって，輸入元としても輸出先としても，日本を凌駕するようになっていたのである。バブル期には輝いて見えた日本型経済システムも，すっかりと色褪せてみえたことだろう。他方で，中国はWTOへの加盟を果たしたことで，過去の日本のようには，対米貿易摩擦で悩まされなくなった。

日本とアメリカとの国際関係においては，日米安保条約と在日米軍基地とが大きな存在であり続けてきた。自国の安全保障をアメリカに依存する以上，アメリカとの経済交渉は対等ではありえなかった。他方で，アメリカもBrainard (1992) が書いたように，冷戦続行のための重要な同盟国として，日本に特別な配慮をしていたのであろう。この安全保障に関する国際環境が，冷戦終了によって，大きく変化したのである。しかし，日本は，この新たな国際環境の下で，自国の長期的な方針を決めかねている。

　1990年頃からの日本は，冷戦終了に加えて，バブル崩壊や少子高齢化による人口減少と，大きな環境の変化に連続して見舞われた。さらに，世界経済においては，自由貿易協定（FTA）が次々と締結されていき，BRICsを代表とするような新興国の経済成長が顕著となってきた。とくに，隣国である中国が経済・政治・安全保障という諸側面で大国としての役割を果たし始めている。日本が高い国際競争力を保持してきた製造業諸産業においても，その優位は揺らいでいるかのようである。公的年金制度の将来負担増大に備えることも難しい。こうしたなか，国内政治も進むべき方向性に迷って，短命政権が続くようになっている。

　中期的には，これからもさまざまな自由貿易協定が締結されようし，日本も参加する場合もあるだろう。そのなかには，中国の影響力が強くなる東アジア地域主体の協定を選ぶのか，アメリカの影響力を残す環太平洋の協定を結ぶのか，という選択もあるだろう。東アジアをEUのような経済共同体にするとか，共通通貨を創設するというアイディアもあり，推進している人々もいる。米国も中国もそれぞれの経済的国益を高めようとする姿勢が，明確である。したがって，日本の経済的国益を図ることは，疑問の余地なく重要である。日本国民の生活水準の向上を図らねばならない。

　冷戦が続いていたことも，中国が世界的大国でなかったことも，歴史的にみれば，例外的な時代であったと考えるべきであろう。日本は，中国とアメリカという両大国の間に存在している。経済的にも，安全保障上でも，両大国を考慮に入れて行動せざるをえないのが，日本の宿命なのである。アメリカとの関係を常に第1に考えておれば良かったのは，例外的な状況であった。今はノーマルな状況に戻りつつあるだけである。確かに難しくなったともいえるが，他方で，自由度が高まったともいえよう。ともあれ，日本には，アジア諸国のな

第1章 アメリカと日本

■□コラム□■

アメリカの買い物と日本の買い物

　筆者がアメリカに留学した1980年代半ばのアメリカには，既にアウトレット・モールが存在していた。大都市からかなり離れた地域に散在しており，2～3時間程度のドライブをかねて，買い物に行ったものである。当時の日本にはアウトレット・モールは存在していなかったので，旅行ガイドにも珍しいものとして紹介されていた。その後，かなり経って，日本にもアウトレット・モールが導入された。今や，各地で繁盛している。

　お得なアウトレット・モールもたくさんあるし，アメリカ人は消費性向が高いのだから買い物好きかというと，嫌いだという人が結構多い。トラブルが多くて，時間が無駄になる点を嫌っている人が多いようであった。確かに，アメリカのレジはひどい。スーパーや量販店のレジは，基本的に最低賃金の仕事なので，読み書き算盤もままならない人が多いし，働く意欲にも乏しい。それなのに，支払は日本よりも複雑で，現金だけでなく，クレジットカード，デビットカード，小切手が頻繁につかわれており，さまざまな安売りクーポンもある。その結果が，いつでもどこでもできている，長蛇の列である。

　筆者の体験をいくつか紹介しておこう。スーパーでたまたま値札のついてない品をもっていくと，レジ係は客のお前が悪いという態度であった。値札のついている商品をもってこいというのである。また，車の修理工場で簡単な修理をしてもらって，支払をすると，釣りが少ない。小さな修理工場だったので，レジスターもなくて，手計算だった。それで，計算し直させると，さらに少なくなってしまった。結局，こちらが計算して，それを説明して，漸くに正確な釣りがでてきた。エリートなどの例外を除くと，一般にアメリカ人は引き算が苦手である。彼らは，代金にいくら足すと客から渡された金額になるかを，小さな桁から順番に足し算を行うのである。計算の下手な人には向いた方法だが，とても遅い。

　日本のスーパーのレジは，教育水準の高い普通の家庭の主婦がしていることが多く，読み書き算盤はおろか，恐ろしく効率が高い。アメリカでは想像もつかないレベルであろう。ただし，アメリカ人も工夫をする。レジ係を改善するのは難しいし，有能なレジ係を雇おうとすると人件費が跳ね上がる。そこで，バーコードが導入され，少品数レーンが別に設置され，最後に無人レーンができた。無人レーンを使うと，客は自分の能力次第で，素早くレジを済ませることができるので，大好評である。日本のスーパーにも真似する向きがあるが，日本の効率的なレジ係よりも客が素早く処理することはまず不可能である。無人レーンを使っている客は少品数の購入者であることが多いので，無人レーンではなく，少品数レーンを作る方がベターだろう。

かで隔絶して民主的な社会を築き，それを維持してきたという財産がある。この側面では，日本社会とアメリカ社会との相違は小さい。もしも，日本が移民政策を転換してアメリカと同じように門戸を開放すれば，アジア諸国から多くの移民が押し寄せるだろう。中国がより民主化して成熟化するまでの間は，日本が中国に対してモデルを示すことができるだろう。「上海時代」の作者である松本重治は，その米中，ひいては西洋と東洋とをつなぐ懸け橋としての日本を構想し，その実現のために働いたという。若い人々には良いモデルであろう。

● 参考文献
青木昌彦著，滝沢弘和・谷口和弘訳（2003）『比較制度分析に向けて』NTT出版。
榊原やす夫（2004）「アメリカ経済の特色」村山裕三・地主敏樹編『アメリカ経済論』ミネルヴァ書房。
地主敏樹・村山裕三・加藤一誠編著（2011）『現代アメリカ経済論』ミネルヴァ書房。
竹中平蔵（1991）『日米摩擦の経済学』日本経済新聞社。
地主敏樹（2000）「日米経済システムの比較と情報技術革命」同志社大学アメリカ研究所編『現代国際経済研究』。
永谷敬三（1998）『カナダから経済学者が見た　なかなかの国ニッポン』中央経済社。
日本経済新聞社編（1989）『日米摩擦――ミクロの深層』日本経済新聞社。
松本重治（1974）『上海時代――ジャーナリストの回想』中公新書。
細谷千博・本間長世編（1991）『日米関係史――摩擦と協調の140年（新版）』有斐閣。
ロバート・アクセルロッド著，松田裕之訳（1998）『つきあい方の科学――バクテリアから国債関係まで』ミネルヴァ書房。
エズラ・F・ヴォーゲル著，広中和歌子・木本彰子訳（2004）『ジャパン・アズ・ナンバーワン』阪急コミュニケーションズ。
グレン・S・フクシマ著，渡辺敏訳（1992）『日米経済摩擦の政治学』朝日新聞社。
ルース・ベネディクト著，角田安正訳（2008）『菊と刀』光文社古典新訳文庫。
Lael Brainard, "Comments," in Jeffrey A. Frankel and Peter R. Orzag ed., (2002) *American Economic Policy in the 1990s*, MIT Press.

（地主敏樹）

第2章
中国と日本

　1978年の改革開放以来，30年の高度成長を経た今日の中国は，ますます世界経済のなかで重要な地位を占めるようになっている。それに伴い，日中関係も着実に緊密度を増している。しかし，歴史を振り返ってみると，今日，われわれが目にする中国の現状は，1930年代の世界が見ていた中国と，どう違っているのだろうか。80年を経て日中関係にどのような変化が生じたのだろうか。

　本章では，歴史的な視点に立って日中関係を振り返ったうえで，グローバル化が進展するなかで変貌を遂げつつある日中関係を捉え直し，日本は中国とどう向き合えばよいのかを議論する。歴史的かつグローバルな視点に立って日中関係を見直してみると，日本人が日清戦争以来持ち続けてきた，ある種の優越感を伴う対中認識を抜本的に改める時期にきたといえる。

1　日中経済交流小史（1895～2010年）

　「周知の通り中国（原文では支那―以下同じ）が列国の商品の販売，原料供給市場及び投資市場として持つ価値は，世界経済恐慌以来特に重要なものとなっているが，中国が列国の関心を呼ぶ他の重要なる原因として忘れてはならないのは，中国の持つ潜在的市場としての価値である」（尾崎1982年版：127）。

　中国市場の重要性を説くこの文章は，尾崎秀実がもともと1939年に出版した『現代支那論』の一節である。この文章にある「世界経済恐慌」を「2008年のリーマン・ショック」に置き換えれば，この文章が2010年に書かれたといっても十分通用するだろう。

　今日の日中関係を考えるうえで，歴史を振り返ることは重要である。日中間には千年を超える交流の歴史があるが，この節では，近代以降に焦点を当て，3つの時期に区分して日中経済交流の歴史を振り返っておきたい。第1期は清

末から中華人民共和国の成立までの時期，第2期は中華人民共和国の建国から改革開放前夜までの時期，第3期は改革開放以降の時期である。日中経済関係は，2つの世界大戦とその後の冷戦期を経て，国際政治経済の変動と中国国内の政治要因に影響を受け，度重なる変遷を経験してきた。

（1） 清末から中華人民共和国の成立まで（1895-1949年）

日中関係について書かれた近現代史の概説書では，「進んだ日本」と「遅れた中国」という対比で日中関係が語られることが多い。しかし，日清戦争前後の時期まで遡るならば，日本と中国はともに西欧諸国に対抗して近代化を推し進める隣国として，競争・対抗関係が主であった（加藤 2009：82）。濱下（1990：277-9）は，1890年の駐香港日本領事の報告を引きながら，日本と中国との対抗・競争関係を例示している。それによれば，1860年以降，日本企業が香港に進出しながらも次々に撤退した理由は，香港における清国商人の強勢にある。清国商人は，日本の商人を飛び越えて日本国内の製造業と直結して買付を行い，日本の商人よりも安価に商品を購入している。もし現状を放置したならば，商権のみならず通商の利益をも獲得できないと報告書は結論づけている。

ところが，そうした関係は日清戦争を境として大きく転換することになる。1895年4月に結ばれた下関条約は，近代以降の日中経済関係を大きく変えるものとなった。この条約には次のような一文が含まれていた。すなわち，「日本国臣民ハ清国各開市・開港場ニ於イテ自由ニ各種ノ製造業ニ従事スルコトヲ得ヘク又所定ノ輸入税ヲ支払フノミニテ自由ニ各種ノ器械類ヲ清国ヘ輸入スルコトヲ得ヘシ」（第6条第4項）。製造業分野での日本企業の進出を容認するこの条約は，最恵国条項を結ぶ他の列強諸国にも自動的に適用された。これを契機として，外国資本による製造業が一斉に操業を開始した。

製造業の中心となったのは綿紡織業であった。まず，上海などで活躍していた欧米系商社主導の綿紡織工場設立ラッシュが起こり，その後に中国の民間資本も続く。そして機械紡績綿糸の場合は1910年代から20年代にかけ，機械織綿布の場合は20年代から30年代にかけ，それぞれ生産量を激増させ，ほぼ国内製造品による自給化を達成していく。その結果，手紡糸と手織布の比重は急速に低下した。こうした発展を担ったのは，中国に大挙進出してきた大日本紡績，内外綿，鐘紡，東洋紡など日本資本（いわゆる「在華紡」）と，中国資本の紡織

表 2-1　各国の対中投資額とその総額に占める割合

(100万USドル)

年	イギリス		アメリカ		日　本		フランス		ドイツ		ロシア(ソ連)	
1902	260	33%	20	3%	1	*	91	12%	164	20%	247	31%
1904	608	38%	49	3%	220	14%	171	11%	264	16%	269	17%
1931	1189	37%	197	6%	1137	35%	192	6%	87	3%	273	8%
1936	1221	35%	299	9%	1394	40%	234	7%	149	4%		

(注)　投資額は年末投資残高をさす。
(出所)　久保 (1991) p.100。

工場である（久保 2005）。技術力と資本力を備えた日本資本と，地場の棉花調達と製品販売に長じた中国資本を前に，高コスト体質を脱せなかった多くの在華欧米商社系紡織工場は撤退に追い込まれていった。

在華紡は，1931年には，200万錘（総紡錘数の40.9%），1900万台（総織機数の45.3%）を擁する規模まで成長した（安藤 1979：103）。その後，長江デルタに集中して立地する工場が大規模な反日デモの標的にされたため，それを嫌って天津や青島に移転するといった動きをみせ，戦中期も在華紡は事業規模を拡張した。日本の敗戦により，在華紡は中国政府に接収され，中華人民共和国の成立により国有企業の主力となった。

次に，マクロ数字に表れた日中関係をみてみよう。表2-1は，列強諸国の対中投資額とそのシェアの変化をみたものである。1902年には日本の対中投資は微々たるものであったが，急速に増加し，1936年にはイギリスを超えて40%のシェアを占めるまで上昇している。中国における日本のプレゼンスが，急速に増大していたことが確認できる。ちなみに，1936年の日本の対中投資の内訳を見ると，借款が2億414万ドル，直接投資が11億1780万ドルであり，直接投資の内訳では，交通（50%），工業（29.4%），金融（8.6%），貿易（4.1%）となっている。交通インフラと製造業が主たる投資分野であったことがわかる。1930年代の日本の対外投資総額に占める中国のシェアは，81.9%と圧倒的である（久保 1991：102）。

他方，貿易を通じた関係でも，日本は中国にとって重要な貿易相手国であった。表2-2は，1871年から1931年に至る中国の輸出と輸入の相手国別シェアの変化をみたものである。1919年以降，輸出相手国としても輸入相手国としても，中国にとって日本は第1位の地位を占めている。

1931年9月の満州事変勃発から45年の日本の敗戦まで，日中関係は良好とは

表 2-2　輸出入相手国別構成の推移

輸出相手国　(%)

年	香港	日本	アメリカ	イギリス	ドイツ	フランス	ソ連(ロシア)
1871-73	14.7	1.7	14.1	52.9			3.3
1881-83	25.4	2.4	12.4	33.3			7.3
1891-93	39.3	7.2	9.8	11.3			8.6
1901-03	40.8	12.5	10.2	4.8			5.5
1909-11	28.2	15.9	9	5.1	3.1	10.7	12.5
1919-21	23.8	28.6	14.4	7.6	0.5	4.4	3.3
1929-31	17.2	26.2	13.8	7.1	2.4	5.7	5.9

輸入相手国

年	香港	日本	アメリカ	イギリス	ドイツ	フランス	ソ連(ロシア)
1871-73	32.5	3.7	0.5	34.7			0.2
1881-83	36.2	4.9	3.7	23.8			0.2
1891-93	51.2	4.7	4.5	20.4			0.6
1901-03	41.6	12.5	8.5	15.9			0.8
1909-11	33.9	15.5	7.1	16.5	4.2	0.6	3.5
1919-21	22.4	29.2	17.6	14	0.7	0.7	1.4
1929-31	16.1	23.4	19.2	8.6	5.4	1.4	1.5

(出所)　久保 (1991) p.95.

いえない状態に置かれたわけだが，両国の経済関係は戦争により強化された側面もある（加藤・久保 2009）。1938年8月，日本政府が半額を出資し残りは民間企業から資金を募る形で，資本金1億円の中支那振興株式会社が発足した。華中地域の交通，通信，電力，鉱業，水産業などの開発に当たる日本の国策会社である。また1938年11月には，同様の形式で資本金3億5000万円の北支那開発株式会社が発足し，傘下に華北交通，華北電業（電力産業），華北電電（電報・電話）などの子会社を抱えながら，華北地域の交通，通信，電力，鉱業，製塩業の開発に当たった。こうした国策会社の支援を受け，1939年から41年にかけ一般の民間企業も大挙して中国に進出した。とくに華北の占領地域では，石景山の製鉄所（現在の首都鉄鋼公司の前身）が再建されたり，トヨタ自動車工業，小糸製作所などの機械工場が展開するなど，各種の重化学工業施設が建設されている。

また東北地域では，「日満自給自足的経済の確立」，「日満一体的国防経済の樹立」を政策目標に掲げた「満洲産業開発5カ年計画」が策定された。その大綱は，1937年1月に関東軍によって決定されたものであり，「満洲国」の総合的な経済開発に重点を置いていた。しかし同年7月，日中全面戦争が勃発した後になると，日本に鉄鋼，石炭，マグネシウムなどの軍需物資を大量に供給す

べく，日本本国の側からこのプロジェクトの飛躍的な規模拡大が要請された。そのため，鉱工業部門を中心に資金総額が約50億円に倍増されるとともに，年を追って重点主義的な資源開発の傾向が強まっていく（山本 2003：37）。最重要物資の1つである銑鉄についていえば，「満州国」での生産量は戦中期にもかかわらず1937年の81万トンから43年の173万トンへと倍増していた（松本 2000：47）。

　以上のように，戦前・戦中期を通じて日中間の経済的つながりは途切れることなく強化されていった。グローバル化が進む今日と比較すると，両国の関係は特別に深い2国間関係とでも表現すべき内容であり，とりわけ日本にとっての中国は，資源・エネルギーの供給基地として今日以上に大きい存在であったことが確認できる。

（2）　中華人民共和国の成立から改革開放前夜まで（1949-1978年）

　戦前・戦中期の日中経済関係は，敗戦による日本資本の没収と日本人の引き上げ，国共内戦に勝利した中国共産党による人民共和国の成立によって，一旦断絶することになる。

　貿易についていえば，1949年前後の時期，東西間の冷戦構造が明確になりつつあった国際情勢の制約を受け，日本から中国への輸出は厳しく統制されていた。他方，中国側もアメリカと同盟関係にある日本に対して，軍国主義復活を非難する立場から強硬な対決姿勢をとっていた（田中 1991）。

　1952年になって中国の強硬姿勢が軟化し，同年6月「第1次日中民間貿易協定」が締結された。1957年まではアメリカによって厳しい貿易制限が課されていたものの，53年に「第2次民間貿易協定」，55年に「第3次民間貿易協定」が締結され，制限内であっても貿易は徐々に拡大した。いわゆる「積み上げ方式」により「政経分離」方針のもとで民間ベースでの経済交流が進められたのである。

　こうした実績をもとにして，1958年3月に調印された「第4次民間貿易協定」には，通商代表部に国旗掲揚や外交特権を認める外交機関に準じる待遇を与えることが盛り込まれた。中国側は，「積み上げ」から実質的な「政治」関係への進展をめざしたわけだが，これに対して日本側は，通商代表部に特権的な地位を認めることはできないとの声明を発表した。こうしたなかで，同年5

月，長崎市内のデパートで開催されていた日中友好協会主催の中国品展示会場で，一人の男が中華人民共和国の国旗である五星紅旗を引き下ろすという，いわゆる「長崎国旗事件」が起きた。この男はただちに逮捕されたが，即日釈放されたため，中国側は日本側の対応を不服とし，日中間の経済交流は一旦完全に断絶することになる。

断絶した経済交流を復活させたのは，1960年8月に周恩来が提示した「対日貿易3原則」である。ここでいう3原則とは，政府間協定，民間契約，個別的な配慮をさす。政府間協定とは，民間団体による協定に基づく貿易がうまく機能しなかった反省から，政府間協定の締結を求めるものである。ただし，政府間協定が成立していなくても，条件が熟していれば民間でも契約を結ぶことは可能であり，かつ困難に直面する中小企業への「個別的な配慮」もつけ加えられた。こうして，中国側の指定する日本側商社（「友好商社」）が広州交易会で商談を行う「友好貿易」が再開することになった。

本格的な貿易関係の復活は，1962年9月の松村謙三ほかの訪中を契機とする。両国が「貿易の発展と積み上げ方式によって両国関係の正常化をはかる」という合意のもとに，同年11月，「日中貿易覚書」が交わされ，長期総合覚書貿易（中国側の責任者，廖承志の頭文字Lと日本側の責任者高碕達之助の頭文字であるTをとってLT貿易と略称）が開始され，相互の連絡事務所の設置，新聞記者の交換に発展した（安藤・小竹 1994：89）。

日中貿易覚書文書には，プラントの延べ払いが明記されていたが，それは日本輸出入銀行の融資を前提としており，この枠組みを使って戦後初めて日本からのプラント輸出が行われることになっていた。ところが，台湾からの圧力により池田内閣はプラント輸出に輸銀の延べ払いを使わないことを決定してしまった。このため，日本からのプラント輸出はすべてキャンセルされた。結局，LT貿易の日中貿易に占める割合は，1963年の63％から68年の21％に，さらに70年以降は9％に縮小し，「友好貿易」が大部分を占めるようになった（安藤・小竹 1994：92）。ちなみに，1963年の中国の貿易総額29億2000万ドルのうち，対日貿易額はわずか1億3000万ドル（4.4％）にすぎなかった。

この間，中国国内は1958年の大躍進，1966年のプロレタリア文化大革命（文革と略─以下同じ）と2度の大きな政治変動に見舞われた。とりわけ文革は，日中関係にも多大な影響を与えた。文革の混乱は日本国内にも飛び火し，それま

で日中関係を支えてきた組織が文革支持派と反対派に二分された。1950年以来，日中友好運動の中心となっていた日中友好協会は，1966年10月に分裂し，中国支持派は日中友好協会（正統）本部を結成し，文革支持の態度を明確にした。日本共産党は毛沢東思想と文革を全面的に批判し，中国共産党との対決姿勢を鮮明にした。この影響は貿易面にも及び，中国支持派が実権を握る日本国際貿易促進会は，「友好貿易」のリストから日共系の日中貿易促進会を排除した。武力衝突さえ引き起こした文革の混乱は1969年までに一旦沈静化した。しかし，1971年9月に毛沢東の後継者と目されていた林彪の墜死事件が起きるなど，1976年9月に毛沢東が死去し，その直後に極左勢力「四人組」が逮捕されるまで，政治的な混乱が収まることはなかった。

他方，国際環境に目を転じると，1970年代に入って国際情勢に変化が現れ，東西冷戦構造が緩み始める。1972年2月のニクソン訪中による米中接近は，中国をめぐる国際環境を大きく改変するきっかけを与えた。同年9月，田中角栄首相（当時）が訪中し，日本と中国は長年の懸案事項であった国交正常化を行った。さらに1978年8月には日中平和友好条約が締結され，日中経済関係に大きな変化が訪れることになった。

以上のように，1950年代から70年代半ばまでの日中関係は，貿易額でみてもほとんど無視できるほどの規模にすぎず，しかも，その時々の政治変動により大きな振幅を余儀なくされるものであった。

（3） 改革開放以降（1978年～）

1978年12月，改革開放の出発点とされる第11期3中全会が開催された。この会議において，毛沢東の後継者とされた華国鋒への批判が公然化し，思想面では「実事求是」を掲げ，政治面では「階級闘争論」と「継続革命論」を放棄し，経済面では人民の生活改善要求に応える政策の実施を決定した。1976年4月の第1次天安門事件で失脚していた鄧小平は，1977年7月に復帰を果たしていたが，第11期3中全会において完全に権力を掌握した。また，1979年1月には米中国交正常化が実現した。

日中経済関係に焦点をしぼると，1978年2月，「日中長期貿易取り決め書」が締結され，第1回の対中経済フィーバーが生まれた（田中 1991：108）。この取り決めの有効期間は1978年から85年までの8年間で，中国側は原油，原料炭，

一般炭を計100億ドル前後日本に輸出し，日本側はプラントおよび技術を70〜80億ドル，建設用資材・器材を20〜30億ドル，合計100億ドル前後を輸出するとされた。これ以降，日中間で商談ブームが巻き起こり，上海の宝山製鉄所建設の契約をはじめ，大型商談が次々と結ばれていった。しかし，これらの商談は，華国鋒が指導した「洋躍進」と呼ばれる非現実的な近代化計画に基づくものであり，計画どおりの実施は困難であった。結局のところ，1979年2月，これらの契約のかなりの部分を留保したいという意向が中国側から出され，商談にかかわった日本企業が多大な損害を蒙る恐れが生じた。

こうした事態に対して，日本政府は中国に経済協力を行うことで事態の打開を図るという素早い対応をした。1979年12月に訪中した大平正芳首相（当時）は，巨額の円借款の提供を中国側に申し入れたのである（第1次対中円借款）。このとき，大平首相は「対中経済協力の3原則」という方針を明らかにした。すなわち，中国の近代化にできるだけの協力をするが，それにあたっては①欧米諸国との協調を図る，②アジア，とくにASEANとのバランスに配慮する，③軍事協力はしないという原則である。また，大平首相は「日中友好のシンボル」として，近代的な病院（日中友好病院）を北京に無償で建設することも約束した。

これを契機に日中関係は好転し，1980年には2回目の対中経済フィーバーが起きる。しかし，インフレ，財政赤字，エネルギー不足に悩む中国は，外国からのプラント輸入に大幅に依存した基本建設プロジェクトの見直しを余儀なくされ，1981年1月，宝山製鉄所の第2期工事を含むプラント契約の破棄が中国側から一方的に通告された。キャンセルされたものは，1978年，79年契約分，総額79億9000万ドルのうち30億ドル分で，うち日本企業については半分を超える15億7000万ドルであった。

契約の一方的破棄という国際慣行を無視した中国側の動きに対する反発は大きく，日中関係に大きなこじれが生じた。しかし，日本側では，破棄された契約を再開させるために，中国にさらに資金協力をすべきだとの声も強くなった。その理由として，日中戦争の賠償権を中国が放棄したことへの見返りという面に加えて，中国の近代化を支えることがアジアの安定的発展に資するとする経済協力の論理が使われた。こうして，資金供与の枠組みづくりは難航したものの，1981年12月の日中閣僚会議において合意文書が調印された。

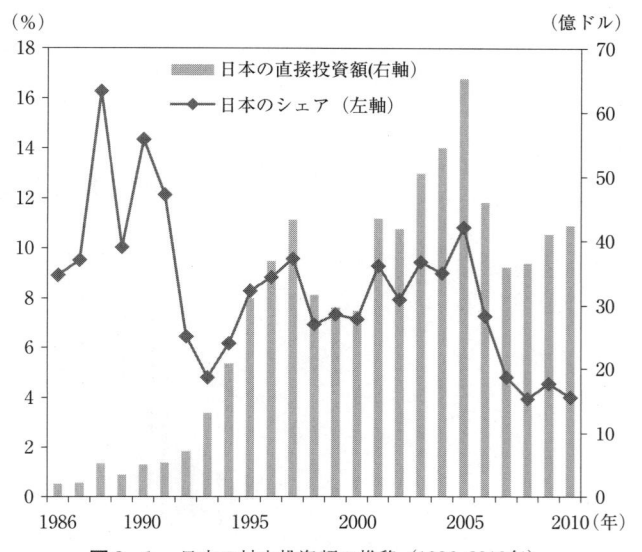

図2-1　日本の対中投資額の推移（1986-2010年）
（出所）中国商務部統計ほかより作成。

　1980年代の日中経済関係は，円借款など政府間ベースでの資金援助を出発点として始まったが，1985年のプラザ合意以降，円高の進行を背景として第1次対中投資ブームが起きた。中国の直接投資受け入れ額に占める日本のシェアは，1988年には16.3％を記録した（図2-1）。しかし，この時期，計画経済から市場経済への移行の道筋がまだ不明確であり，インフラの不足など投資環境が整っていなかった。このため，製造業分野での本格的な投資拡大には至らず，1989年6月の第2次天安門事件の発生により一挙に投資熱は冷え込んだ。

　第2次投資ブームは，1991年から95年にかけてであり，92年春に最高実力者である鄧小平が行った南方視察をきっかけとしている。この時期，インフラが整い始めた華南地域を中心として，安価な労働力コストを目当てとした中小製造業の生産拠点が多数建設された。しかし，このブームは長続きしなかった。1997年にアジア通貨危機が発生すると，ASEAN諸国が大きな打撃を受けるなかで対中投資も減速した。

　第3次投資ブームは，2001年の中国のWTO加盟を挟んだ2000年から05年にかけての時期である。この時期，生産拠点としての進出に加えて，中国市場参

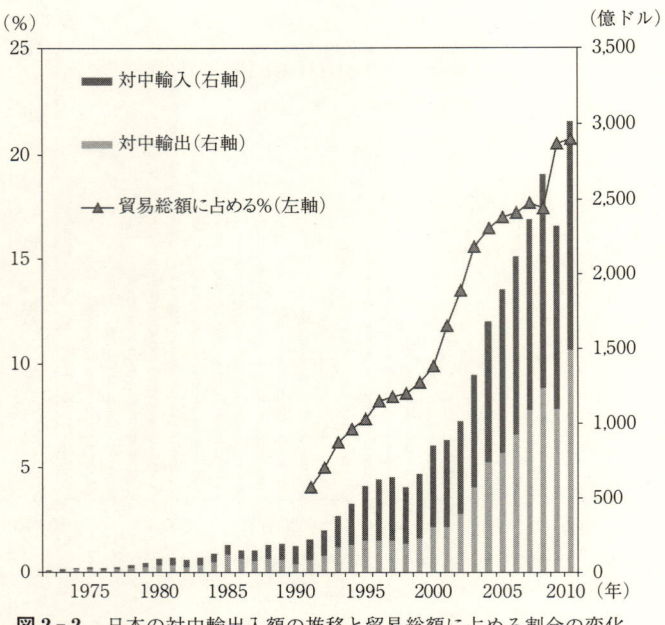

図 2-2　日本の対中輸出入額の推移と貿易総額に占める割合の変化
（出所）　財務省貿易統計ほかより作成。

入のための販売拠点，優秀で低廉な人材活用によるR&D拠点などを目的とした投資も増えた。また，投資地域も華南地域から北上して，上海を中心とする長江デルタ地域や北京，天津を中心とする環渤海地域へ広がった。

　図2-2は，日中貿易額と貿易総額に占める対中貿易のシェアの推移を示したものである。着実に貿易額は増加し，日本の貿易総額に占める中国のシェアは1991年の4.1％から2010年の20.7％へ増加している。ちなみに，日本の貿易総額に占める中国とアメリカのシェアは，2006年に逆転し，2010年の対米貿易シェアは12.5％まで低下した。

　2000年以降，日中経済関係はおおむね順調に推移したといえるが，問題がなかったわけではない。2008年1月，日中間に新たな摩擦を引き起こす1つの事件が起きた。毒入り餃子事件である。2007年から08年にかけて中国で製造され，日本に輸入された冷凍餃子のなかに，メタミドホスという農薬が含まれており，複数の消費者が食中毒を起こした。捜査の初期段階において，日中捜査当局間

で情報のやりとりや感情面での行き違いを原因とする齟齬が生じ，お互いに原因は相手国側にあると非難し合う醜態を演じた。2010年3月になってやっと，待遇に不満をもつ製造会社の元従業員が容疑者として逮捕された。

現時点から振り返るならば，毒入り餃子事件の本質は，野菜の残留農薬などとは次元を異にする，いわば不特定多数を狙った犯罪であった（丸川 2009）。とはいえ，この事件は，日本の消費者に食の安全確保という問題を提起するひとつのきっかけをつくり出した。

さらに2010年9月には，尖閣列島（釣魚島）付近の海域で日本の海上保安庁の巡視艇と中国漁船とが衝突する事件が発生した。領有権をめぐる日中間での対立という背景の下で，当初，政治解決を要求する中国側に対して日本側が法律に基づいて処理するとし，船長の勾留延長を決めたことから，中国側が強硬な姿勢を示し，閣僚級での相互交流停止，東シナ海ガス田共同開発についての協議中断，上海万博への日本人学生の招待延期，通関手続きの遅延やレアアースの対日禁輸（中国政府は否定）など，経済制裁を含むさまざまな対応措置を発動して日中関係がにわかに緊張した。結局，日本側は，那覇地検の判断に基づく船長の処分保留のままでの釈放という曖昧な処理を行わざるをえなくなった。21世紀に入っても，政治が経済を規定するという日中関係の基本構造に変化がないことを改めて確認する事件となった。

2 中国のグローバル化と変貌する日中関係

前節で述べたように，改革開放以来の積極的な外資導入と貿易促進を通じて，中国は着実に世界経済との結びつきを強めてきた。その象徴的な出来事が2001年のWTO加盟であり，これにより中国は名実ともに世界経済の一員となった。この節では，中国におけるグローバル化の進展と，それが日中関係をどう深化させたかを分析する。

（1） グローバル化の進展

中国は2010年，ついに日本を抜いてアメリカに次ぐ世界第2のGDP大国となったが，貿易や直接投資分野の分野ではとくに躍進が著しい。IMFの貿易統計によれば，輸出ベースで測った世界貿易に占める中国のシェアは，1980年の

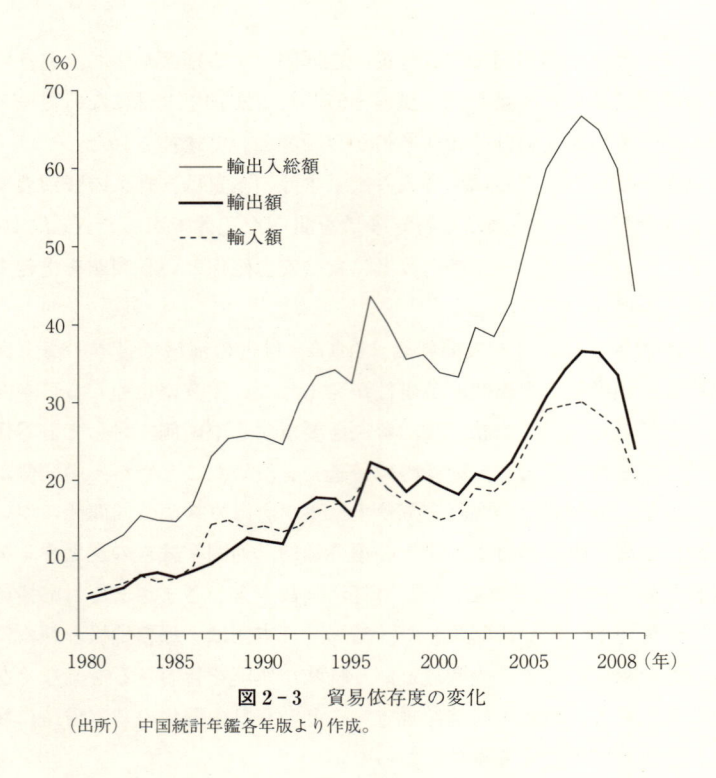

図2-3 貿易依存度の変化
（出所）中国統計年鑑各年版より作成。

1.0%から2010年の10.5%に飛躍的に上昇した。

　グローバル化の進展を測るひとつの指標は、貿易依存度（輸出＋輸入をGDPで除した数値）の変化である。**図2-3**は、改革開放以降の貿易依存度の変化をみたものである。GDPの規模が大きい国では通常貿易依存度は低いはずだが、中国は例外である（たとえば日本のそれは31.7%、2008年数字）。貿易依存度は1978年の9.8%から着実に増加し、ピーク時の2006年には66.5%（輸出依存度は36.6%、輸入依存度は29.9%）まで上昇した。ただし、その後は内需拡大をはかる政府の思惑もあり、貿易依存度は低下している。

　中国の躍進は、東アジアにおいていっそう顕著である。表2-3は、1985年と2007年の東アジア域内での貿易マトリクスを示したものである。日本から東アジアへの輸出は34.0%から18.6%へとシェアを落としているのに対して、中国から東アジアへの輸出は12.8%から25.5%へと大きくシェアを伸ばしている。

第2章　中国と日本

表2-3　東アジア貿易マトリクス（1985年，2007年）

1985年　　　　　　　　　　　　　　　　　　　　　　　　　　　　　　（％）

	日本	中国	香港	韓国	台湾	ASEAN	東アジア
日　本	—	10.0	5.2	5.8	3.9	9.3	34.0
中　国	4.9	—	5.7			2.2	12.8
香　港	1.0	6.3	—	0.4	0.2	1.6	9.5
韓　国	3.6		1.2	—	0.1	1.3	6.2
台　湾	2.7		2.0	0.2	—	1.4	6.3
ASEAN	14.4	0.7	2.0	1.7	1.1	11.3	31.2
東アジア	26.6	17.0	16.1	8.1	5.3	27.1	100.0

2007年　　　　　　　　　　　　　　　　　　　　　　　　　　　　　　（％）

	日本	中国	香港	韓国	台湾	ASEAN	東アジア
日　本	—	6.3	2.2	3.1	2.4	4.6	18.6
中　国	5.8	—	10.6	3.2	1.4	4.5	25.5
香　港	0.8	8.0	—	0.4	0.1	1.0	10.3
韓　国	1.4	5.3	0.9	—	0.8	1.9	10.3
台　湾	0.9	3.6	2.2	0.4	—	1.7	8.7
ASEAN	4.6	5.1	3.2	1.7	1.2	10.7	26.5
東アジア	13.5	28.3	19.1	8.9	5.8	24.3	100.0

（注）　横に見ると輸出，縦に見ると輸入となる。
（出所）　日本貿易振興機構国際経済研究課作成の世界貿易マトリクスより作成。

同様に，東アジアから日本への輸出は26.6％から13.5％にシェアを落としているのに対して，東アジアから中国への輸出は17％から28.3％に上昇した。中国が輸出入両面で東アジアでのプレゼンスを高めていたことを確認することができる。

中国の世界経済におけるプレゼンスの上昇は，周辺国からアフリカにまで広がっている。表2-4は，中国との貿易が貿易全体に占める割合が高い上位20カ国を示している。モンゴルの52.3％を筆頭にして，キルギス，北朝鮮など周辺国の依存度が高いのはある意味では当然のことだが，それに加えてスーダン，ベナン，アンゴラ，トーゴなど，アフリカ諸国が上位を占めている点に注目したい。対中貿易が貿易総額に占める割合が20％を超える国・地域は，2001年にはアジアでは3カ国，アフリカでは1カ国であったが，09年にはアジアで10カ国，アフリカでは8カ国に増えた。

他方，資本収支の自由化や為替の変動相場への移行については，中国は依然として慎重な態度を保留している。しかし，経常収支の累積的な黒字と人民元への切り上げ圧力に対応したドル買い介入のため外貨準備が急増し，2011年8

表2-4 中国に依存する国と地域（2009年）

順位		国・地域名	比率（％）
1	（3）	モンゴル	52.3
2	（1）	香　港	48.7
3	（20）	キルギス	46.8
4	（6）	北朝鮮	39.2
5	（2）	スーダン	38.4
6	（48）	ベナン	35.3
7	（17）	アンゴラ	30.1
8	（102）	トーゴ	28.7
9	（4）	マカオ	28.5
10	（59）	ソロモン諸島	27.7
11	（9）	ミャンマー	25.0
12	（64）	モーリタニア	24.7
13	（129）	コンゴ（旧ザイール）	24.4
14	（163）	タジキスタン	22.5
15	（5）	ガンビア	21.9
16	（11）	韓　国	21.6
17	（28）	カザフスタン	21.4
18	（10）	日　本	20.5
19	（39）	コンゴ共和国	20.0
20	（16）	オーストラリア	19.6

（注）（　）内は2001年の順位。台湾を除く。
（出所）『日本経済新聞』2010年7月18日より作成。

月現在，中国は3兆2000億ドルを超える世界第1位の外貨準備国となっている。外貨準備のおよそ70％は米国債などドル資産で運用されているとみられているが，リスク回避のために日本の国債を購入するなど，近年では外貨資金運用の弾力化が図られている。

さらに，1999年に政府が積極的な対外進出政策（「走出去」）を掲げると，中国企業の対外投資が急増した。2008年の対外直接投資残高（金融分野を除く）は，1839億7000万ドルで第24位にランクされる。ちなみに国際収支ベースでは，534億7000万ドルで第11位となり，アジアでは日本（第6位）に次ぐ地位を占める。

中国は，国際市場で活躍するグローバル企業の育成に乗り出し，一定の成功を収めている。2009年のフォーチュンが選んだ売上高ベスト500社の国別内訳をみると，第1位がアメリカ（140社），第2位が日本（68社）となっているが，フランス，ドイツについで中国企業は37社で第5位に入っている（香港企業3社を含む）。また，2010年6月時点での時価総額によるランキングのベスト10社

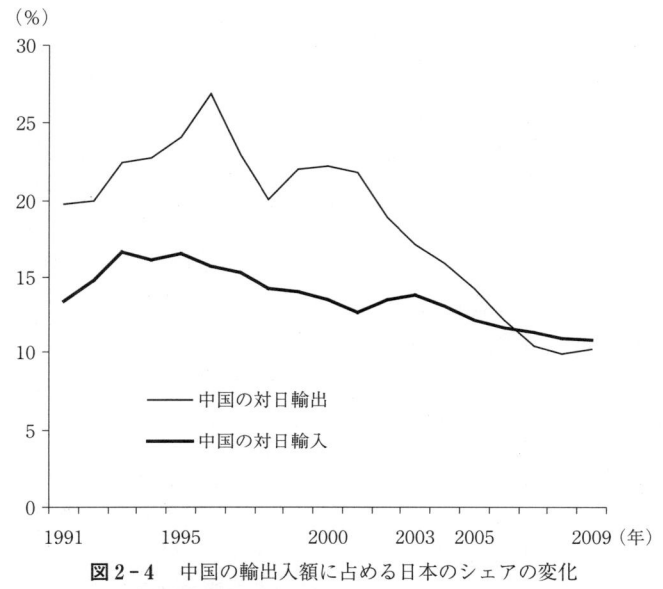

図2-4 中国の輸出入額に占める日本のシェアの変化
(出所) 中国統計年鑑各年版より作成。

に，中国石油天然気（ペトロチャイナ），中国工商銀行，中国移動（チャイナモバイル），中国建設銀行の4社がランクインしている。500社に入った中国企業の業種別内訳をみると，金融・保険，資源・エネルギー，建設，通信，製鉄，自動車，食品などの分野に広がっている。いずれも国が100％所有権を握る「国有独資企業」か，国が主要な株式を保有する「国有支配企業」であり，純粋な私有企業は1つもない。政府の後押しが，短期間での中国企業の躍進につながったことがわかる。

（2）深化する日中経済関係

中国のグローバル化は，日中経済関係にも変化を引き起こさずにはおかない。中国における日本のプレゼンスは相対的に低下しつつあるものの，日本にとっての中国，中国にとっての日本は互いに重要な貿易相手国であり，日本は中国にとって重要な直接投資の供与国のひとつである。

図2-4は，1991年以降の中国の輸出入額に占める日本のシェアの変化をみたものである。中国の輸出に占めるシェアは，1996年の26.8％をピークとして

低下を続け，2009年には10.2％となった。輸入に占めるシェアについても，1995年の16.6％をピークとして減少を続けている。このことは，日本の対中貿易額が質量とも着実に増加していること（図2-2参照）と一見すると矛盾するようにみえるが，そうではない。日中貿易は着実に増大したものの，それを上回るスピードで日本以外の国・地域との貿易額が増加した。そのことがこうした結果に表れたと解釈すべきだろう。貿易の中身についていえば，日本が食料品や原料品，鉱物性燃料を輸入して，工業品を輸出するという垂直型の貿易パターンに変化が現れ，中国からも一般機械や電気機器などの輸入が増え，水平的な貿易パターンが形成されつつある。

　他方，日本の対中投資が世界の対中投資に占める割合の変化をみると，1980年代には10％を上回るシェアを保っていたが，世界的な対中投資ブームが起きた1991年以降急速にそのシェアを下げ，2009年の日本の対中投資シェアはわずか4.6％にすぎない。ただし，国・地域別の投資額の第1位は香港（51.2％），第2位はバージン諸島（12.5％）であり，日本は第3位となっている。香港やバージン諸島からの投資が日本を含めた多国籍企業の迂回投資であることを考慮すると，日本の中国におけるプレゼンスは，この数字よりも大きいといえる。

（3）　対中ODAの「卒業」

　改革開放が始まったばかりの初期段階では，中国の市場経済への移行を支援することがアジアの安定的発展に貢献するという立場から，日本は，円借款，無償支援，技術協力からなる対中ODAを推進してきた。

　1979年に始まった円借款は，第1次円借款（1979-84年：7件3309億元），第2次円借款（1984-89年：17件5400億元），第3次円借款（1990-95年：52件8100億元），第4次円借款（1996-2000年：93件9698億元）と，中国の5カ年計画に対応する形で5～6年を単位とする一括供与方式で実施された。2001年以降は，中国側が作成した候補案件のなかから日本側がプロジェクトを選択し，単年度ごとに必要額を積み上げるロングリスト方式をとるようになった。2003年末までの円借款の累計額は，3兆472億円（貸付実行額2兆964億円，償還額9401億円）にのぼった。

　対中ODAは，1985年から2001年まで，日本のODA供与先のなかで常に上位（第1位から第4位）に位置し，2国間ODAに占める中国のシェアは10％前後と

安定していた。さらに，経済協力開発機構（OECD）に所属する先進国からなる開発援助委員会（DAC）の対中援助に占める日本のシェアは圧倒的であり，1985年から2001年まで，最大65％，最小でも46％を占めた（丸川 2004）。

日本の対中ODAについては，十分な費用対効果が得られていないとか，中国国内での認知度が低いとか，軍事大国化する中国に援助することは対中援助3原則に抵触するといった批判が数多くなされてきた。しかし，総体的にみれば，インフラ整備，環境対策，保健医療など基礎生活分野の改善や人材育成など，中国経済の安定的な発展に貢献し，中国の改革開放を促進するうえで大きな役割を果たしてきたと評価できる。

通常，1人当たりGDPが3000ドルを超える段階でODAは「卒業」すべきとされている。中国についても，近年の著しい発展を踏まえて，2007年12月に交換公文に署名した6案件をもって新規供与は終了した。ただし，中国は大国であり，内陸部の貧困や環境汚染など直面する課題も多い。環境分野での協力は日本の得意分野でもあるため，無償支援は継続されている。

3　日本からみた中国

日本から見た中国は，生産拠点として，マーケットとして，さらに研究開発や物流拠点としての役割を併せもつ存在である。また，日本市場で存在感を増す中国製品や中国企業の日本進出は，日本経済の活性化に貢献している。ジェトロが実施した「平成21年度日本企業の海外事業展開に関するアンケート調査」（3110社を対象として，2009年11月〜12月に調査し，935社から回答を得た。有効回答企業のうち，製造業は56.1％，非製造業は43.9％。以下，JETRO調査と略）と，国際協力銀行が実施した「2008年度わが国製造業企業の海外事業展開に関する調査報告」（生産拠点1社を含む海外現地法人3社以上を有する製造業企業982社を対象として，2008年7月〜8月に実施し，620社から回答を得た。以下，JBIC調査と略）などの一次資料をもとに，日本企業にとって中国市場や中国企業のもつ意味を検討するとともに，日本のなかの内なる中国の実態を明らかにしよう。

(1) 中国での事業展開

JETRO調査（2009年）では，海外に拠点をもつ企業581社の拠点の所在地を

表2-5 中国で拡大を図る機能

(％)

機能	％
販売機能	55.3
生産	36.1
汎用品	26.5
高付加価値製品	17.7
研究開発	14.9
基礎研究	2.9
新製品開発	6.7
現地市場向け仕様変更	11.1
地域統括機能	4.8
物流機能	10.3
その他	2.3

(出所) JETRO調査（2009年）より作成。

表2-6 企業属性別でみた中国との今後のビジネス展開

(％)

	既存ビジネスの拡充、新規ビジネスを検討している	既存のビジネス規模を維持する	既存ビジネスの縮小・撤退を検討している	今後ともビジネス展開は行わない
大企業	63	20.5	0.8	11.9
中小企業	59.1	21.4	0.7	14.3
製造業	68.6	22.1	0.4	7
海外生産製造業	72.9	22.3	0.3	3.9
国内製造業	62.3	21.9	0.5	11.6
商社・卸・小売	61.1	20.8	0.9	13.9
非製造業（商社・卸・小売除く）	38.7	18.6	1.5	29.9
総数	60.6	21.1	0.7	13.4

(出所) JETRO調査（2009年）より作成。

みると、中国が74.9％と第1位であり、第2位のアメリカ（44.8％）を大きく引き離している。拠点を機能別にみると、「販売拠点」が71.1％、ついで生産拠点が63.3％、地域統括拠点が18.1％、研究開発拠点が14.8％の順となる。

　表2-5は、今後（3年程度）の事業展開について、中国で拡大を図る機能について聞いたものである。これによれば、「販売機能を強化する」が55.3％で最も多く、生産機能36.1％（うち汎用品は26.5％、高付加価値製品は17.7％）、研究開発は14.9％、物流機能が10.3％、地域統括機能が4.8％の順であった。生産機能より販売機能が重視されていること、高付加価値製品の生産機能や研究開発についても、すでに10％を超える企業が機能拡大を目指していることが注意

表2-7　事業展開先としての有望理由と課題

有望理由　　　　　　　　　　　　　　　　　　　(%)

1	現地マーケットの今後の成長性	77.9
2	安価な労働力	44.9
3	現地マーケットの現状規模	37.1
4	組み立てメーカーへの供給拠点として	24.8
5	安価な部材・原材料	16.3

課題

1	労働コストの上昇	63.9
2	法制の運用が不透明	58.2
3	知的財産権の保護が不十分	50.2
4	他社との激しい競争	45.6
5	為替規制・送金規制	32.3
6	代金回収が困難	32.3

(出所)　JBIC調査(2008年)より作成。

をひく。

表2-6は，企業属性別に中国とのビジネス展開の展望について聞いたものである。「既存ビジネスの拡充，新規ビジネスを検討している」企業は60.6％，「既存のビジネス規模を維持する」企業が21.1％，「既存ビジネスの縮小・撤退を検討している」企業が0.7％という結果であった。製造業，商社・卸・小売りと非製造業（商社・卸・小売りを除く）の3分野では，前2者はビジネス拡大をめざす企業が60％を超えていたが，非製造業（商社・卸・小売りを除く）は38.7％と低かった。製造業の内訳では，「海外生産製造業」は「国内製造業」に比べて10％ポイント近くビジネス拡大意欲が高かった。事業拡大の具体的な内容としては，「輸出増を図る」が53.6％，「販売拠点を新設・拡充する」が41.3％と高く，「輸入増をはかる」（26.6％），「生産拠点を新設・拡充する」（26.3％）がそれに続く。

(2)　生産拠点志向から市場志向へ

JBIC調査（2008年）においても，中期的（今後3年程度）な有望事業展開先国・地域の得票率では中国が第1位である。しかし，2003年に90％を超えた得票率は，08年には63％まで落ち込み，第2位のインド（58％）が追いつきつつある。

表2-7は，事業展開国として中国が有望と考えられる理由と，中国での事

業展開における課題について，主要な項目を整理したものである。中国を有望と考える理由は，「現地マーケットの今後の成長性」が77.6％と群を抜いて高く，ついで「安価な労働力」(44.9％)，「現地マーケットの現状規模」(37.1％)，「組み立てメーカーへの供給拠点として」(24.8％)，「安価な部材・原材料」(16.3％)の順となる。2004年と比較すると，「安価な労働力」や「安価な部材・原材料」は減少したのに対して，「現地市場の成長性」は一貫して高く，「現地マーケットの現状規模」は上昇した。中国ビジネスの重点が低廉な労働力や部材・原材料を目当てとした生産拠点志向から，成長著しい市場を取り込もうとする市場志向へ転換していることが確認できる。

中国での事業展開における課題としては，「労働コストの上昇」が63.9％と2004年の調査開始以来はじめて第1位となった。2004年と比較すると30％ポイント以上増えたことになる。「法制の運用が不透明」(58.2％)，「知的財産権の保護が不十分」(50.2％)，「為替規制・送金規制」(32.3％)などは，ソフト面でのインフラ整備が不十分であること示している。「他社との激しい競争」(45.6％)，「代金回収が困難」(32.3％)は，中国市場の特殊性やその実態を反映しているが，「代金回収が困難」という回答は2004年以降徐々に低下している。

「労働コストの上昇」にかかわっていえば，近年，生産拠点の中国外への分散化の動きが始まっていることが新聞報道からも確認できる。ユニクロを運営するファーストリテイリングは，2012年までにバングラデシュなどの生産比率を現状の倍の30％超に増やす。青山商事は主力商品のスーツの生産の7割が中国に集中しているが，今後5年間で中国以外の生産比率を50％程度に高める（『日本経済新聞』2010年6月24日）。

JETRO調査とJBIC調査に共通して，成長著しい中国市場向けの販売強化が日本企業の最大の課題であることがみて取れる。目標は明確だが，競争が激しい中国市場での販売を増やすことは容易なことではない。資金力やブランド力に劣る中小企業にとっては，とくにそれがいえる。ちなみに，JETRO上海センターがまとめた「中国内販に成功している中小企業事例調査報告書」(2010年5月)によれば，事例研究から得られる4つの成功要因として，①経営者の明確な意識設定，②地場企業，欧米企業を含めた中国市場における需要の積極的な取り込み，③顧客との相互信頼関係を重視する日本流の営業・販売手法の

徹底，④高い技術力を前提としたコスト削減努力があげられている。

（3） 日本のなかの内なる中国

　日本にとっての中国は，単なる市場だけに留まらない。農産物や繊維・アパレル製品など日本市場で圧倒的なシェアをもつ中国製品に加えて，近年では，中国企業による日本企業の買収を通じた対日投資も活発化している。日本のなかで着実に存在感を高めている中国製品と中国企業は，日本のなかの内なる中国である。

　中国の高度成長は，中国製品の輸入という形で，私たち日本人の生活に深く入り込んでいる（丸川 2008）。農産物については，タケノコの89％，落花生の74％，松茸の67％，そばの57％が中国からの輸入に頼っている（2006年—以下同じ）。水産物については，ハマグリの92％，ウナギの60％，フグの53％は中国からの輸入である。家具・木製品では，割り箸の97％，プラスチック製家具の68％，仏壇の57％が中国産である。衣料品の中国依存も食品と同じほど高い。点数ベースで計算した外衣の中国依存は85％，下着などの内衣に至っては，中国製でない製品を探すのが難しいぐらいである。

　さらに驚くべきことに，中国からの輸入に占めるシェアが大きいのは，農産物でも衣料品でもなくパソコンなどの電気機械である。中国依存度が高い家電製品を見ると，DVD・ビデオレコーダーの79％，電気カミソリの74％，電気掃除機の65％，電話機の51％などが50％を超えている（2007年）。ただし，中国製品といってもすぐに見分けがつかないものもある。日本やアメリカのブランド名がついていても，重要部品を除く汎用部品のほとんどは中国で生産され，中国で組み立てられて世界に輸出されるという構造が形成されているからである。したがって，家電製品に代表される組み立て産業についていえば，中国製部品をまったく使わない「チャイナ・フリー」の製品を探すことは容易なことではない。

　他方，日本企業の対中投資の規模と比較すれば，中国企業による対日投資はまだ限定的である。2009年までのストックベースでみた中国の対外投資額の相手国・地域別分布を見ると，香港，ケイマン諸島，バージン諸島に集中しており，3地域を合わせると78.6％を占め，対日投資のシェアはわずか0.3％にすぎない。しかし，分野によっては，中国企業は日本企業の対等で有力なビジネ

スパートナーとなりつつある。また，中国企業の対日投資を積極的に受け入れることが，日本経済の活性化につながる側面もある。

中国企業の対外投資の動機は決して特別なものとはいえない（大橋・丸川 2009）。第1はエネルギー・資源関連の大型国有企業による資源確保のための投資である。第2は，市場追求型の投資である。第3は効率追求型の投資として，発展途上国への生産拠点の移転である。第4は，後発国の企業として，外国企業の買収による技術取得やブランド獲得を目的とした投資である。第5は，政策上の制約を回避する政策対応型の投資（たとえば，輸入制限を設ける国への迂回輸出を目的とした投資など）である。

対日投資に限定すれば，上記の5つの動機のうち，市場追求型の投資と技術取得やブランド獲得を目的とした投資の2つが重要である。具体的な事例をいくつか挙げると，三九企業集団による東亜製薬の買収は，漢方薬の原料を供給し，「三九」ブランドで国内販売を行うのが目的であり，これにより日本での医薬品の販売許可を得る時間を短縮できる（増田 2006）。山東如意によるレナウンの買収は，レナウンのブランドで，衣料品を中国市場で販売することを目的としている（『日本経済新聞』2010年8月3日）。上海電気集団によるアキヤマ印刷機械の営業権獲得，工作機械メーカー池貝の買収は，技術獲得のみならず，事業継承により将来の発展を期待しての買収である。

4　中国脅威論を超えて

清末から日中戦争期をへて，人民共和国の成立，改革開放による市場化の進展という歴史的な流れのなかで，経済に焦点を当てて日中関係の変遷を概観してきた。100年を超える日中交流史を振り返ると，大きな振幅が何度も観察される。1930年代初頭に1つのピークを迎えたあと，日中全面戦争の勃発により両国の正常な経済交流は一旦途切れることになったが，その間も東北地域は資源・エネルギーの供給基地としての役割を日本の敗戦まで果たした。人民共和国の成立以降，細々とした民間交流が続けられたものの，そのときどきの政治変動の影響を受け，何度も交流が中断した。1970年代に入ると日中国交正常化が実現し，日本からのプラント輸出が始まった。改革開放後，中国を生産拠点とする日本企業の活動が活発になり，貿易額も飛躍的に伸びて日中関係は緊密

度を増していった。そして今日，中国市場や中国企業の動向が日本経済の好不況を左右する重要な要因となりつつある。日中経済関係は，今日，歴史上もっとも緊密な時期を迎えたといってよい。グローバル化の進展と中国経済の躍進が今後しばらく続くとすれば，日中間での相互依存は深まることはあってもその逆はありえないだろう。

　懸念すべき点は，経済的な相互依存が高まる一方で，両国国民の相互理解に大きな隔たりがあることである。平均的な日本人は平均的な中国人に親近感を持たず，中国が日本を押しのけてアジアに君臨する恐れを抱いているか（「中国脅威論」），極端な場合には，さまざまな問題に直面した中国が「崩壊」することを期待するような言説（「中国崩壊論」）さえみられる。平均的中国人の対日観も大同小異である。

　2010年6月～7月に実施された第6回日中共同世論調査（日本側の調査は，全国の18歳以上の男女を対象とし，訪問留置回収法により実施，有効回収標本数は1000。中国側の調査は，北京，上海，成都，瀋陽，西安の5都市で18歳以上の男女を対象とし，面接聴取法により実施，有効回収標本は1617）によると，日本人の中国に対する印象は，「どちらかといえば良くない印象を持っている」が61.0％，「良くない印象を持っている」の11.0％を合わせると72.0％となり，「良い印象を持っている」（2.9％），「どちらかといえば良い印象を持っている」（24.4％）を大きく引き離している。中国に対するマイナスイメージは，2007年の66.3％から08年の75.6％に拡大し，その後は若干改善しているものの，07年水準を回復していない。他方，中国人の日本に対する印象は，「どちらかといえば良くない印象を持っている」が37.0％，「良くない印象を持っている」の18.9％を合わせると55.9％となり，日本人のそれより低いとはいえ，依然過半数を超えている。

　日本人の対中認識は国際的にみても特異である。**図2-5**は中国に対する見方の国際比較を示したものである。中国を好ましくないと感じる人の割合は，アジアのなかで日本が突出して高い。他の先進国と比較しても日本の数字は高いといえる。

　日中経済関係が歴史上もっとも緊密になっている今日，このように両国民間で厳しい相互認識が持続している理由はなんだろうか。

　政治システムの違い，歴史認識の相違など，さまざまな理由が考えられるが，その理由のひとつとして相互理解の不足を挙げることができる。同上調査によ

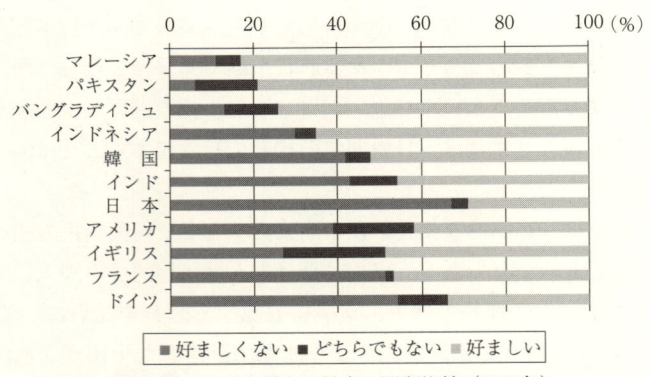

図 2-5　中国に対する見方の国際比較（2007年）
（出所）　47-Nation Pew Global Attitudes Survey.

ると，日本人のうち「中国への訪問経験がある」と回答した人は14.5％に過ぎない。また，「親しい」あるいは「多少話をしたりする」中国人の友人がいる日本人は18.1％である。つまり，中国への渡航経験や中国人との会話を通じて直接交流している人は2割足らずであり，6回の調査を通じて数値にほとんど変化は見られない。一方，中国人の日本人との交流経験はよりいっそう乏しい。日本を訪問したことがある人はわずか0.6％，「親しい」あるいは「多少話をしたりする」日本人の友人がいる人も3.6％に過ぎず，同様にこの6年間に大きな変化は見られない。要するに，相互依存関係の深化という実態に比べて，中国を知る日本人，日本を知る中国人が質量とも少なすぎるのである。

相互理解を深めるためには，直接的な交流を地道に積み重ねることが重要である。この意味から，2010年6月から観光ビザの制限が緩和され，日本を訪問する中国人旅行客が増加した意義は大きい。しかし，観光を通じた相互交流には自ずと限界があり，ビジネスの関係だけでも十分とはいえない。留学や草の根レベルでの交流により大きな価値がある。こうした観点から，再び戦前の日中関係に立ち戻ってみよう。1936年10月，中国を旅行した日本綿織物工業組合連合会の理事長であった三輪常治郎（服部商店）は，執務記録に次のように書き残している（籠谷 2005）。

「日本は，中国（原文は支那）民衆より感激を受けることは本日までやって

表2-8　外国人留学生受け入れの日中比較（2009年）

中国			日本		
	人数	%		人数	%
韓　国	64,232	27.0	中　国	79,082	59.6
アメリカ	18,650	7.8	韓　国	19,605	14.8
日　本	15,409	6.5	台　湾	5,332	4.0
ベトナム	12,247	5.1	ベトナム	3,199	2.4
タ　イ	11,379	4.8	マレーシア	2,395	1.8
その他	116,267	48.8	その他	23,107	17.4
合　計	238,184	100.0	合　計	132,720	100.0

（出所）　日本学生支援機構，中国教育部の統計より作成。

おらぬ。西洋人は60年も前より多大に経費を捨て，学校を経営し，生徒が失業すれば本国へ洋行させ勉強させて，母国の教師となし，あと西洋人は1人2人より先生はない。……日本の学校は出来ても出来ぬでも卒業させる。日本はインチキであると，日本（留学の）卒業生は民衆が承知しない。経済提携では百年待ってもダメだ」

今日，状況は改善しただろうか。**表2-8**は2009年の外国人留学生受け入れ人数の上位5カ国を日本と中国とで比較したものである。日本では，中国からの留学生が59.6％と圧倒的な第1位である。中国からの留学生が多いことが，日中関係の深化にとって望ましいのはいうまでもない。ただし，十分な教育の質が保たれているかについては検証が必要だろう。

懸念すべき点は，中国における日本人留学生の数が，韓国人とアメリカ人についで第3位と伸び悩んでいる点である。日本の人口規模の3分の1である韓国から，日本の4倍の留学生が中国で学んでいることに改めて驚かされる。ちなみに，2009年にアメリカで学ぶ韓国人留学生は7万5000人，日本人留学生は2万9000人と2.5倍の差がある。韓国の方が日本よりも留学志向が強いわけだが，韓国の場合，アメリカで学ぶ学生数と中国で学ぶ学生数に大きな差がないことは，日本に比べて韓国の中国重視の姿勢がうかがわれる（Institute of International Education, HP "Open Doors"）。相互理解を深めるためには，韓国の例に学んで，中国で学ぶ日本の若者を増やすことが必要だろう。

日本人が陥りやすい「中国脅威論」の罠は，ある種の優越感の裏返しの心理につけ込んだものである。そこには，「遅れた」中国が「進んだ」日本を追い

■□■ コラム □■

中国ニセモノ事情と日本ブランド

　ジェトロ北京事務所には，SQNYの乾電池やHONGDAの二輪車など，輸送機器，電器製品から食品まで，さまざまな知的財産権侵害の商品を陳列した部屋がある。だれでも参観できるから，北京で時間があれば是非一度覗いてみるとよい。経済産業省が実施した「中国における知的財産権侵害実態調査」（2010年）によれば，5割超の企業が知的財産権の侵害を受けたと回答している。この割合は調査が始まって以来，増えこそすれ減ることはない。2010年10月12日付けの『南方日報』によれば，日本製粉ミルクの空き缶が高値で取引されているという。メラミン入り粉ミルクが中毒事件を起こしたのは2009年のことだが，その後も中国製品への信頼は薄く，日本製粉ミルクの人気が高いことに目をつけた悪徳業者が，空き缶をニセモノに利用しようとしているのである。

　このように，中国ではニセモノの横行が収まらない現状があるが，裏返してみれば，模倣される製品が多い分だけ日本ブランドへの信頼が厚いともいえる。日本企業にとっての中国市場は，潜在的なものから顕在的なものに劇的に変わりつつある。知的財産権保護に対する中国政府の取り組みを強化するように働きかけるとともに，安全，安心，高品質の日本ブランドの力に磨きをかけ，中国市場でのシェア拡大をはかる攻めの姿勢こそが，日本企業に求められているといえる。

越すことに我慢できないという屈折した感情が見え隠れしている。改革開放30年の成功により自信を持ち始めた中国が，日本と対等平等の関係をもとうとすることは当然のことである。ときにその自信が暴走するように見えることがあるが，長年，「遅れた」中国を教え導く「進んだ」日本という構図で考えることに慣れてきた日本の方に，より大きな問題があると考えるべきだろう。ともに近代化を進めたアジアの隣国として，日本がわずかに先を進み，近年急速に中国がキャッチアップした過程としてこの100年間を振り返るなら，中国に対する優越感に根拠がないことは明らかである。ここにきて，日本人が日清戦争以来持ち続けてきた対中認識を抜本的に改める時期にきたといえる。

●参考文献

安藤正士・小竹一彰編（1994）『原典中国現代史第8巻　日中関係』岩波書店。
安藤良雄編（1979）『近代日本経済史要覧』東京大学出版会。
大橋英夫・丸川知雄（2009）『中国企業のルネサンス』岩波書店。
尾崎秀実（1982）『現代支那論』岩波書店（1939年出版，1982年特装版）。
籠谷直人（2005）「日本綿業における在華紡の歴史的意義」森時彦編『在華紡と中国社会』京都大学学術出版会。
加藤弘之・陳光輝（2002）『東アジア長期統計12　中国』勁草書房。
加藤弘之・久保亨（2009）『進化する中国の資本主義』岩波書店。
加藤陽子（2009）『それでも日本人は「戦争」を選んだ』岩波書店。
久保亨（1991）『中国経済100年のあゆみ――統計資料で見る中国近代経済史』創研出版。
久保亨（2005）『戦間期中国の綿業と企業経営』汲古書院。
田中明彦（1991）『日中関係1945-1990』東京大学出版会。
濱下武志（1990）『近代中国の国際的契機――朝貢貿易システムと近代アジア』東京大学出版会。
増田耕太郎（2006）「進出事例からみた中国系企業の対日進出戦略」『季刊国際貿易と投資』Winter 2006/No. 66。
松本俊郎（2000）『「満洲国」から新中国へ――鞍山鉄鋼業からみた中国東北の再編過程（1940〜1954）』名古屋大学出版会。
丸川知雄（2004）「日本の対中国政府開発援助の検討」国際金融情報センター『開発援助の新たな課題に関する研究会報告書』。
丸川知雄（2009）『「中国なし」で生活できるか』PHP研究所。
山本有造（2003）『「満洲国」経済史研究』名古屋大学出版会。

（加藤弘之）

第3章
ヨーロッパと日本

　ヨーロッパ諸国，とりわけその中心を占めるEU（欧州連合）との経済関係は，かつて「貿易摩擦」一色で彩られていた。恒常的に日本側の出超，すなわち，輸出が輸入を上回るという現象が続いてきたからである。ただ，近年に至り，依然として日本側の出超が続いているにもかかわらず，両地域間で貿易摩擦は喫緊の課題としては認識されていない。むしろ，両地域は市場経済，民主主義，人権尊重，法の支配といった社会を支える価値観を共有していることから，地球温暖化，国際通貨体制の安定化，多角的貿易体制の形成といったグローバル・イシューを共に取り組もうとしている。さらに，たとえば，少子高齢化など共通の問題に直面している地域であり，互いに学び合う点が多いということも，両地域の関係を考えるうえで重要となってきた。

　本章では，EUに焦点を当て，ヨーロッパと日本の経済関係について歴史を振り返り，現時点で直面している課題について論じることにより，両地域間の経済関係を展望することにしたい。

1　日欧貿易摩擦

　1970年代から90年代前半の日・EU（当時はEC）関係は，「貿易摩擦の時代」と呼ぶことができよう。その背景には，既述したように大幅な貿易インバランス，すなわち日本側の出超が存在していた点を指摘できる。たとえば，**表3-1**によれば，1980年時点で日本側の対EU輸出額は日本のEUからの輸入額の2倍以上にも達している。

　こうした背景の下，EU側はさまざまな方法で日本製品に対する輸入制限措置を講じることによって，日本からの輸入を削減しようとした。わが国がGATT（貿易関税一般協定）に加盟した1955年以来，一部のEU諸国はいくつかの製品について対日輸入数量制限措置を講じてきたことなどである。ただ，こ

表 3-1　日欧貿易の推移

(億円)

年度	わが国の対EU輸出	わが国の対EU輸入	インバランス
1980	49,233	23,796	25,437
1985	47,680	21,269	26,411
1990	77,339	50,707	26,632
1995	66,001	45,797	20,204
2000	84,319	50,429	33,890
2005	96,518	64,701	31,817
2007	123,079	76,627	47,352
2008	114,298	72,917	41,381
2009	67,497	55,127	12,369
2010	76,158	58,210	17,948

（注）インバランスとは，輸出マイナス輸入。
（出所）財務省「貿易統計」。

れは自由・無差別を原則とするGATT違反であるとして，わが国政府は撤廃を要求したのであるが，EU側は容易には撤廃に応じなかった。一方，わが国は自動車などに「輸出自主規制」措置を講じることにより，貿易摩擦の沈静化を図ろうとした。この対日輸入数量制限が完全に撤廃されたのは，1994年3月になってからである。その他，対日輸入の抑制を実質的な目的として，アンチ・ダンピング課税，部品アンチ・ダンピング課税などの措置を講じたため，わが国の輸出企業は，これらの措置に悩ませられた。

　1980年代半ばになると，EU側では「日本たたき」だけではEU産業の競争力を強化することは困難という認識が強まった。その結果，1985年の「市場統合白書」において1992年末を目標とする市場統合計画が発表され，さらに，本計画を実現することを目的の1つとして単一欧州議定書が採択された。これらによりEU産業の競争力強化が図られたのである。

　一方，日米両国は，この市場統合計画はEU域内の自由化のみを重視し，域外国に対して保護主義化を図るものとして激しく批判した。いわゆる「欧州の砦（"Fortress Europe"）」論である。このような欧州の保護主義化に対する懸念から，わが国企業は対EU直接投資を拡大することによって対応しようとした。EU域内に生産拠点をシフト，現地生産を拡大し，わが国の対EU輸出に代替することによって，EUにおける市場の確保を目指したのである。EU域内で部品を調達し，EU域内の労働力を雇用しておれば，たとえEUが日本からの輸入削減策が講じられても，EU市場から締め出されることはないと考えられた

からである。また，輸出から直接投資に代替することにより，輸出金額の削減及びEUにおける雇用増が可能になることも重要であった。**図3-1**から明らかなように，わが国の対EU直接投資額は1990年前後から急増するになっているが，その背景の1つとして，欧州の保護主義化懸念を指摘することができよう。

2　貿易摩擦から日・EU協調の時代へ

　1980年代末から90年台前半にかけ，第二次大戦後の世界政治及び経済が大きく転換する。たとえば，1989年11月にはベルリンの壁が崩壊し，1990年10月にはドイツ統一が実現した。また，1991年12月にはソ連が崩壊し，いわゆる東西冷戦の時代は終焉した。

　こうした時代の変遷を背景に，1991年7月，日・EU（当時はEC）首脳は「日・EC共同宣言」を発表，以降，日・EU首脳会議，外相会議，閣僚会議を定期的に開催することで合意した。その背景には，①冷戦後の世界経済を安定的に発展させるためには，3極，すなわち，日米EU間の緊密な協力が不可欠であること，②日・米あるいは米・EU関係に比して日・EU関係は相対的には希薄であることから，とりわけ日・EU協力の強化が重要であること，さらには，③当時，米国が世界において「1人勝ち」状態にあり，米国の「行き過ぎ」を牽制する意味でも日・EU関係が重要となったことなどの要因を指摘することができよう。

　また，この「日・EC共同宣言」から約10年が経過した2001年12月に開催された日・EU首脳会議において，2010年に向けた「日・EU協力のための行動計画」が採択され，2005年を「日・EU市民交流年」と位置づけた。その結果，この年には，日・EU双方で計1900件にも達するさまざまな日・EU交流行事が開催されている。

　また注目される点は，時としては激しい貿易摩擦を引き起こした日・EU貿易関係にあっても，EU側に日本市場を積極的に開拓しようとする努力がみられた点である。たとえば，1988年，イギリスは"Opportunity Japan"キャンペーンを実施し，日本市場には参入機会があることをイギリス企業に訴えた。さらに，1994年に欧州委員会は，"Gateway to Japan"キャンペーンを実施し

表3-2 日米EUが世界に占めるシェア
(2010年:％)

	EU27	アメリカ	日本
名目GDP	25.8	23.1	8.7
人口	7.3	4.5	1.9

(出所) IMF, *International Financial Statistics*.

た。また，EUは，1979年以降，今日に至るまでETP（Executive Training Programme）と称される日本研修プログラムを実施している。これは，EU企業の若いビジネスパーソンに対して，日本でビジネスを行うためのトレーニングを提供するという人材育成プログラムである。なお，このETPプログラムに参加した研修員は現在まで延べ1000名を超えるレベルまで及んでおり，そのなかには在日EU企業で指導的地位に就き，活躍している人々も多い。

表3-2に示されているように，2010年時点で日・EUを合計すると，人口こそ世界に占めるシェアは9.2％に過ぎないものの（日本：1.9％，EU：7.3％），GDPの規模では34.5％（日本：8.7％，EU：25.8％）にも達している。また，日・EUは，市場経済，民主主義，人権尊重，法の支配といった点で共通の価値を有する。こうした2極間で緊密な関係を構築することは，世界の発展にとって重要であることは論を待たない。

3　日・EU間の貿易・投資の特徴

次に，ここで日・EU間でどのような貿易及び投資が行われているかについて概観しておきたい。まず貿易面で概観をしてみよう。既にみた表3-1によれば，わが国の対EU輸出入とも2008年までは順調に拡大を続けてきたことがわかるであろう。なお，2009年に限ってみると，世界的な金融・経済危機を反映して，輸出入，さらには貿易インバランスも急減している。

こうしたなかで注目される点は，日・EUそれぞれにとって，相手の重要性が低下していることである。たとえば，2000年時点でわが国輸出に占める対EU輸出のシェアは16.3％であった。その後，同比率は次第に低下し，2011年には同11.6％となった。輸入についても同様であり，2000年の12.3％から2008年には9.2％へと低下，2011年は若干上昇したとはいえ，9.4％に落ち込んでいる。

表3-3　わが国対EU輸出の商品別シェア（2010年，上位10品目）

(%)

第1位	自動車	13.3	第6位	半導体等電子部品	4.0
2	自動車の部分品	5.2	7	ポンプ・遠心分離機	3.1
3	電算機類の部分品	4.7	8	映像機器	2.8
4	原動機	4.6	9	有機化合物	2.7
5	科学光学機器	4.2	10	電気計測機器	2.6

（出所）　表3-1と同じ。

表3-4　わが国対EU輸入の商品別シェア（2010年，上位10品目）

(%)

第1位	医薬品	14.0	第6位	バッグ類	2.2
2	有機化合物	9.1	7	自動車の部分品	2.1
3	自動車	7.9	8	肉類	2.1
4	科学光学機器	5.1	9	電気計測機器	2.0
5	原動機	2.7	10	非鉄金属機器	1.9

（出所）　表3-1と同じ。

　この点は，EU側から見ても同じ傾向が読み取れる。すなわち，2000年時点でEUの域対外輸出に占める対日シェアは5.4%であったが，2010年は同3.2%に低下した。一方，EUの対域外輸入に占める対日輸入のシェアは，同じ期間，9.3%，4.3%へと低下している。このため，貿易という側面からみると，日・EUそれぞれにとって相互の依存度は低下しつつあるといえる。

　次に商品別内訳をみてみよう。**表3-3及び表3-4**は，わが国の対EU輸出入を主要品目に分類し，そのシェアをみたものである（2010年実績）。この表から次の点を指摘することができよう。輸出面について目につく点は，自動車のシェアが13.3%にも達していることである。加えて，原動機（要するにエンジン），自動車の部分品など広義の自動車関連製品を加えると，そのシェアは20%以上にも及ぶ。後述するように，この点は日・EU貿易交渉を考える上で重要である。また，自動車部品を含め，工業品の部品輸出が多くみられる点も特徴といえよう。すなわち，自動車本体を例外として，わが国の対EU輸出は，日系企業あるいはEU企業に対する部品供給が中心になりつつあるといえるであろう。後述する直接投資の結果とも考えられる。

　次に輸入面であるが，目立つ点は医薬品・有機化合物など化学製品のシェアが高いことである。この面で2001年4月に締結された日・EU相互認証協定が効果をあげているのかもしれない。なお，この協定は，通信機器，電気製品，

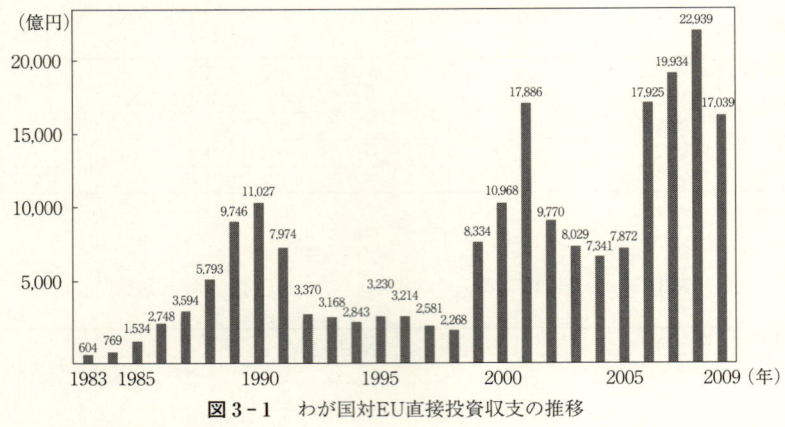

図3-1 わが国対EU直接投資収支の推移

(出所) 財務省資料。

化学品,医薬品の4つの分野について,輸入国において必要な一定の手続きを輸出国において実施することを可能にするための枠組みを定めるものである。これらの製品の貿易に携わる企業の負担を軽減することを通じて,日・EU貿易を促進することを目的としている。

また,バッグ類・衣類など,いわゆるブランド商品がシェア上位に位置することも注目される。ヨーロッパのブランド品は,日本国内で根強い人気を有しており,今後,不況が続いたとしても,好調を維持する可能性が強い。

次にわが国とEUの投資関係について概観しておきたい。図3-1は,わが国の対EU直接投資額(フロー・ベース)の推移をみたものである。この図から次の点を読み取ることができよう。まず,1990年前後に対EU投資ブームが起こったことである。既述したように,市場統合計画が実現すると見込まれるようになった頃から,EUの保護主義化が懸念され,このためEU域内に生産拠点を移す動きが本格化したからである。また,2000年代前半にも投資ブームが起きていることも,図3-1から読み取ることができよう。中東欧諸国を中心とする第5次EU拡大(2004年及び2007年)を契機に,これらの諸国向けの投資が拡大したためである。たとえば,チェコにトヨタが生産拠点を設置したことから,同国あるいはその周辺に位置するポーランド・ハンガリーなどにわが国の部品産業が生産基地を建設した。

なお,ジェトロの調査によると,2009年時点でポーランドには日系製造業が

32，チェコには46，またハンガリーには30カ所の製造拠点を設けており，これら3カ国だけで拠点数は計108に達する。日本の投資にとって馴染みがあり，直接投資の面で長い歴史を有するドイツでさえ，同じ時点で132カ所であることから，いかに日系企業が新加盟国に投資を積極化してきたか伺うことができよう。

さらに2000年代後半にも投資ブームが起っている。円高・ユーロ安が進行したことにより，EU企業あるいはEU内の土地・建物が円ベースで減少したことが主因である。

また，注目すべき点は，日本にとってEUが重要な投資パートナーになっているということである。たとえば，2011年度時点で，日本の対外直接投資残高に占めるEUのシェアは21.9％に達しており，これは米国への投資シェア（33.7％）に次ぐ。なお，同じ時点で中国向けのシェアは同8.0％にすぎない。また，日本への直接投資残高に占めるEUからの投資のシェアは2011年度で38.3％にも達しており，米国からの投資のシェア（33.7％）を上回わる。すなわち，日本とEUの間では，貿易関係は希薄化しつつあるものの，投資関係については重要であり，かつ，その重要度は高まりつつあるといえよう。

4 ヨーロッパにとっての日本

ヨーロッパからみて日本の位置づけを考える際，まず考慮しなければならない点は，現在のEUが直面している課題である。とりわけ重要な点は「ユーロ危機」である。わが国との関係でいえば，ユーロ危機が国際通貨危機につながり，国際経済に深刻な悪影響が及ぶことを回避する必要がある。また，一方でドルの信認も低下する兆しがみえていることから，ドル及びユーロ危機が，結果的には円高に結びつきやすい環境にあることも重要である。事実，2011年から為替市場では円高が加速しているが，その背景には，資金がユーロ圏からわが国にシフトしつつある点を指摘できよう。

振り返ってみると，EU統合の深化及び拡大を背景に，ユーロは1999年の導入以来，その存在感を高めてきた。ただ，2008年9月のリーマン・ショック，さらには2009年10月から深刻化したギリシャ危機などにより，ユーロの主要通貨に対する為替レートが急落するようになった。果たして，EUの通貨統合で

ある「経済通貨同盟（Economic and Monetary Union：EMU）」に不備はあったのであろうか。今後，欧州経済及びユーロはどのように推移するのであろうか。また，その結果，いかなる影響がわが国に及ぶであろうか。

ここで，ごく簡単にユーロ危機の原因を要約すると，次のようになる。まず第1点は，欧州中央銀行による金融政策の目的に関係する。欧州連合条約によれば，欧州中央銀行の主要な政策目的は，「物価の安定を維持すること」とされている。換言すれば，金融システムの安定は，欧州中央銀行の業務とはみなされていないことになる。すなわち，金融機関を監督する権限は，通貨統合参加国の各国中央銀行及び各国の銀行監督当局にあるとされていた。

ただ，EUでは，市場統合措置の1つとして，あるEU加盟国から認可された銀行免許は他の加盟国にも有効とされる「単一銀行免許（Single Banking License）制」が導入されている。本制度及び他の市場統合措置により，EUでは資本の自由移動が保証されているのである。その結果，EU域内全域で活発な活動を展開しているEU金融機関を各国政府が十分に監視し，かつ必要な場合に救済することは困難となった。EUで金融不安が高まった背景である。

第2点は，しばしば批判の対象となる「1つの通貨，多数の政府」が可能かという点である。この点については議論が重ねられ，その結果，せめて財政赤字だけでも一定の枠内に抑えこみ，財政政策の方向性を一定の方向に向かわせることになり，安定成長協定が導入された。その骨子は，GDP比で3％を超える「過度な赤字（excessive deficit）」が継続的に生み出されるようだと，場合によっては最大で当該国GDPの0.5％に達する制裁金の支払いを科すことになっていた。ただ，同協定の導入を強硬に主張したドイツが統一の後遺症によって同協定違反を続けたことから，制裁は回避された。このため，ドイツ以外の諸国，とりわけ南欧諸国で財政規律が失われ，これらの諸国で膨大は財政赤字が生じ，債務不履行リスクが高まった。

以上がユーロ危機の背景であるが，今後の欧州経済を展望する際，ポイントは，①現在の危機への緊急対応策が有効かどうか，②今回の危機をもたらした原因について改革が行われるかどうか，さらには③中期的にみて欧州経済が成長軌道に乗るかどうかである。

このうち，まず①の緊急対応策であるが，2010年5月から6月にかけ，ユーロ圏諸国とIMFが2010～2012年の3年間で総額1100億ユーロに達するギリシャ

支援を実施することで合意したことと，総額7500億ユーロに達する「欧州金融安定ファシリティー (European Financial Stabilization Facility)」と呼ばれるセーフティ・ネットを整備し，ギリシャ以外の諸国に対して，金融支援を行うことが可能となったことがあげられる。また，このファシリティーは，2012年7月に設立される恒久的な「欧州金融メカニズム (European Stabilization Mechanism)」に引き継がれることになっている。なお，本ファシリティーは，債券発行により資金を調達しているが，EUに対する金融支援という観点から，わが国はこの債券購入に踏み切っている。

次に②について，すなわち，今回の危機を招いた原因への対応であるが，次のような措置が講じられつつある。まず金融システムの健全性確保に対する取り組みである。既に，「欧州システミック・リスク・ボード (The European Systemic Risk Board : ESRB)」，及び「欧州金融監督者システム (European System of Financial Supervisors : ESFS) が設立され，金融システムの安定をチェックすする体制が整ったといえる。

また，財政赤字についても，ギリシャなど各国自身の取組に加えて，EUレベルでも財政規律の強化に向けた措置の導入が試みられつつある。既に2011年1月，欧州委員会は加盟国予算の事前評価制度を導入するシステムを導入したなどである。したがって，とりあえずは危機に陥った加盟国自身及びEUが改革を行おうとしており，この点については，わが国が何らかの支援を行う必要性は乏しい。

また，③であるが，もともとEU経済の成長力が低下しつつあることが，今回の危機を招いた主因であるとの指摘も重要である。この点で重要な動きは「欧州2020」と称される成長戦略である。この「欧州2020」は，2000年にEUが策定した2010年までの成長戦略である「リスボン戦略」を引き継ぐものである。リスボン戦略は，2000年から2010年までの平均経済成長率3％の達成を目標の1つとしたのであるが，実際には上述の危機に十分に対処できなかった。

「欧州2020」は，こうした課題に答えるため，3つの優先領域を掲げ，EUの潜在成長力を高めることを目的としている。まず第1は，「知的な成長 (smart growth)」である。そこでは知識とイノベーションに基き経済を発展させることを目標としている。また第2は，「持続可能な成長 (sustainable growth)」であり，低炭素社会，資源の効率的利用，かつ競争力を有する経済の建設を呼び

かけている。第3は「包括的な成長（inclusive growth）」であり、社会的な結束を強化させ、雇用力に富む経済の建設を目指すとしている。また、これらの目標達成に向けた進捗状況を評価するため、たとえば、次のような数値目標が設けられる。

① 20-64歳の年齢人口における雇用率（employment rate）は75％
② 研究開発費の対GDP比率は日米並み3％
③ 20/20/20の実現。すなわち、2020年までに温室効果ガスの削減率を1990年対比で20％削減する（もし、他の諸国が追随する場合には、この目標値を30％に引き上げる）。EUのエネルギー消費量の20％を再生可能エネルギーとする。エネルギー効率を20％引き上げる。
④ 中途退学者の比率を10％以下。また、高等教育の卒業比率を40％
⑤ 貧困層に属する人口を2000万人削減

ところで、「知的な成長」、及び「持続的な成長」を実現するためには、諸外国との科学学技術を含めた提携が効果的である。たとえば、20/20/20を実現するためには、EUの貿易パートナーも同様の計画あるいは義務を負う必要がある。もし、このような温室効果ガス削減計画が企業にとって競争力低下要因になると認識されれば、他国にも同様の措置を講じるように働きかけることが不可欠であろう。そうでなければ、EU産業界から反発が強まるとみられるからである。

わが国では、2009年9月、当時の鳩山首相が2020年までに温室効果ガスを1990年対比で25％削減という意欲的な目標を掲げた。ただ、米国あるいは中国は温室効果ガスの削減計画に必ずしも積極的ではない。米中に対する働きかけを行うという観点からも、EUにとって日本は重要なパートナーといえるであろう。すなわち、日・EUが気候変動というグローバル・イシューにともに取り組み、他国に働きかけることにより国際的な合意形成に努力する必要があろう。なお、2011年3月11日に発生した東日本大震災の影響により、原子力発電から原油・天然ガスへのシフトが続いている。このため、わが国の温室効果ガスの排出量が急増しており、鳩山首相による意欲的な温室効果ガス削減目標は達成困難となってきた。

また、日・EUは、環境以外の分野でも科学技術関係を強化する必要がある。科学技術面で日米関係、米・EU関係は緊密であるが、日・EU関係は相対的に

表3-5 世界の外貨準備に占める主要通貨別シェア

(％)

	ドル	ユーロ	英ポンド	日本円	スイス・フラン	その他
2000年12月	71.1	18.3	2.8	6.0	0.3	1.5
2010年12月	61.4	26.3	4.0	3.8	0.1	4.4
2011年6月	60.2	26.7	4.2	3.9	0.1	4.9

(出所) IMF (2011), *Currency Composition of Official Foreign Exchange Reserves.*

は希薄だからである。とくに一般的にいうと、EUは基礎科学、日本は応用科学面で秀でており、相互補完的な関係を築くことが可能という点も重要である。

こうした認識にたち、2009年11月、日・EUは科学技術協定に調印し、相互に科学技術協力を進めようとしている。さらに、もともとEUは域内の学生交流を促進するため、ERASMUS (European Region Action Scheme for the Mobility of University Students) プログラムを推進しているが、これを域外国にも広げるためERASMUS MUNDUSを実施している。既にいくつかの日本の大学は、同計画に参加しているが、これをより一層拡大し、日・EU学生の交流をさらに活発化しようという動きもある。日・EUの学生が切磋琢磨することにより、新たな技術革新を実現するような知的基盤を形成することが、その目的となっている。

ここで若干、国際通貨体制におけるユーロの地位について概観しておきたい。

表3-5は、ユーロが導入された直後である2000年12月から至近時点である2011年6月までの期間中、世界の外貨準備に占める主要国通貨のシェアをみたものである。この表によると、ドルのシェアは次第に低下しているものの、ユーロは、上記したようにEUが深刻な困難を抱えているにもかかわらず、恒常的にシェアの上昇がみられる。一体、何故なのであろうか。

ここで、まず「国際通貨 (International Currency)」について考察しておきたい。一般に国際通貨とは、国際取引や為替取引において使用される国民通貨と定義される。たとえば、現在、唯一の国際通貨とされるドルは、米国以外でも多く使用されている。ところで、一国の通貨が国際通貨となれば、通貨発行国には次のようなメリットが生じる。

① 通貨発行特権 (International Seigniorage) を享受できること、すなわち、発行する通貨の額面と発行費用の差額を得ることのできる権利のこと。
② 経常収支のファイナンスが容易になることから、経済政策の自由度が高ま

表3-6 国際通貨となるための条件

	経済規模	貿易依存度	為替管理の有無	金融・資本市場の整備	対外均衡
ドル	○	○	○	△	×
ユーロ	○	○	○	×	○
円	○	○	○	○	○

(注) ○は条件を満たしていること，×は満たしていないこと，△は判断が分かれることを示す。
(出所) 筆者作成。

ること。
③ 自国企業・投資家には為替リスクを軽減できること。
④ 自国金融機関にとってビジネス・チャンスが広がること。

である。このように，一旦，国際通貨を保有するようになった国には，種々のメリットが生じるが，その国の通貨が国際通貨となるためには，いくつもの条件を満たす必要がある。さまざまなことが考えられるが，この点を**表3-6**により，ドル・ユーロ・円について考えてみたい。

まず重要な点は，当該通貨を発行している国・地域の経済規模が大きいということである。次に，これらの国・地域が開放的であり，貿易依存度が高いということ，さらに，重要な点は，為替管理が行われていないということである。これら3つの条件については，米国・EU・わが国とも十分に条件を満たしているといえる。

問題は金融・資本市場が十分に整備されているかどうかである。たとえば，米国の場合，いわゆるリーマン・ショック後，金融システムが不安定な状態になり，公的資金を投入することによって，ようやく安定するようになった。一方，ユーロ圏では，ギリシャ国債のデフォルト（債務不履行）可能性が高まったが，そのことにより，財政赤字を抱える他の諸国の国債，あるいはギリシャ国債を大量に保有する銀行が行き詰るリスクが高まっている。すなわち，金融・資本市場の不安定さが高まっているといえる。なお，わが国の金融・資本市場であるが，現段階では，深刻な不安に見舞われているということはない。

最後に対外均衡であるが，米国の経常収支赤字は，2006年の8026億ドルから次第に減少するようになり，2009年には3784億ドルとなった。ただ，2010年には再び増加に転じ，4702億ドルと，依然として大幅な赤字が続いている。

このように，ドル・ユーロともの「アキレス腱」ともいえる問題を抱えてい

る。ただ，ドルに対する一極集中への懸念から，ドル離れが生じ，その結果，ユーロのシェアが上昇していると考えられる（表3－5参照）。一方，至近時点に関してみると，とりえあず金融不安に見舞われていないわが国に投機的な資金が流入，円高を招いているのである。日本とヨーロッパの関係に注目すると，いわばユーロが抱える問題点がわが国経済を直撃しているとも評価できるであろう。したがって，わが国経済の成長を実現するという観点からも，限られた財政資金のなかから，どの程度までEUへの資金協力ができるか，逆にいうと，EU側からは，日本を含めて諸外国からの資金援助がどの程度まで期待できるかが，EUの将来に重大な影響を及ぼす状況になっている。

5　日本からみたヨーロッパ

次に，日本にとって，ヨーロッパ，とくにEUがいかに重要であるかについて述べてみたい。もちろん，表3－1でみたように，EUは世界のGDPの25.8％も占める世界最大の経済圏である。また，EUは5億人を超える人口を抱えており，こうした巨大地域と安定的な関係を形成し維持することは，日本の安定・発展にとって極めて重要であることは論をまたない。

まず第1点は，EUの「ルール・メーキング・パワー」とでもいえる能力である。たとえば，温室効果ガス排出量取引制度，EU会計基準，競争政策などである。これら制度に共通する点は，EUないしはEU諸国が世界に先駆けてルール・制度をつくり上げ，それが国際的にみて標準的なものになっていくというパターンである。むしろわが国にとってみると，EUと協同し，世界のルールづくりに影響を及ぼすという可能性を検討すべきかもしれない。この面で，いわばEUを戦略的なパートナーと認識すべきかもしれないのである。

第2点は近隣諸国との関係である。第1次および第2次世界大戦により，欧州の社会・経済は大きな混乱に直面した。その反省から，欧州における国際関係を安定させるため，さまざまな試みが行われた。たとえば，次のような主張である。すなわち，石炭および鉄鋼という基幹産業において統合体が形成されれば，隣接する分野，たとえば，輸送部門にも統合は波及（spillover）効果する。そうなると，他の財についても相互交流が活発化し，いずれは市場全般の統合にまで発展する。このようにして，各国間の経済関係が緊密化すれば，相

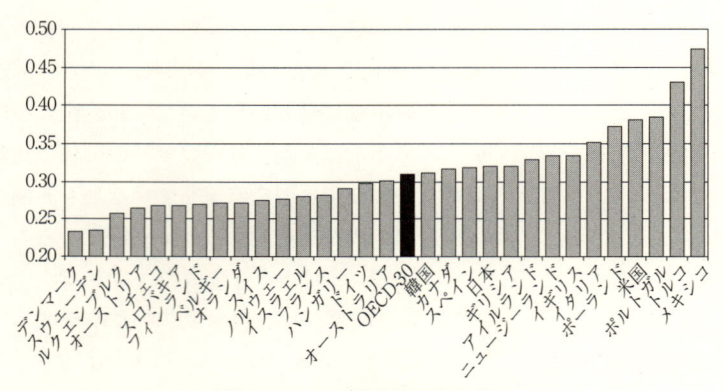

図3-2　ジニ係数の国際比較

（注）ジニ係数は，値が大きなほど所得格差が大きいことを示す。ただ，本係数を計算する場合，データによって変化する可能性は否定できず，国際比較は容易でない。ここでは，OECDの試算によっている。

（出所）OECD (2008), *Growing Unequal? Income Distribution and Poverty in OECD Countries*.

互の経済間で網の目のような相互依存構造が形成され，やがては政治的関係の緊密化にまで統合の効果が及ぶと主張する。事実，石炭鉄鋼業で始まった欧州統合は，その後，市場統合，通貨統合にまで及んでいる。また，今回のユーロ危機により，財政面での相互監視にまでEUの権限が拡大しつつある点も重要である。第2次世界大戦後，ヨーロッパ諸国が試みてきた努力は，日本にとっても参考となる可能性が強い。

わが国にとってEUがいかに重要かという点について，第3に指摘したいことは，社会・経済構造のあり方である。EU諸国，とりわけ北欧諸国の所得格差は小さい。すなわち，所得格差を示す指標であるジニ係数を比較すると，北欧を中心とするEU諸国の係数はOECD平均より小さなものにとどまっている。一方，米国，イギリス，さらには日本の所得格差は大きく，図の右側に位置している（図3-2参照）。既述した「欧州2020」においては，成長を促進する柱の1つとして，「包含的な成長（inclusive growth）」，すなわち，貧困層，ハンディを負った人々，高齢者など，ともすれば社会から排除された（exclude）人々を再び社会に統合することにより，あるいは社会に招き入れることにより，連帯感が感じられる社会を形成しようとしている。もちろん，EUはそのための財源をいかに充当するかという困難な問題にも直面している。

この点に関連するが，冷戦体制が崩壊して以降，世界経済を全体としてみると，概ね市場経済システムが一般的となった。ただ，一言で市場経済システムといっても，実はいくつかのタイプが存在する。たとえば，政府の役割という点で比較すると，米国のそれは「小さな政府」であり，できる限り政府の役割を縮小しようとする。すなわち，政府の主要な役割は，民間部門が自由に経済活動を行いうる環境整備に限定するのである。

　一方，EU，とりわけヨーロッパ大陸の諸国では，市場経済システムの下にあっても政府は一定の役割を果たすべきとされている。もちろん，過度な福祉に起因する「大きな政府」が民間活力を低下させ，社会の硬直性を招いたとの認識は強い。したがって，欧州諸国が目指してタイプは，「大きな政府」でもなく，かといって「小さな政府」でもない中間に位置する規模を模索しているのである。日本経済においても，政府の規模について種々の議論が積み重ねられている。その際，EUの試みから学ぶ点があるかもしれない。

4　今後の日・EU関係

　すでに，日本とEUの関係は，貿易を中心とする時代から，投資交流を中心とする時代に移行してきた点を述べた。現在は，こうした貿易投資交流を一段と活発化させることに加えて，共に直面する課題，あるいはグローバル・イシューを共に取り組む関係へと変化しつつある。市場経済，民主主義，人権尊重，法の支配といった社会を支える価値観を共有する地域だからである。これらの課題のなかで，重要とみられる点をいくつか指摘し，現状の問題点を述べてみたい。

（1）　貿易投資面

　日・EU間には，ビジネス環境を改善することによって，双方向の貿易・投資を促進し，かつ，双方の規制分野に改革を促進するため，さまざまな論点について交渉が繰り返されている。日本側からEU側へ要望している点は，たとえば，ICT（Information and Communication Technology）・電気製品・自動車関連製品に対する関税率（後述）を引き下げること，EUの環境規制が企業に過度な負担を強いることがないようにすること，国際会計基準と日本の会計基準が

同等であると評価されることなどである。一方，EU側からは，投資環境を改善すること（空港整備法の見直しなど），郵政民営化の見直しによりEU企業など民間との競争条件が不公平なものにならないようにすること，新薬承認を迅速化し，承認プロセスを改善すること，食品安全及び農産品に含まれる食品添加物認可を迅速化することなどについて，EUは日本側に要望を伝えている。

　また，より包括的な課題は，日・EU間の「経済連携協定（Economic Partnership Agreement）」の締結である。わが国は，これまでシンガポール・メキシコをはじめとしていくつかの重要な貿易相手国と経済連携協定を締結し，その結果，貿易量は一段と拡大してきた。ただ，現時点では日・EU間には未だ協定は締結されていない。日本側にとってみると，EU側の関税率に問題があるとする。すなわち，日本側では，ほとんどの工業品に対して関税は課せられていない。EU側も多くの工業製品には関税を課していないが，自動車・電機機械について，高関税が支障となっているとの声が強い。たとえば，カラーのテレビ・ビデオモニター，多機能液晶ディスプレイモニターが14％，乗用車は10.0％となっていることなどである。ただ，EU側は，日本には多くの非関税障壁が残されている点が問題とする。

　一方，EUは韓国との間で自由貿易協定を締結し，2011年に発効した。これにより，EU市場における韓国製自動車の価格は，10％近く低下すると見込まれている。その結果，日本製自動車は韓国製自動車に対して，価格面で不利な状況に追い込まれる。こうした点から，日本側は韓国と同様に経済連携協定あるいは自由貿易協定の締結を呼びかけている。2011年5月に開催された日・EU定期首脳会議において，同協定の交渉開始に備えた予備交渉（"Scoping Exercise"と称する）をスタートすることで両首脳は合意した。この予備交渉は，必ずしも本交渉の開始を意味するものではないとされるが，いずれにせよ，日・EU経済連携協定が視野に入ってきたことは間違いない。

（2）　共通の課題，グローバル・イシュー

　わが国の将来を展望する際，しばしば課題として指摘される点の1つは少子高齢化問題である。ただ，この問題はEU諸国も同様に直面している。たとえば，2008年12月，欧州委員会は，"Ageing Report 2009"と題する報告書を発表した。これによると，現在，EUすべての加盟国において出生率は2.1（人口

第3章 ヨーロッパと日本

■□コラム□■

青山光子とリヒャルト・クーデンホフ・カレルギー

　国境が複雑に入り混じる欧州においては，しばしば大規模な戦争が繰り返されてきた。そのため，多くの政治家・知識人が国家間の対立を回避あるいは軽減するため，さまざまな主張を行った。なかでも影響力を持ったのは，1923年に出版されたリヒャルト・クーデンホフ・カレルギーの「汎ヨーロッパ」である。

　著者は同書のなかで，欧州は統合すべきこと，もし，統合できなければ，欧州では第一次大戦に次ぐ大きな戦争が発生するであろうこと，そうなると世界における欧州の地位は著しく低下するであろうことを主張した。この著者は青山栄次郎という日本名をもつ。母は青山光子だからであり，彼女は東京で資産家の娘として生まれた（「青山通り」は同家の名に由来するという）。

　1892年，ハインリッヒ・クーデンホフ・カレルギー伯爵はオーストリア外交官として東京に赴任するが，その直後，落馬する事故に遭い，たまたま目撃した光子は手当てをする。感激したハインリッヒは，その直後に求婚，結局，二人は結婚し，7人の子をもうける。2人目が東京で生まれたリヒャルトである。

　ハインリッヒは，日本での任期を終えると，1896年，光子及び2人の子供とともにオーストリアへ帰国するが，1906年，彼は急死する。その後，光子はさまざまな苦労をしながら子供たちを育てるが，やがて「黒い瞳の伯爵夫人」としてウイーン社交界に登場する。

　2011年夏，筆者はウイーンのシェーンブルン宮殿に面した墓地にあるクーデンホフ家の墓を訪れた。墓には，確かにMitsu（本名は「光」であった）とAoyamaという名とともに，「1874年東京生まれ，1941年8月27日ウイーンで没」と記されていた。22歳で日本を離れて以来，計45年間，光子はオーストリアとチェコで暮らしたのであるが，その間，一度も日本に帰国したことはない。リヒャルトが主張した欧州統合が実現せず，彼の懸念した通りに戦乱に見舞われていた欧州の地から，同じく戦争に向かって一直線に進む第二次大戦前の日本を「黒い瞳の伯爵夫人」はどのようにみていたのであろうか。

を一定の水準に維持するために必要なレベル）を下回っている。とりわけ顕著な諸国は第5次拡大によってEU加盟を果たした10カ国であり，その出生率は1990年の1.94から2000年には1.34となり，2006年も1.35とほぼ日本の水準にまで低下している。同報告書の予測によると，EU全体の出生率は2008年の1.54から

2030年には1.60, 2060年の1.67へと緩やかに上昇すると見込まれている。ただ, 依然として2.1以下であり, 移民など社会的な増加を除くとEU人口は減少を続ける可能性が高い。因みに, 同報告書によると, EU人口は2035年に5.2億人でピークを迎え, その後は減少に転じ, 2060年には5.06億人になるとされている。

一方, 同報告書は平均寿命も予測しているが, 2060年時点で男性84.6, 女性89.1であり (2006年時点では, それぞれ76.1, 82.1), EUにおいても少子高齢化が急速に進むことが見込まれる。こうした環境の下では, 日・EUがともに直面する少子高齢化問題, とりわけ, それに伴う年金・介護, さらには労働生産性の向上といった面で互いの経験を交流することが重要といえる。

また, 既に環境問題における日・EUの連携が必要であることは述べたが, これ以外に, 国際通貨体制の安定, 国際テロの取り締まりなど, さまざまなグローバル・イシューにおいて, 一層の協力関係を構築することが望まれる。世界の「3極」という概念がある。通常, これは日米EUのことを意味している。世界のGDPに占める3極のシェアは62%近くに達する。ただ周知のように, このところ中国の躍進は目覚しく, 2010年に中国のGDPはわが国のそれを上回った。こうした背景の下, 世界は「G2の時代」に入ったと指摘する向きもある。すなわち, 米中時代である。そこにはわが国もEUも含まれていない。

ただ, 国際関係を論じる際, 経済面からの分析だけでは十分ではない。日・EUは, 民主主義, 市場経済, 人権尊重, 法の支配といった面で価値観を共有している。こうした日・EUがさまざまなグローバル・イシューで, ともに協調することが求められる時代に入ったといえるであろう。

■　■　■

●参考文献
久保広正・田中友義編著 (2011)『現代ヨーロッパ経済論』ミネルヴァ書房。
藤井良広 (2010)『EUの知識　第15版』日本経済新聞社。
高屋定美編著 (2010)『EU経済』ミネルヴァ書房。
久保広正 (2003)『欧州統合論』勁草書房。
田中晋・秋山士郎編著 (2010)『欧州経済の基礎知識』ジェトロ。

(久保広正)

第4章
ロシアと日本

　ロシアは，世界最大の国土をもつ大国であり，21世紀の世界経済をリードする新興経済大国の1つである。しかしながら，日ロ貿易総額はわが国の貿易総額のわずか1％を占めるにすぎず，その経済関係は軽微なものにとどまっている。しかも，わが国からは乗用車を中心とした製造業製品がロシアへ輸出され，ロシアから日本へは鉱物性燃料あるいは加工度の低い非鉄金属が輸出されるという偏った貿易構造を示している。しかし，ロシアにおける市場経済化が進展するなか，サハリンでの石油・天然ガス開発プロジェクトの進展や，わが国の自動車メーカーのロシアへの進出など，相互の経済的連関はしだいに強まりつつある。今後，ロシアの所得水準がさらに高まるにつれ，わが国はロシアを重要なマーケットであると同時に，生産のパートナーとして重視していかなければいけない日が早晩訪れるであろう。

1　ロシアという国

(1)　ロシアの歩み

　ロシア（正式にはロシア連邦）は，1707万平方キロメートルの国土面積をもつ世界最大の国であり，日本の45倍，世界第2～4位のカナダ，米国，中国と比べても1.7～1.8倍の国土を擁する大国である。モスクワからベーリング海まで時差は8時間，飛び地であるカリーニングラード州を含めれば時差は9時間にもなる（2010年3月にサマラ時間（モスクワ時間＋1）とカムチャツカ時間（＋9）が廃止されている）。

　この広大な国土に1億4190万人（2010年）と，わが国よりもわずかに多い人口を抱えるだけであり，人口密度は8人にすぎない。また，人口の4分の3はウラル山脈以西のヨーロッパ・ロシア部に暮らしている。首都はモスクワで，1050万人（2009年）の人々が暮らしている。第2の都市は，かつての首都サン

クトペテルブルク（ソ連時代はレニングラード）で，人口は460万人，ロシア第1の港をもつ工業都市である。その他，シベリア最大のノボシビルスク，ボルガ川沿いのニジニーノブゴロド，ウラル地方最大のエカチェリンブルクなどの都市が国土に点在する。

ロシア最初の国家であるキエフ公国が建設されたのは882年である。しかし，キエフ公国は，チンギス＝ハーンの孫バトゥ（キプチャク＝ハーン国）の侵略を受けて1240年に滅亡し，2世紀半の間モンゴルの支配下に置かれる（タタールのくびき）。その後，モンゴルの支配下から脱したロシアは，しだいに勢力を拡大していく。18世紀にはいると，ピョートル大帝（在位1682〜1725年）が首都をモスクワからサンクトペテルブルクに移し，エカチェリーナ2世（在位1762〜1796年）の下で露土戦争に勝利し，領土を拡大するとともに近代化が進められ，最盛期を迎えた。しかし，19世紀に入ると，極東などで領土拡大が進む一方で，クリミア戦争（1854〜56年）の敗退，農奴制をめぐる問題などでロマノフ朝は翳りを見せ始め，日露戦争（1904〜05年），血の日曜日事件（1905年）などでその衰退は決定的となり，第1次世界大戦のさなか，1917年の2月革命でロマノフ朝は終りを告げた。

同じく1917年の10月革命でレーニンを指導者とする共産党が臨時政府より政権を奪取し，世界で最初の共産主義国家「ソヴィエト社会主義共和国連邦（ソ連）」が建設された。内戦期，戦時共産主義，新経済政策（ネップ）の試行錯誤の時代を経て，ソ連型経済システムが作り上げられていった。

ソ連は，第2次世界大戦に勝利し，大戦後は，東欧諸国や中国などにも社会主義圏を拡大したほか，日本や西ドイツと同じく高度経済成長を果たし，共産主義原則に基づいた福祉国家化（失業の廃絶，教育や医療の無料化など），スプートニクやボストークの打ち上げ成功による宇宙開発など，優れた業績を残すことにより世界中から賞賛された。

しかしながら，ソ連経済は，1960年代に入るとしだいに機能不全の兆候を見せ始める。コスイギン改革（1965年）に代表される経済システムの修正，1970年代の石油輸出価格高騰などにより命脈を保つが，アフガニスタン侵攻（1979年）の長期化はソ連崩壊までの道程を早めた。1980年代後半のゴルバチョフ共産党書記長によるペレストロイカ（再編）政策にもかかわらず，1989年の東欧諸国の「ベルリンの壁」開放（社会主義の放棄）に続き，1991年12月，ソ連は崩

壊し，74年間にわたる共産主義の歴史に幕が下ろされた。

ロシアは，1990年6月12日に主権を宣言し，その後民主化と市場経済化を進めた。しかし，エリツィン政権下の1990年代は，ロシアにとって混乱の10年であった。

2000年代に入り，プーチンが大統領に就任すると，規律の強化と世界的な石油価格の高騰により，ロシアは安定と高成長の時代を迎える。2003年にゴールドマン・サックス社が『BRICsとともに夢を見よう——2050年への道』というレポートを出すと，ロシアは，ブラジル，インド，中国とともに，米欧日に代わり21世紀をリードする新興経済大国の1つとして注目を集めるようになったのである。

（2） なぜロシアか

まず理解しなければならないのは，日本とロシアとの経済関係はけっして強いものではないことである。たとえば貿易額でみると，日本の対ロ輸出は2010年20位（7027億円），2011年15位（9407億円），対ロ輸入同じく13位（1兆4120億円），13位（1兆5139億円）であった（税関統計）。ロシアのGDP（経常価格，IMF統計）が2009年12位（1兆2220億ドル），2010年11位（1兆4798億ドル）を占めていたことと比較すれば，そしてロシアは日本の隣国であることを考慮すれば，日ロの貿易関係が希薄であることが理解できよう。

希薄であるにもかかわらず，なぜ日本とロシアとの経済関係を考えなければいけないのだろうか。

まず，上で述べたように，ロシアは，1990年代の混乱を乗り越え，BRICsの一角として21世紀をリードする新興経済大国の地位を得て，魅力ある市場へ変貌を遂げつつある。

2000年以降のロシアの経済成長・所得水準の高まりとともに，日本の自動車メーカーの現地生産が開始されたり，ロシア極東地域からの石油・天然ガス輸出が開始されるなど，日ロの経済関係はようやく好転をみせ始めたところであり，今後ますます強まることが予想される。

経済的要因以外にも，ロシアは，ソ連の国連常任理事国としての地位を継承したほか，主要国首脳会議（G8）にも参加し，旧ソ連諸国を含めて国際的に大きな政治的影響力を保持している。軍事的にも，ロシアは，100万人を超え

(億円)

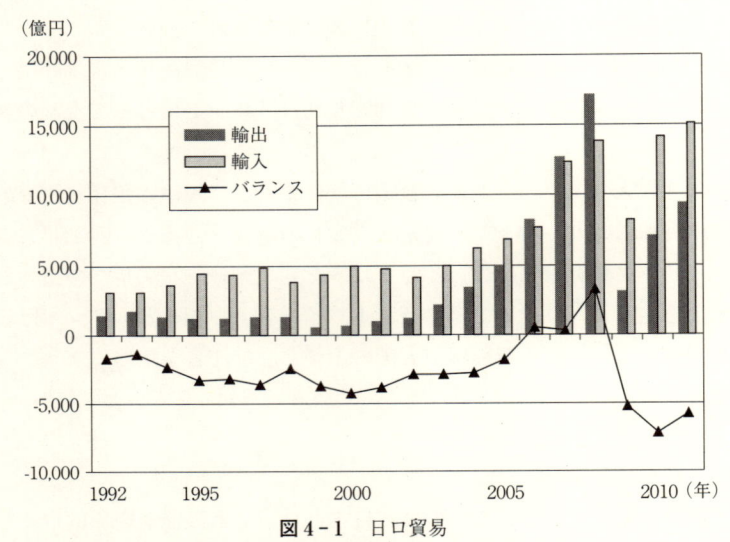

図4-1 日ロ貿易
(出所) ロシアNIS貿易会『ロシアNIS調査月報』2012年5月号, p.85。

る兵力を有し，アメリカと並ぶ核弾頭保有国であり，日本海には，北方艦隊に次いで強力な太平洋艦隊が配備されている。何よりも忘れてならないのは，日本とロシアの間には北方領土問題が残り，このため1956年に国交は回復されたが，平和条約はいまだ締結されていないのである。

ロシアは，これら多様な意味で，日本にとって，中国と並んで知っておくべき巨大な隣国なのである。

2　現在の日本とロシアの経済関係

(1) 貿易

日ロ貿易（日ソ貿易）は，4節でみるように，1980年代前半にピークを迎えた後，1980年代後半のペレストロイカ期と1990年代の混乱期に低迷を続けた。しかし，日本の対ロ貿易額を示した**図4-1**からわかるように，2000年代に入りロシア経済が回復を続けるなか，日ロ貿易高も増加を続けてきた。

日ロの貿易収支は，1990年代には移行ショックによりロシアの消費・投資需要が激減したため，日本がロシアへ輸出すべきものがなく，日本の輸入超過と

なっていたが，2000年代に入り，世界的な資源価格の高騰に伴いロシアが経済成長を始め，所得水準が高まるなかで，主として乗用車輸出が伸びた結果，日本側の輸出超過に転じた。ただし，グローバル金融危機の影響により，2009年の日本の対ロ輸出は激減し，貿易収支は再び輸入超過へと戻っている。

次に，**表4-1**によって現在の日本とロシアの貿易構造をみてみよう。日本からロシアへの輸出をみると，2008年はその90％以上が機械類及び輸送機器であり，そのうち一般機械は10％強にすぎず，輸出の4分の3が自動車輸出である。乗用車輸出額から中古乗用車輸出額を引いたものが新車輸出額であるから，2008年は新車輸出が8916億円，中古車輸出3167億円となっている。

しかし，2009年に入ると，日本からロシアへの輸出総額は前年の1兆7143億円から3065億円へ急減した。この1兆4078億円に上る対ロ輸出の減少のうち，乗用車輸出の減少幅が1兆885億円と4分の3を説明し，新車輸出は965億円（89％減），中古車輸出も233億円（93％減）にとどまった。

この乗用車輸出の急激な減少は，グローバル金融危機により販売不振に陥った国内自動車メーカーを保護するため，2009年1月に，たとえば製造後3～5年の中古車に関しては輸入関税率を25％から30％に，5年超の中古車に対しては排気量1ccあたり1.4～3.2ユーロの輸入関税率を2.5ユーロ～5.8ユーロへ引き上げたためである。ロシアの景気が回復にともない，乗用車輸出は5630億円（2011年）まで回復しているが，速やかにこのような保護主義的な関税措置が廃止されることが期待される。

次に輸入面をみてみよう。わが国のロシアからの輸入では，かつて1990年代はカニなどの魚介類が25～30％を占めていたが，現在ではその比率は1割程度に低下している。代わって原油を中心とした鉱物性燃料が過半数を占めるようになっている。また，2009年からは，第5節で伸べるサハリン2プロジェクトの稼働により日本への天然ガス輸出が始まった。石油，天然ガスの次には，アルミニウムを中心とした非鉄金属の輸入が行われている。しかし，グローバル金融危機の影響で中間財需要が激減したため，2009年には原油輸入は36.5％，非鉄金属輸入は68.5％の下落を示し，輸入総額も1兆3893億円から8255億円へ5600億円強の落ち込みを示した。

ロシアからわが国への輸出で石油や天然ガスの比重が高まってきていることは，第4節で述べるように，ロシアの産業構造が石油と天然ガスを中心とした

表4-1 日本とロシアの貿易構造

輸出（万円）

	2008年 金額	%	2009年 金額	%	2011年 金額	%
食料品及び動物	416,548	0.24%	395,303	1.29%	205,159	0.22%
飲料及びたばこ	96,466	0.06%	75,463	0.25%	86,109	0.09%
食料に適さない原材料	272,374	0.16%	188,464	0.61%	385,085	0.41%
鉱物性燃料	662,386	0.39%	298,140	0.97%	521,929	0.55%
動植物性油脂	1,198	0.00%	634	0.00%	600	0.00%
化学製品	1,381,766	0.81%	885,715	2.89%	1,248,261	1.33%
原料別製品	8,095,681	4.72%	4,051,934	13.22%	8,882,198	9.44%
機械類及び輸送用機器	157,922,220	92.12%	23,725,848	77.41%	80,815,642	85.91%
一般機械	18,920,109	11.04%	5,932,928	19.36%	14,490,780	15.41%
自動車	130,191,338	75.95%	13,657,074	44.56%	58,864,349	62.58%
乗用車	120,827,757	70.48%	11,976,689	39.07%	56,296,113	59.85%
中古乗用車	31,667,581	18.47%	2,329,693	7.60%	5,577,795	5.93%
雑製品	1,511,437	0.88%	770,004	2.51%	1,409,492	1.50%
特殊取扱品	1,068,147	0.62%	259,872	0.85%	510,582	0.54%
総額	171,428,224	100%	30,651,376	100%	94,065,057	100%

輸入（万円）

	2008年 金額	%	2009年 金額	%	2011年 金額	%
食料品及び動物	13,289,837	9.57%	9,735,071	11.79%	11,489,158	7.59%
魚介類及び同調製品	13,226,812	9.52%	9,588,794	11.62%	11,362,042	7.51%
《かに》	4,698,933	3.38%	3,030,093	3.67%	3,806,788	2.51%
飲料及びたばこ	37,083	0.03%	24,128	0.03%	117,562	0.08%
食料に適さない原材料	7,221,720	5.20%	4,616,134	5.59%	6,146,597	4.06%
木材	5,835,117	4.20%	3,649,436	4.42%	4,330,703	2.86%
鉱物性燃料	81,776,714	58.86%	56,210,955	68.09%	113,466,365	74.95%
原油及び粗油	52,655,885	37.90%	33,416,674	40.48%	49,581,271	32.75%
天然ガス及び製造ガス	-	-	8,898,984	10.78%	37,691,856	24.90%
動植物性油脂	1,198	0.00%	634	0.00%	2,732	0.00%
化学製品	1,403,739	1.01%	781,983	0.95%	863,867	0.57%
原料別製品	34,462,877	24.81%	10,738,524	13.01%	19,004,127	12.55%
非鉄金属	28,416,895	20.45%	8,946,597	10.84%	15,955,231	10.54%
アルミニウム及び同合金	19,548,336	14.07%	6,112,072	7.40%	9,185,911	6.07%
機械類及び輸送用機器	138,957	0.10%	105,746	0.13%	105,807	0.07%
雑製品	174,317	0.13%	93,671	0.11%	60,730	0.04%
特殊取扱品	425,792	0.31%	244,328	0.30%	131,951	0.09%
	138,931,036	100%	82,550,540	100%	151,388,896	100%

（出所）　税関HP。

表4-2　日本の対ロ対外直接投資（国際収支ベース，ネット，フロー）　（100万ドル）

1987年	1988年	1989年	1990年	1991年	1992年	1993年	1994年
2	1	23	6	14	11	21	7
1995年	1996年	1997年	1998年	1999年	2000年	2001年	2002年
19	18	26	15	18	15	10	27
2003年	2004年	2005年	2006年	2007年	2008年	2009年	2010年
△5	49	95	160	99	306	391	350

（出所）　ジェトロHP。

資源依存型になっていることと合致している。今後は，サハリンでの天然ガス開発の進展により，わが国への天然ガス輸出が本格化することや，西シベリアの石油を太平洋岸まで輸送するパイプラインが完成し，石油輸出も増大することが予想されることから，この体質はさらに深まることが予想される。

（2）　直接投資

ソ連末期，ペレストロイカ（再編）が開始され，1987年に合弁企業法が制定されると，イルクーツクに本拠を置く製材企業であるイギルマ大陸を嚆矢としていくつかの日ソ合弁企業が設立された（表4-2）。しかし，当初は，ソ連側の出資比率が過半数を超えなければならない，あるいは，獲得した外貨の本国送金にさまざまな規制が課されるなどの制度的な問題があったほか，日本側企業が比較的小規模であり，ロシア側による合弁企業乗っ取り問題などが多発したため，質量ともに低レベルなものにとどまっていた。

その後も，1992年に開始された市場経済移行により経済パフォーマンスが悪化し，市場経済移行のなかで生み出された経済制度が不安定であったため，日本からだけでなく，世界的にも対ロ投資は極めて低調であった。

この流れが変わったのは，世界的な資源（石油・天然ガス）価格の高騰が始まった2000年代である。世界の資源メジャーがロシアへの投資を拡大したほか，資源輸出収入の増大によりロシア市場が拡大するなかで，市場獲得を目的とした投資が急速に拡大していった。

日本からの投資では，トヨタがにサンクトペテルブルク市に，ロシアで初となる組立工場を建設し，2007年12月に生産を開始した。日産，スズキ，三菱も相次いでロシア進出を表明し，日産は同じサンクトペテルブルク市に組立工場を建設し，2009年6月に生産を開始，三菱自動車もプジョー・シトロエンとの

合弁でロシア南西部のカルーガ州に組立工場を建設し、2010年4月に生産を開始した。最近では、トヨタが、2012年にウラジオストクでロシアの自動車メーカー「ソレルス」と合弁でオフロード車の組立生産を開始することを、また日産も、ルノーと共に、ロシア最大の自動車メーカーであるアフトヴァズに出資し、経営権を取得することを発表した。

こうした自動車メーカーの進出を受けて部品生産メーカーの対ロ投資も始まっているほか、船舶やシベリア鉄道を利用した部品輸送も活発化している。

とはいえ、ロシア側からみれば、わが国からの投資残高は全体の1％にも満たず、きわめてマイナーなものにとどまっている。今後、さらにわが国からの対ロ投資が活発化することが期待されよう。

3　ロシアとの交流史

(1)　帝政ロシア時代

日本とロシアの交流が始まったのは18世紀初頭といわれているが、この時期の重要な人物として、大黒屋光太夫と高田屋嘉兵衛の2人の日本人商人の名前をあげなくてはいけない。

大黒屋光太夫は、現在の三重県鈴鹿市の出身で、1782年、江戸へ向かう廻船が嵐のため漂流し、アリューシャン列島のアムチトカ島に漂着。しかし、なかなか帰国が許されなかったため、1791年、大陸を横断し、サンクトペテルブルクでエカチェリーナ2世に謁見し、ようやく帰国がかなった。帰国後、光太夫の経験は幕府にも伝えられ、幕府は樺太や千島列島に対し影響力を強めていくようになったといわれている。

高田屋嘉兵衛は、現在の兵庫県洲本市の出身で、廻船業を営んだ。嘉兵衛は、幕府役人の信頼を得て蝦夷地交易を許されるようになり、函館を拠点に北洋漁業の基礎を築き、国後航路の発見・択捉島開拓の功績により、幕府から「蝦夷地常雇船頭」を任じられ、苗字帯刀を許された。1812年、幕府がロシア船ディアナ号艦長ゴローニンを捕えたことへの報復として、嘉兵衛はロシア側に捕えられ、カムチャッカ半島へ連行されるが、翌年帰国している。

江戸末期の商人は、このような様々な苦労を重ねながら、ロシアとの交易、交流を始めたのである。

その後19世紀半ばに入ると、ロシアは極東への進出を重視し、アメリカのペリー提督の浦賀来航（黒船来航）に1カ月遅れ、プチャーチンが3隻からなる艦隊を率いて長崎に来航し、1855年に日魯通好条約が締結された。プチャーチンは再び来航し1858年に日露修好通商条約が締結された。日露修好条約により、箱館・下田・長崎の3港が開かれ、日ロの国境は千島列島の択捉島と得撫島の間にひかれて、樺太は混住地として正式な国交が開始された。国境に関しては、1875年には樺太・千島交換条約が結ばれ、樺太での日本の権益を放棄する代わりに、千島列島全島が日本領とされている。

ロシアは、1858年の愛琿条約、1860年の北京条約によってウスリー川以東アムール川以南の地域までを獲得し、中国への進出を強め、1900年の義和団事変に乗じて満州（中国東北地区）を占領した。これに対して日本は、1905年に日露戦争に勝利し、ポーツマス条約で満州におけるロシアの権益を奪取したほか、南樺太を日本領としたのである。この後、満州及び朝鮮半島における日露の権益は、日露協商（第1次1907年〜第4次1916年）によって確認された。

（2） ソ連時代（戦間期）

1917年11月、ロシア革命により世界で最初の社会主義政権が誕生すると、革命政権は帝政ロシアが締結した日露協商を含む一切の条約、協定を否認し、日ロ関係は新たな局面へと入った。極東への共産主義の波及を恐れる日本は、英仏伊と歩調をあわせ、1918年、ウラジオストクに上陸した。他国が撤退するなか、日本は駐留、侵攻を続けたが（シベリア出兵）、社会主義政権の打倒はならず、ソ連が正式に誕生した1922年にようやく撤退する。他国がソ連を早々と承認するなか、日ソ間の国交正常化は、1925年の日ソ基本条約を待たなければならなかった。

基本条約の締結により、日ソ間の緊張関係は小康状態となったが、満州事変を経て1932年に満州国が建国されると、実質的に日ソが大陸において踵を接するようになり、再び緊張関係が高まっていった。当初の小競り合いはしだいにエスカレートし、1939年のノモンハン事件でピークに達した。

1939年9月、ドイツがポーランドへ侵攻し、第2次世界大戦が始まると、日本側は対米、南方戦線での戦闘に、ソ連側はドイツの対ソ侵攻に備えて相互に背後を固めるため、1941年4月に日ソ中立条約が締結された。しかし、広島に

原爆が落とされた直後の1945年8月8日、ソ連は日ソ中立条約を破棄して宣戦布告を行い、翌9日に南樺太、千島、満州、朝鮮半島北部に侵攻し、9月2日の降伏文書調印まで戦闘が続けられたのである。

(3) ソ連時代（戦後期）

1951年9月、日本はサンフランシスコで連合軍と講和条約を結ぶが、ソ連は条約調印を拒否した。講和条約と同時に「日本国とアメリカ合衆国との間の安全保障条約（旧安保条約）」が調印され、日本がアメリカとの同盟関係を結ぶことを鮮明にしたためである。

日ソ間の国交が断絶したままの時期が続き、日本の国際連合（国連）加盟も、ソ連の拒否権により実現することはなかった。このようななか、1954年12月に鳩山一郎内閣が誕生すると、日ソ関係打開の動きが始まる。北方領土問題が障害となり、交渉の進展がみられなかったが、1956年10月、鳩山首相自らがモスクワに飛び、領土問題を棚上げにして「日ソ共同宣言」が調印され、ようやく日ソ間の国交が回復された。しかし、今に至るも領土問題は解決されず、平和条約は結ばれないままの状態が続いている。

第2次大戦後の日ソ貿易は、GHQ（連合軍総司令部）による管理貿易の時代（1946～49年）、無協定民間貿易の時代（1950～57年）を経て、日ソ共同宣言の締結により新たな拡大の時期に入る。共同宣言と同時に、「貿易の発展及び最恵国待遇の相互許与に関する日本国とソヴィエト社会主義共和国連邦との間の議定書」が署名された。1957年12月には日ソ間で「通商条約」と「貿易支払協定」が締結され、日本にソ連通商代表部が設置された。また、1960年秋にはモスクワで、日本貿易振興会（JETRO）主催の「第1回日本産業見本市」が開催され、日本製の高い工業水準をもった商品がPRされ、日ソ貿易はステップアップの時代へ入っていった。

ソ連貿易の最大の特徴は、商社やメーカーなどの日本企業が、外国貿易を独占するソ連外国貿易省の傘下の、商品グループ別に組織された「貿易公団」とのみ輸出入交渉を行い、契約を締結し、それを履行できたことである。また、個々の取引の上位協定として「貿易支払協定」が結ばれていたことである。

1960年代半ばになると、東京＝モスクワ間直行空路の開設、日本商社のモスクワ駐在員事務所の開設など、日ソ間の経済・貿易関係は緊密なものになって

図 4-2　日ソ貿易

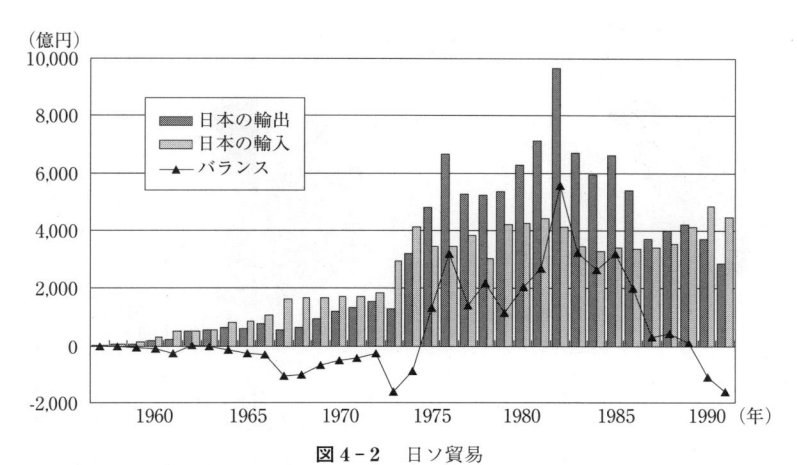

（出所）　ロシアNIS貿易会『ロシアNIS調査月報』2010年5月号，p.38。

いった。さらに60年代後半になると，シベリア開発協力プロジェクト貿易など，日ソ経済関係はさらに緊密度を増した。

　日ソ間のシベリア開発協力プロジェクトは，日本側が開発に必要な設備，機械，資材を長期低利の延べ払いで供給し，開発された資源の一定量を長期にわたって受け取る生産分与（プロダクト・シェアリング）方式で行われ，これに基づく開発用機材，開発現場向け消費財などが輸出され，対ソ輸出を大いに引き上げた。具体化されたシベリア開発協力プロジェクトは次のとおりである。

・極東森林開発：1968年（第1次），1974年（第2次），1981年（第3次）
・ウランゲル港湾建設（現ボストーチヌイ港）：1970年
・パルプ材・チップ開発：1971年（第1次），1985年（第2次）
・南ヤクート原料炭開発：1974年
・ヤクート天然ガス開発：1974年
・サハリン大陸棚石油開発：1975年

　しかし，1980年代に入ると，ソ連経済の停滞，代金返済が滞ることへの懸念，アフガン侵攻への経済制裁などで日ソ間の経済関係も停滞の時代に入る。円ベースで見れば，日ソの貿易額（輸出入合計）は，1982年を除くと1980年代中頃まで1兆円前後で推移し，ゴルバチョフが共産党書記長として登場した1985年以降の輸出入合計は8000億円前後に減少し（ただし，ドルベースでは1989年の

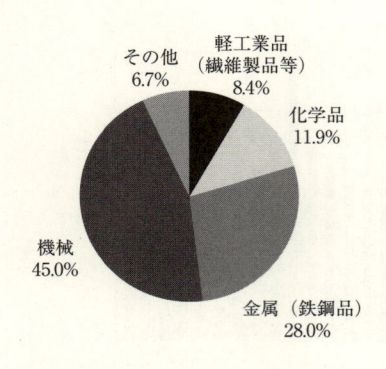

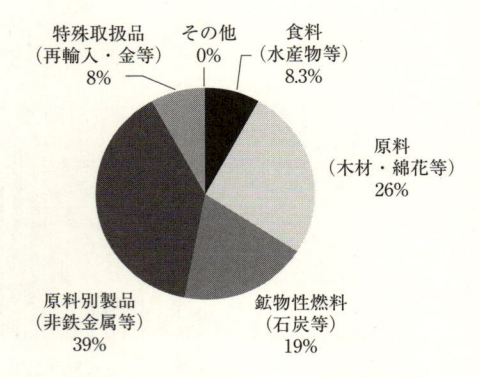

図 4-3-1　日本の対ソ輸出構造（1989年）　　図 4-3-2　日本のソ連からの輸入構造（1989年）

日本の対ソ輸出構造（1989年）：機械 45.0%、金属（鉄鋼品）28.0%、化学品 11.9%、軽工業品（繊維製品等）8.4%、その他 6.7%。

日本のソ連からの輸入構造（1989年）：原料別製品（非鉄金属等）39%、原料（木材・綿花等）26%、鉱物性燃料（石炭等）19%、食料（水産物等）8.3%、特殊取扱品（再輸入・金等）8%、その他 0%。

（出所）遠藤寿一（2010）「日露ビジネス半世紀の軌跡――ビジネスを通してロシアの心をつかむ」ユーラシア研究所『ロシア・ユーラシア経済』No.935，2010年7月，pp.16-17。

60.86億ドルが最高），1989年にはソ連向け輸出品の現金決済に支払い遅延が生じている。

　最後に，日ソ間の貿易構造をみてみよう。日本からは機械機器と鉄鋼などの金属製品が輸出され，ソ連からは原料（木材・綿花等），鉱物性燃料（石炭），原料別製品（非鉄金属等）が輸出されている（図 4-3-1，図 4-3-2）。日本からの輸出は，シベリア開発協力プロジェクトに必要な設備，機材，資材（鉄鋼輸出の中心は石油パイプライン用の大口径鋼管）である。機械機器と鉄鋼を中心とするソ連時代の輸出構造は，現在の自動車を中心とした対ロ輸出構造とはかなり様相が違っている。他方，輸入構造には大きな変化はない。すなわち，原料，鉱物性燃料や非鉄金属が輸出の中心であり続けている。また，水産物については，1980年代後半から始まったものであり，1990年代後半にこの傾向がピークに達する。

　小川（1979）は，この傾向を「きわめて相互補完的な関係にあり，日ソ貿易がこれまで順調に発展してきた大きな要因の一つはこの相互補完性にある」と肯定的にとらえている。しかし，1970年代から80年代の20年間，日本経済は順調に経済・技術発展を遂げたが，他方，ソ連経済にとっては経済・技術的に停滞の20年間であったことを示すものでもあろう。

第4章　ロシアと日本

表4-3　ロシア基本経済指標

	2001年	2002年	2003年	2004年	2005年	2006年	2007年	2008年	2009年	2010年	2011年
経済成長率（％）	5.1	4.7	7.3	7.2	6.4	8.2	8.5	5.2	-7.8	4.3	4.3
鉱工業生産成長率（％）	2.9	3.1	8.9	8.0	5.1	6.3	6.3	2.1	-9.3	8.2	4.7
農業生産成長率（％）	7.5	1.5	1.3	3.0	2.3	3.6	3.4	10.8	1.4	-11.9	22.1
投資成長率（％）	10.2	2.8	13.9	12.6	10.6	18.0	21.1	10.4	-14.4	6.1	8.3
失業率（登録ベース，年末，％）	1.6	2.1	2.3	2.6	2.5	2.3	2.0	2.0	2.9	2.1	1.7
消費者物価上昇率（年平均，％）	21.6	16.0	13.6	11.0	12.5	9.8	9.1	14.1	11.8	6.9	8.5
財政収支（対GDP比，％）	3.0	0.9	1.3	4.5	8.1	8.4	6.0	4.9	-6.3	-3.5	-2.5
財輸出（100万ユーロ）	113,744	113,470	120,264	147,358	195,545	241,960	258,930	321,792	218,221	303,421	371,345
財輸入（100万ユーロ）	60,022	64,471	67,304	78,327	100,608	130,948	163,282	199,148	137,960	188,483	219,455
財貿易収支（100万ユーロ）	53,723	48,999	52,961	69,031	94,937	111,011	95,648	122,644	80,261	114,938	151,890
経常収支（対GDP比，％）	11.1	8.4	8.2	10.1	11.0	9.6	6.0	6.2	4.0	4.8	5.5
対ドル為替レート（年平均）	29.17	31.35	30.69	28.81	28.28	27.19	25.58	24.85	31.75	30.46	32.2
対ユーロ為替レート（年平均）	26.13	29.65	34.69	35.81	35.26	34.11	35.01	36.43	44.14	40.30	40.87

（出所）　ロシア統計局，ウィーン比較経済研究所，JETRO，EBRD等より筆者作成。
2011年はロシア中央銀行HP，ウィーン比較経済研究所データベース，EBRD移行報告書（2011）。

4　現在のロシアの経済構造とその問題点

（1）　1990年代のロシア経済

　1991年末，ソ連は崩壊し，15の連邦構成共和国が分離独立した。そのうち，ソ連の基本的な権利と義務，たとえば国連常任理事国や国外の大使館，あるいはソ連時代の対外債務などを引き継いだのは，面積でソ連の3分の2，人口で半数を占めるロシアであった。

　翌1992年に開始されたロシアの市場経済化は波乱に富んだものであった。1月2日，石油・ガスなどのエネルギー価格やパン・牛乳などの基礎食品を例外品目として，全面的な価格自由化が宣言され，商業の自由化，貿易の自由化，為替の自由化などもあわせて実施された。しかし，1992年だけで実質GDPは14.5％，工業生産は18.8％下落し，消費者物価（年平均）は1526％上昇した。1990年代を通して（97年を除く），生産の低下とハイパーインフレーションが続

いたのである。

　自由化と並んで国有企業の私有化（民営化）も行われたが，全国民への「ヴァウチャー」（私有化小切手）の無償配布により実施された大衆私有化によっては，インサイダー（経営者・従業員）がヴァウチャーと引き換えに当該企業の株式を手に入れただけで，私有化されたはずの企業の企業統治・経営効率の改善にはつながらなかった。その後行われた有償私有化（貨幣私有化）では，政府との交渉に基づいた不透明な取引と，非常に低い値付けによる国有資産払い下げで大規模国有企業を入手した，「オリガルヒ」と呼ばれる新興財閥，金融・企業集団が形成された。

　オリガルヒやニューリッチなどの富裕層が誕生する一方で，失業の長期化や賃金・年金の目減りにより生活水準の落ち込みに苦しむ国民も急増した。最低生活費以下の所得者数は，1999年末で約4380万人，人口比で29.9％に達する。また，所得格差を示すジニ係数（0であれば完全平等，1であれば完全不平等）も，1991年の0.26から1999年には0.40に高まった。

　1997年のアジア通貨危機の影響を受けた金融危機（1998年8月）によってロシア経済の回復はさらに遅れるのではないかとみられたが，1999年には息を吹き返し，21世紀にはいるとロシアは，プラスの経済成長を続けることになる（表4-3）。そして，BRICsと呼ばれる新興経済の1つとして世界の注目を集めるようになった。ロシアの経済成長率は，2001，02年の約5％から，世界的なエネルギー価格の高騰を背景として，03年以降は7～8％へと高まる。

　好景気を代表するいくつかの例を示してみよう。OECDの調査によると，モスクワは，東京を抑えて，2006年～08年の3年間，世界で最も物価水準の高い都市となった。また，2008年の米国フォーブス誌の世界長者番付では，デリパスカ（ロシア・アルミニウム社長）の第9位，英国プレミアリーグ・チェルシーのオーナーとして知られるアブラモビッチ（ミルハウス・キャピタルのオーナー）の第15位を筆頭として，100位までに19名のロシア人がランキングされていた（日本人は100位以内に誰もランキングされなかった）。

（2）　石油・天然ガスへの依存

　しかし，このような好景気も2008年のグローバル金融危機によって終わりが告げられた。2009年のロシアの実質GDPは対前年比7.9％と，G8諸国で最大

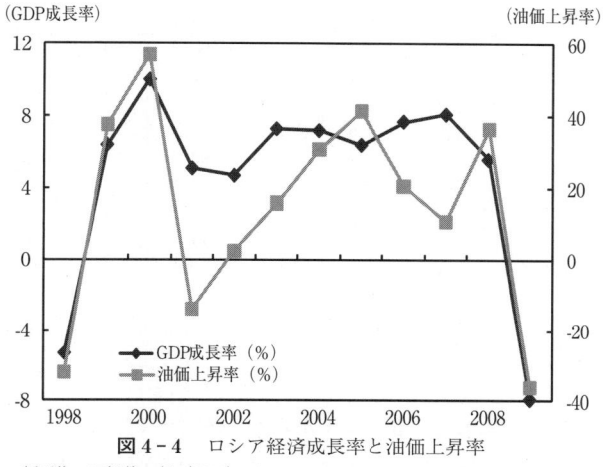

図4-4 ロシア経済成長率と油価上昇率
(出所) 田畑伸一郎 (2010), p.5.

の，プラス成長を遂げた中国やインドとは比べものにならない減少幅であった（2009～10年のロシアのマクロ経済分析については，田畑（2010）を参照）。

ロシア経済がこのように脆弱であるのは，第1にロシア経済が石油・天然ガス輸出に依存しているため（図4-4），第2に企業リストラが進んでいないためである。以下，この点を簡単に説明しよう（吉井・溝端 2011）。

ロシアの石油生産は，2008年まではサウジアラビアに次ぐ世界第2位の産油国であったが，2009年には日産1,003.2万バレルでサウジアラビア（971.3万バレル）を抜き，世界第1位の産油国となった。他方，天然ガスについては，長らく世界第1位の産出国であったが，2009年の産出量（5275億立米）は，アメリカ（5934億立米）に抜かれ，第2位となった。しかし，いずれにしても，石油生産では世界の12.9％を，天然ガス生産では17.6％を占める天然資源生産大国であることに変わりはない。

では，石油・天然ガス生産はロシア経済においてどれほどの比重を占めているのだろうか。GDP（2009年）でみると，石油・ガス部門を含む鉱業部門のシェアは7％程度にすぎない。これは，原油や天然ガスの国内生産者価格が，国際価格と比べてきわめて低い水準にあるためであり，商業部門・運輸部門利潤，税金などを考慮すると，石油・天然ガス部門の比重は約20％になる。

次に，GDPの20％を占める石油・天然ガスはロシアの輸出でどれほどの比

表4-4 ロシアの輸出構造　　　　　　　　　　　　　　　　　（％）

	2000年	2004年	2005年	2006年	2007年	2008年	2009年
食料品及び動物（食用）	0.9	1.1	1.3	1.2	2.0	1.4	2.6
飲料及びたばこ	0.1	0.1	0.2	0.2	0.2	0.2	0.3
非食品原材料	4.5	4.8	4.4	3.8	4.1	3.6	3.2
鉱物性燃料	50.6	54.7	61.8	62.9	61.5	65.7	66.7
動植物性油脂	0.1	0.1	0.1	0.1	0.1	0.2	0.3
化学製品	6.0	4.4	4.2	3.8	4.2	4.8	4.4
工業製品	17.8	17.1	14.8	14.5	15.4	12.0	13.0
機械類，輸送用機器	6.2	5.9	4.1	4.1	3.8	3.4	3.8
雑製品	2.0	1.1	0.8	0.7	0.7	0.6	0.8
その他	11.8	10.8	8.4	8.5	8.1	8.2	4.8

（出所）ウィーン比較経済研究所『統計データハンドブック2009, 2010』。

重を占めているのだろうか。表4-4からわかるように，石油・天然ガスを中心とした鉱物性燃料の輸出比率は2000年代前半には50％台であったが，石油・天然ガス価格が高騰を始める2000年代中頃よりしだいに高まり，石油価格がピークに達した2008年には全輸出の65％を鉱物性燃料が占めている。直観的に，石油・天然ガスがロシアの輸出にとっていかに重要な位置を占めているかを理解できよう。

ロシア経済は，国際競争力を有する石油・天然ガス（エネルギー）部門と競争力のない製造業部門からなる二重経済構造を有している。競争力のあるエネルギー部門は，世界的なエネルギー価格高騰により外貨を稼ぎ，ルーブル高がもたらされた。他方，ルーブル高により製造業部門は輸入の増加によりますます競争力を失っていったのである（オランダ病）。

（3） 企業リストラの欠如

それでは，なぜロシアの製造業企業に競争力が欠如しているのかを考えてみよう。社会主義時代の国有企業は，計画機関から指示された計画にしたがって生産量目標を達成すればよく，生産効率について考慮をする必要はなかった。価格は費用の積み上げによって設定されていたし，赤字が出れば，政府が補助金によってそれを負担したからである。また，消費財については供給不足であったから，消費者は与えられたものを買わざるをえず，国有企業の側に新製品を開発するインセンティブはなかった。

たとえば，ボストーク1号により世界で初めて有人宇宙飛行を成し遂げたこ

と（1961年）に代表されるように，ソ連では優れた技術が開発されていた。しかし，研究開発（R&D）を行う研究所と生産現場（国有企業）の間に十分な連関がなく，研究所で開発された技術が製品として利用されたり，逆に生産現場からの声によって技術開発が行われるようなこともほとんどなかった。

1992年から始まった市場経済移行は，このような状況を一変させるはずであった。しかし，製造業企業の競争力に大きな変化は起きなかった。

確かに1990年代に私有化は実施され，ヴァウチャー私有化によって国有中小企業は経営者や労働者というインサイダーの手に移ったが，彼らの目標は，まず雇用維持にあったため，経営の効率化には結びつかなかった。他方，大企業は政治家や官僚との個人的なつながりを使った不透明な取引によってオリガルヒが取得し，これもまたロシア製造企業のリストラは進展しなかった。

また，GDPが縮小する，つまり作っても売れない1990年代に，ロシア企業は，労働者への賃金や納入企業への代金の支払い遅延，あるいは物々交換（たとえば，鋼板を購入した自動車会社が，製鉄会社に代金の支払いの代わりに自動車を納入する）などによって，手許現金がないにもかかわらず取引を続け，生産を維持した。さらに，企業と国家の間でも，税金の未納や現物納入が認められたり，支払い遅延を起こしている企業に対して無償に近いローンが与えられたりした。このような赤字企業の生き残り策によって，ロシア企業のリストラは進まなかったのである。

（4） 2000年代の国家の影響力拡大

2000年代に入り，プーチン政権の下でも私有化は進められたが，一方で大規模企業への国家の影響力が強められていった。

第1は，石油産業における国家の影響力強化である。ロシアでは，国営石油企業であるロスネフチ以外に，1993～95年にルクオイル，ユコス，スルグートネフチェガス，チュメニ石油会社などの私有化石油会社が設立された。とりわけユコスは，2003年にシブネフチとの合併を発表し，ロシアの石油生産の3分の1を占める巨大石油企業が誕生するはずであった。しかし，ホドルコフスキー社長が国家資産横領・脱税容疑で逮捕され，合併は白紙に戻されるとともに，ユコスは国家によって差し押さえられた。2004年に子会社であるユガンスクネフチェガスがロスネフチに買い取られ，残されたユコス資産の主要部分も

2007年にロスネフチにより競売入手された。他方，シブネフチは国有天然ガス企業ガスプロムに譲渡された。このように，石油価格高騰を背景として，石油産業における政府の影響力が強化されたのである。

第2は，戦略的産業への国家管理強化である。政府は，2007年，戦略的に重要な部門の強化ないし再編を実施するため，7つの国家コーポレーションを設立した（ロステフノロギー（アフトヴァズを支配下におく巨大持株企業），ロスナノ（ナノテクノロジー分野），オリンプストロイ（ソチ五輪の施設建設），開発・対外経済銀行，ロスアトム（原子力関連），住宅公共事業改革促進基金，預金保険機構）。

さらに，2009年，プーチン首相は，グローバル金融危機により巨額の負債を抱えた新興財閥企業のうち，295の企業を「システム形成企業」として選別し（いわゆる「プーチンのリスト」），国家の支援対象に位置づけた。

プーチン・メドヴェージェフ政権は，第1に，ロシア経済にとって最も重要な位置を占める石油産業における国家の役割を強化した（天然ガスについては，天然ガス採掘・輸送・販売を独占するガスプロムが国有企業であるため，元来国家の役割は高い）。さらに，資源価格高騰の結果入手した巨額の資金を利用して，21世紀の成長産業を育成しようとするとともに，1990年代に急成長した新興財閥企業へも国家の影響力を高めようとしているのである。

5　今後の日ロ経済関係

今後，日ロ経済関係はどのように進展するのだろうか。考えられる第1の方向は，ロシア経済が石油・天然ガス等の資源輸出に依存した経済であることから，日ロ経済関係もロシアから日本への石油・天然ガス輸出増加の方向で進むだろう，というものである。第2の方向は，確かにグローバル金融危機の前後に国際原油価格が下落し，ロシア経済は大幅なマイナス成長に陥ったものの，現下では，資源価格の回復に伴い，ロシア経済も資源輸出収入が増加し，消費水準もしだいに回復しつつあることから，わが国からロシアへの消費関連の輸出あるいは現地生産が伸びるだろう，というものである。そして，第3の方向は，企業リストラの進展であれ，産業政策の結果であれ，ロシア製造業の競争力が高まり，わが国からロシアへの生産財関連の輸出あるいは投資が増加し，日ロ経済関係の水準も高度化するだろう，というものである。

第1の方向性，すなわちロシアから日本への資源（石油・天然ガス）輸出増加については，現在，2つの大規模プロジェクトが進行している。1つは，「サハリンプロジェクト」である。サハリンの大陸棚には膨大な石油・天然資源が眠っており，これを外国資本・技術の導入によって開発するプロジェクトである。現在，主としてサハリン1（投資額120億ドル以上），サハリン2（200億ドル程度）の2つのプロジェクトが進行している。サハリン1では石油，天然ガスとも2005年にロシア国内向けの出荷が開始され，サハリン2では石油は2008年から，天然ガスは2009年から輸出が開始され，日本のロシアからの輸入構造に変化をもたらしている（前出**表4－1**）。

　第2のプロジェクトは，東シベリア―太平洋パイプラインである。これは，ロシアの主要油田地帯である西シベリアからの既設パイプラインを中国大慶およびウラジオストク東方のコズミノ港まで延長するものである。大慶ルートは2010年9月に完成し，11年より中国へ毎年1500万トンの原油が輸出されることになっている。太平洋ルートについては，2014年までに建設されることとなっているが，現在は大慶への分岐点であるスコボロジノで貨車に積み替えられ，コズミノより輸出されている。コズミノまでパイプラインが完成すれば，2006年に輸入原油の1％にすぎなかったロシア産原油は8％程度まで上昇するといわれている（本村 2009）。

　第2の方向，日本からの消費財輸出に関しては，乗用車生産については既に述べたが，もう1つの主要輸出産業である液晶テレビなどの電気製品に関しては，わが国からの直接輸出ではなく，中東欧諸国（ポーランド，チェコ，スロバキア，ハンガリー）の組立工場からの輸出が主となっている。これは，わが国だけでなく，韓国，台湾などのメーカーも，西欧・ロシア両市場を視野に入れた生産配置を行っているためである。また，2010年4月にはユニクロがモスクワに出店し，今後も店舗数を増やす予定である。今後，ロシアの所得水準の上昇とともに，わが国とロシアとのこの分野での関連も高まるであろう。

　第3の方向，日本とロシアとの生産連関の強化であるが，ロシア製造業企業のリストラが進んでいない現状では，まだしばらく先のものである。しかし，自動車ほど大規模なものはまだないが，ガラス，タイヤなど徐々に日本からロシアへの投資が始まっているほか，とりわけ極東地域でのつながりは強まってきている。今後興味のもてる分野であるといえよう。

■□コラム□■

北方領土問題

　北方領土問題とは，北海道根室半島沖合の四島（択捉島，国後島，色丹島および歯舞群島）の帰属に関する日本とロシアの間の領土問題である。北方領土問題が未解決であるため，日ロ間には平和条約が結ばれておらず，人々の交流やビジネスの支障となっている。

　日本が第2次世界大戦敗戦の際に受け入れたポツダム宣言では，日本の主権は本州，北海道，九州，四国と連合国側が決定する小島に限られる，そして，1951年に署名されたサンフランシスコ平和条約では，日本は千島列島，樺太及びこれに近接する諸島に対するすべての権利を放棄している。

　これに対して日本政府は，北方四島は日本の固有の領土であり，日本が権利を放棄した千島列島に北方四島は含まれていないという立場をとっている。また，1956年に締結された日ソ共同宣言では，平和条約の締結後に歯舞群島及び色丹島を日本に引き渡すとされている（外務省HP「北方領土問題」）。

　北方領土問題に関する交渉が日本にとって有利に進んだのは，ロシアが政治的にも経済的にも混乱していた1990年代である。1993年の「東京宣言」では，日ロ間の領土問題とは，「四島」の問題であり，領土問題を解決することが平和条約締結の前提となることが確認されている（外務省『われらの北方領土2010年版』）。

　しかし，2000年代に入り，内政が安定化し，高い経済成長を記録すると，ロシアの立場は日ソ共同宣言あるいはそれ以前の水準に戻っている。2010年10月には，メドベージェフ大統領は，ソ連・ロシアの最高指導者として初めて北方四島（国後島）を訪れ，外務省の抗議に対し「大統領がロシア領土のどこに行こうと，それを禁止することはできない」と述べている。

　北方領土問題解決には，不毛な摩擦は避け，より多角的な立場から粘り強く交渉を続けていくことが必要であろう。

【参考文献】
岩下明裕（2005）『北方領土問題──4でも0でも，2でもなく』中公新書。
東郷和彦（2007）『北方領土交渉秘録──失われた五度の機会』新潮社。
孫崎亨（2011）『日本の国境問題──尖閣・竹島・北方領土』ちくま新書。

以上みてきたように，日本とロシアとの経済関係は，アメリカ，中国，欧州といった他の経済大国・地域と比較すれば，あるいはロシアの経済規模を考慮すれば，わずかなものにとどまっている。しかし，ロシアは21世紀の世界経済を支える新興経済大国の1つであるほか，世界で有数の資源大国であり，今後，われわれは，ロシアとの経済的なつながりを強化するための努力を払っていかなければならないだろう。

■ ■ ■

●参考文献───────────────
伊藤庄一（2009）『北東アジアのエネルギー国際関係』（ユーラシア・ブックレットNo.139）東洋書店。
井上靖『おろしや国酔夢譚』文春文庫。
小川和男（1997）『日ソ貿易の実情と課題』教育社入門新書。
栗生沢猛夫（2010）『図説ロシアの歴史』河出書房新社。
司馬遼太郎『菜の花の沖』文春文庫。
下斗米伸夫（2011）『図説ソ連の歴史』河出書房新社。
武田善憲（2010）『ロシアの論理──復活した大国は何を目指すか』中公新書。
田畑伸一郎（2010）「ロシア経済の動向──世界金融危機の影響と回復過程」ロシアNIS貿易会『ロシアNIS調査月報』第55巻第5号。
野口均（1994）『シベリア・ラーメン物語──成功した草の根の日ロ合弁』文藝春秋。
本村真澄（2010）「ロシアから極東向けパイプラインが始動する」石油天然ガス・金属鉱物資源機構『石油・天然ガスレビュー』第44巻第4号。
吉井昌彦・溝端佐登史編著（2011）『現代ロシア経済論』ミネルヴァ書房。

（吉井昌彦）

第5章
東アジアと日本

　東アジアと日本の経済関係は，ほんの10年前までは圧倒的な経済規模をもつ日本との垂直的な関係で整序づけられていた。しかし，この10年で，中国の著しい成長，韓国等の経済の成熟，ASEAN諸国の全体的な成長により，構造は大きく変わっている。中国は日本とならぶ経済規模に達し，韓国や台湾は世界市場で対等な競争・提携の相手として現れてきている。そして，ASEAN諸国を含んでこの地域で重層的な生産ネットワークが形成されてきている。日本から直接投資が基本をなした東アジアと日本の資本関係も，韓国，ASEAN，中国間の重層的な直接投資の広がりと，日本への金融投資の拡大という重層化の傾向が顕著である。

　この新しい関係は，戦後60年を振り返ってみると，賠償・援助からはじまった日本と東アジアの関係がいくつもの段階を経て深化し，ようやく水平的な関係に近づきつつあるものとしてみることができ，基本的に歓迎すべきことである。

1　変容する経済構造

　日本と東アジア経済の関係は複雑である。まず，東アジアといってもそこにはほぼ先進国化した韓国から，中所得国の典型をなす先発ASEAN諸国，そしてまだまだ貧困国に分類されるインドシナ諸国が含まれる。また，インドネシアのように日本を上回る人口規模をもつ国もあれば，シンガポールのような都市国家も含まれる。東アジアそれ自体，多様性に富んでいる。加えて，東アジアは戦後60年，とくにここ20年ほどの間に，大きく経済構造を変化させてきた。これにともなって，日本との経済関係や東アジアにおける日本の地位も大きく変容してきた。戦後の歴史的段階によって，日本との関係は大きく違ってきている。

本章では，こうした日本と東アジア経済の関係を，できるだけ単純化した構図で示すことを試みる。まず，第2節では，東アジアの多様性に留意しながら諸国群の大まかな区分を示し，それらの中における日本の位置を考える。第3節では，現在の東アジアと日本の経済関係の構図を示す。東アジアと日本の関係は，現在も加速度的な変容の渦中にある。その変容の方向性についても示したい。第4節では，戦後日本と東アジアが切り結んできた相互の経済関係を，歴史的な変遷として整理する。第5節はまとめである。

2　東アジアの多様性と日本

(1)　東アジアの多様性

　本章で考える東アジアは，広く，東北アジアから東南アジアまで含まれる。ただし，中央アジア（旧ソ連圏およびモンゴル）は除外される。中国，台湾，香港は本シリーズでは主に中国の問題として取り上げられているが，日本と東アジアの経済関係では，これらの国を無視して論じることは不可能であるので，必要に応じて目配せを行うこととしよう。また，台湾，香港などは厳密には「国」と呼べるかどうか難しい性格を持っているが，本章では表現の簡便化のために，特段の事情のないかぎり「国」と表現することとする。
　東アジア諸国は経済水準によって3つくらいのグループに分けることができる。第1は，70年代初頭から工業化が進み，1人当たりで見て経済水準がほぼ先進国並みになっている韓国，台湾，シンガポール，香港である。これらの国は，かつてはアジア新興工業国（NIES）と呼ばれてきた。この第1のグループは経済水準では似かよったところがあるものの，韓国・台湾が数千万人規模の人口を擁するのに対し，シンガポール・香港は一都市の規模であり経済の構造が著しく異なっているので，さらに2つのグループに分けて考えることもできる。第2は，東南アジアの主要部分を占め，ASEAN（東南アジア諸国連合）結成時の主要メンバーであるタイ，マレーシア，インドネシア，フィリピンである。最近では新規のASEAN加盟国と区別する意味で，ASEAN4と呼ばれることもある（シンガポールをあわせてASEAN5よばれることもある）。これらの国々は80年代半ばから工業化が進み，現在では一人あたりGDPも購買力平価で一万ドルを超える国も現れ始めるなど中進国の水準にあり，なお高い成長率を維持

第5章　東アジアと日本

■□コラム□■

「東アジア」,「東南アジア」ということば

　アジアに真剣に向き合っている人々の間では,「東アジア」を広い領域概念として「東南アジア」を含むものと考えるべきか,「東アジア」の意味を韓国,台湾などに限定して,「東南アジア」をそれに対置させた意味で使うべきか,見解が分かれている。こういった言葉の選択は,意外と本質的な問題をはらむものである。

　「東南アジア」(Southeast Asia) という概念が英語で成立したのは,太平洋戦争中の英国指令部におかれた「東南アジア指令部」という言葉をきっかけとするらしい。そして戦後米国で,中国の共産化によってそれまで漠然と認識されていた「中国とその周辺部」を切り離して理解する必要が生じたことから英語における意味が定着したという（白石 2000：200）。

　日本語の世界では,戦前には委任統治下にあった南洋諸島の向こう側にあるという意味で,「外南洋」とも呼ばれていた。戦後は,市場としての南方アジアの可能性を模索していた1950-60年代には「東南アジア」は現在の南アジアをも含む概念として使われるのが一般的であった。確かに,セイロンやインドの市場としての魅力は東南アジア以上であったのかもしれない。英語世界でも,後にノーベル章をとったミューダールの "*Asian Drama*"（1968）における "South Asia" という表現には,明らかに東南アジアが含まれていた。

　日本語で,「東南アジア」から南アジアの意味が分離したあと,このことばは,主に中国を指す「東アジア」と対置する形で,インドシナから南シナ海を意味する領域概念として定着し,この地域に向き合う人々によって大切にされてきた。状況が変わったきっかけは,おそらく1993年の世界銀行レポート「東アジアの奇跡」が,世銀の一部で使用されていた用語法に倣って,日本を含めた東北アジアと「東南アジア」を一括して「東アジア」と呼び,それが日本語として普及しはじめたことである。それ以降,とくにエコノミストは「東アジア」を「東南アジア」を含む概念として使うようになっている。

　地域概念は,その概念でとらえる必要性が生じた時に成立する。「東アジアの奇跡」から20年,この地域は,民族的な多様性や国民国家の性質,近代史の経験など,南北でいろいろ異なる面はある。けれども,加速する産業の結びつき,都市部の消費文化の近接,地域内の重層的な協力関係の進展などによって,あえて「東北」と「東南」を一次的な用語として分ける必要が少なくなってきたような気はする。

表5-1　各国のGDPと人口（USドル，現在価格）

	1990年		2000年		2010年		人口（2010年）	
日　本	3,058	74.7%	4,667	65.2%	5,498	38.1%	127	6.2%
韓　国	264	6.4%	533	7.4%	1,014	7.0%	49	2.4%
シンガポール	39	0.9%	94	1.3%	223	1.5%	5	0.2%
ASEAN 4	288	7.0%	463	6.5%	1,463	10.1%	431	20.9%
タ　イ	85	2.1%	123	1.7%	319	2.2%	69	3.3%
マレーシア	44	1.1%	94	1.3%	238	1.6%	28	1.4%
インドネシア	114	2.8%	165	2.3%	707	4.9%	240	11.6%
フィリピン	44	1.1%	81	1.1%	200	1.4%	93	4.5%
インドシナ諸国	7	0.2%	37	0.5%	122	0.8%	107	5.2%
ベトナム	6	0.16%	31	0.44%	104	0.72%	87	4.2%
カンボジア	n.a.	n.a.	4	0.05%	11	0.08%	14	0.7%
ラオス	1	0.02%	2	0.02%	7	0.05%	6	0.3%
中　国（香港含む）	434	10.6%	1,368	19.1%	6,103	42.3%	1,345	65.2%
中　国	357	8.7%	1,198	16.7%	5,879	40.8%	1,338	64.8%
香　港	77	1.9%	169	2.4%	224	1.6%	7	0.3%

（注）　GDPは，10億USドル，現在価格。人口は100万人。百分率は全体に対する比率。ミャンマー，台湾をのぞく。

（出所）　World Development Indicator, World Bank, 2011.

している。第3は，東南アジアでもインドシナ半島に立地し1990年代半ば以降にASEANに加盟した，ベトナム，ラオス，カンボジア，ミャンマーの4カ国である。これらの国々は，戦後それぞれに社会主義体制を経験し，長い内戦で社会資本の毀損に苦しめられ，一人あたりGDPが2000-3000ドル程度といまだ開発の途上にある点で共通しており，今日では，移行経済にともなう問題を克服しながら成長を模索している段階にある。

　このように，東アジアを構成する国々の経済水準は多様であり，地域内の格差は欧州やラテンアメリカよりも大きい。日本との関係を考えるために，まずこの格差を確認しておこう。**表5-1**と**図5-1**は，台湾，ミャンマーを除く各国についてGDPで測った経済規模をまとめたものである。2000年を基準にみてみると，日本は地域のGDPの65.2%という圧倒的な比重を占め，香港を含む中国が19.1%，韓国が7.4%と続いている。この3国以外の国の経済規模は極めて小さく，ASEAN4諸国は合わせて10.1%と韓国を少し凌駕する程度の規模である。インドシナ諸国は3国をあわせて0.5%に過ぎない。

　人口規模（2010年基準）では，中国が地域の13.5億人と65.2%を占めている。ついでインドネシアが2.4億人，11.6%，日本1.3億人，6.2%とつづく。その

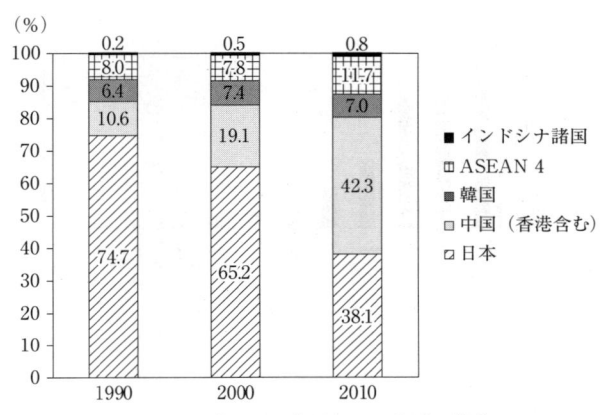

図 5-1　東アジア各国のGDP比重の推移

（出所）　表 5-1 に同じ。

表 5-2　一人あたりGDP（購買力平価，国際ドル，2005年価格）

	1990年		2000年		2010年	
日　本	26,129	1.00	28,613	1.00	30,903	1.00
韓　国	11,383	0.44	18,730	0.65	27,027	0.87
シンガポール	25,152	0.96	38,037	1.33	51,969	1.68
ASEAN 4						
タ　イ	3,933	0.15	5,497	0.19	7,672	0.25
マレーシア	6,607	0.25	10,209	0.36	13,186	0.43
インドネシア	2,008	0.08	2,623	0.09	3,880	0.13
フィリピン	2,552	0.10	2,697	0.09	3,560	0.12
インドシナ諸国						
ベトナム	905	0.03	1,597	0.06	2,875	0.09
カンボジア			1,035	0.04	1,943	0.06
ラオス	944	0.04	1,356	0.05	2,298	0.07
中国（香港含む）						
中　国	1,101	0.04	2,667	0.09	6,810	0.22
香　港	23,697	0.91	29,785	1.04	41,714	1.35

（注）　各国の右列は日本を1とした場合の比率。ミャンマー，台湾をのぞく。
（出所）　World Development Indicator, *World Bank*, 2011.

他にはフィリピン（9300万人，4.5％），ベトナム（8700万人，4.2％）が比較的大きな人口を抱えている。ラオスや都市国家のシンガポールのように1000万人に満たない極めて小さい国もあり，人口規模の観点からもこの地域は非常に大きな格差があることがわかる。

1990年

2000年

2010年

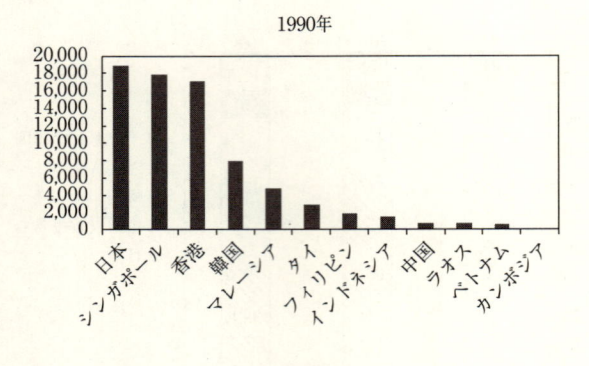

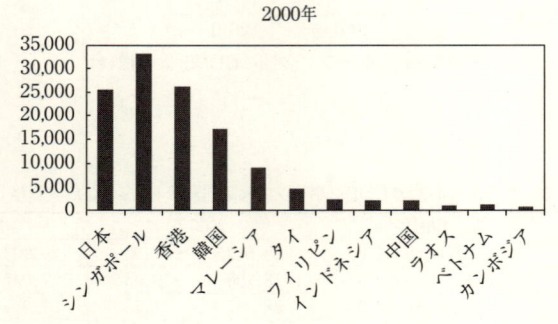

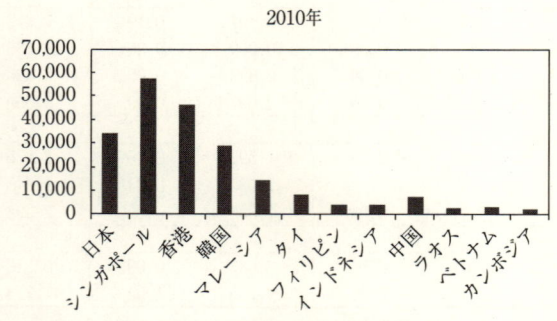

図5-2 一人あたりGDPの格差（購買力平価，国際ドル，2005年価格）
(注) ミャンマー，台湾をのぞく。*1990年のカンボジアは情報なし。
(出所) World Development Indicator, World Bank, 2011.

第5章 東アジアと日本

このことは，経済水準＝豊かさの指標である1人当たりGDPの側面からもみることができる。表5-2，図5-2は，購買力平価で測った各国の1人あたりGDPを比較したものである。これも2000年を基準にみてみよう。日本を1とした指標でみるとわかりやすいが，豊かさではまた別のグループにくくることができる。第1は日本とシンガポール，香港でありこの3国は3-4万ドル程度（購買力平価，2005年の国際ドル価格基準）と同じような水準にあった。第2に，韓国が日本の6割5分程度の水準としてそれらにつづく。表には含まれていないが台湾は韓国よりやや高い水準である。第3にASEAN4では日本の2，3割の水準であるタイ，マレーシアと，日本の1割程度のインドネシア，フィリピンにわけられる。また大きな人口規模をかかえる中国も当時この後者と同じグループに入っていた。最後に，インドシナ諸国はこれらのさらに半分程度の水準であり，軒並み貧しい。

（2）　日本の経済的地位の変化

こうした多様な東アジアのなかで日本の占める位置とその変容について同じ図表から考えてみたい。表5-1と図5-1で示されているように，日本は2000年の時点で地域のGDPの7割弱を占めていた。1990年と比較すれば漸減傾向があるものの，この時点では戦後長くつづいた構図を変えるような大きな変動ではなかった。しかし，2010年には38.1％とその比重を急速に下げてしまった。かわって大きな比重を占めるようになったのは中国であり，香港と合わせれば，42.3％とすでに日本をやや凌駕する規模に至っている。日中を合わせると地域のGDPのほぼ8割を占めており，両国がこの地域の生産を二分しながら圧倒的な存在として位置している。一方，1990年代からの20年間で韓国やASEAN4諸国も大きく成長した。2000年時点では97年に発生したアジア金融危機の影響もあってASEAN4諸国は比重を下げているが，2000年代には中国のみならず韓国，ASEAN4諸国が比重を上げている。ここ10年の東アジアの成長は，東アジア全体の成長による平準化の進行と，圧倒的な経済力を誇った日本の地位低下，そして中国の大きな台頭によって特徴づけられるのである。

表5-2から豊かさの変化を確認しよう。90年代初頭のバブル崩壊から停滞の20年といわれる日本経済であるが，1人あたりGDPでみれば決して経済水準が後退しているわけではなく，過去20年間の購買力平価で測った1人あたり

GDPは26000ドル弱から3万ドル程度へと上昇している。これには物価水準の低下や円高なども影響している。しかし，この日本を基準としてみた各国の水準は軒並み上昇しており，もともと豊かさにおいて格差の大きな東アジアでも，平準化が着実に進んできたことが示されている。

都市国家のシンガポールや香港は，購買力平価基準でみれば1990年代半ば頃には日本に並ぶ水準となり，その後2010年までに日本を凌駕する水準になっている。もっとも，これらの都市国家を，多くの人口をかかえ都市・農村の水準の平均で評価されている日本と直接比較することにはあまり意味がないかもしれない。韓国もまた所得水準の向上が著しい。2010年時点ではすでに日本の9割弱の水準に達している。このように現在の東アジアではすでに，日本は圧倒的に豊かな存在ではなくなってきており，いわば「日本並みの生活水準への収束」がはじまっている，ということができる。

中進国グループでは，ASEAN4諸国の成長も見逃せないが，やはり目立つのは中国の躍進である。1990年時点で1人当たりGDPが1000ドル弱という最貧国レベルの経済水準は，2010年時点では7000ドル弱にまでおよび，ASEAN4のなかでも比較的豊かなタイの水準に迫っている。ただもちろん，この水準はまだ日本の20％程度であり，豊かさにおいて日本のそれに近づいているわけではない。表5-1にあるような経済規模での日本への近接は，10倍に上る人口規模が大きな要素であることはいうまでもない。

（3） 経済発展の先行モデルとしての日本とその限界

日本は圧倒的な経済規模と技術水準を前提に，東アジア諸国に対して工業化と経済成長の先行モデルを示してきた。東アジアには，天然資源が少ない東北アジア諸国があれば，インドネシアなどの豊かな石油・天然資源をもつ国々もある。しかし，日本を先行モデルとする東アジアの経済成長の過程では，一次産品への依存を脱し，労働集約的な工業製品の生産・輸出を手始めに徐々に産業を高度化していくという工業化の過程が重要であるという考え方がコンセンサスを得てきた。まず日本においてこのような成長が経験され，1970年代から韓国，台湾などのNIES諸国が後追い的に類似の過程をたどり，80年代後半にはもともと資源や一次産品に恵まれているASEAN4諸国が，同様の過程をたどっている。

第5章　東アジアと日本

(a) 特定産業からみた転換の連鎖（繊維産業の例）

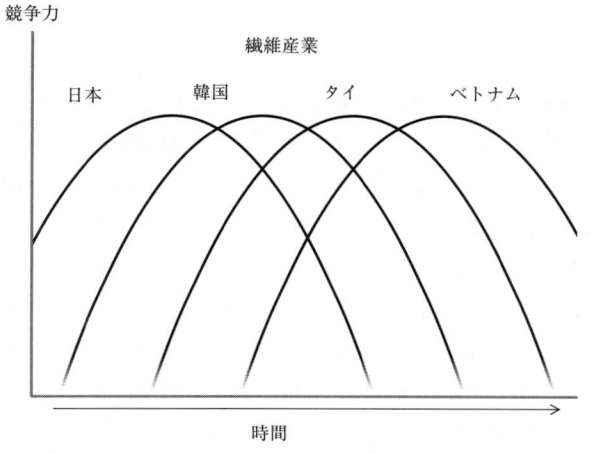

［競争力を縦軸、時間を横軸にとり、日本・韓国・タイ・ベトナムの繊維産業の山型カーブが時間とともに順次ピークを迎える図］

(b) 国の間の産業シフト

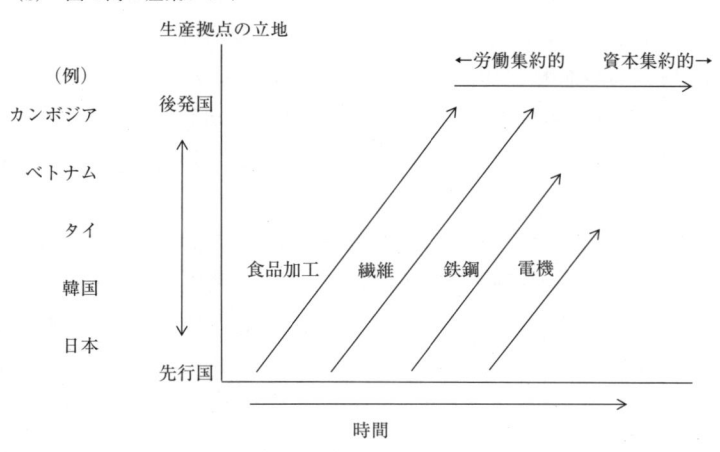

［生産拠点の立地（先行国：日本、韓国、タイ、ベトナム、カンボジア（例）後発国）を縦軸、時間を横軸にとり、食品加工・繊維・鉄鋼・電機の産業が労働集約的から資本集約的へと順次シフトしていく右上がりの矢印の図］

図5-3　産業構造転換の連鎖

（出所）筆者作成。

　実際，産業の高度化が後発国の後追いをともなって連続して生じる様相は，現在の東アジアでは基本的な構造として観察される。**図5-3**の（a）のように工業化の初期の過程で拡大する繊維・縫製業を例にとれば，日本は50年代にピークを迎え，韓国は70年代，タイでは90年代に主要輸出品となった。その後2000年代には中国，ベトナムが繊維・縫製産業の集積地となり，最近ではカン

ボジア，ミャンマーなどが新興している。この過程は，別の角度からみれば**図5-3 (b)** で示されているように，産業が先行国から後発国に移転するという形をとっていることを意味しており，ある国に集積が進む段階には，それに先行する国ではその産業が衰退する関係になっている。先行国は，その時にはより資本集約的な産業に移行することで工業化と経済成長を維持する。このような産業構造転換の連鎖過程は，1930年代という早い時期から赤松要によって「雁行形態発展論」として指摘されてきた。

産業構造転換の連鎖は，戦後の経験では労働賃金の格差と直接投資の形をとる資本移動を主な要因としている。労働集約型産業の競争力は労働賃金の低さに依存するところが大きいので，低賃金の低所得国の方に比較優位がある。国が特定の成長段階に達すると労働賃金は上昇するので，そこではより資本集約型の産業に比較優位が移る。一方，労働集約的産業の生産者はより低い賃金をもとめて生産拠点を低所得国に移すようになる。これは一般的に直接投資による先発国の企業の進出という形をとる。このような関係は，1970年代の日本企業による韓国への進出，90年代の日本・NIES諸国企業によるASEAN4諸国への進出，2000年代の韓国企業のASEAN4，インドシナ諸国への進出，そして，ASEAN4諸国企業のインドシナ諸国への進出など，連鎖的な形となって現れている。

しかし，圧倒的だった日本の経済規模が相対化する2000年代に入って，このような産業構造転換の連鎖が変調する兆しも見られている。それにともなって，雁行形態型の構図が崩れはじめている。その第1は，韓国，台湾，シンガポールといった後発国が日本につづいて先進国化し，日本の産業に対して競争者として現れてきたことである。たとえば韓国は，電気機械や輸送機械（自動車）などにおいて独自の技術力を磨き上げ，東アジアを含む世界市場で日本の強力な競合相手となっている。台湾は製造業の生産方式において，シンガポールは金融投資や研究開発の拠点化という形で，先発国からの技術移転やその模倣を超えた産業構造の深化をみせている。

第2は，中国の成長である。中国経済の成長は1990年代には，NIESやASEAN4諸国からの産業構造転換の連鎖の範囲にあるものと解されてきた。事実，タイやマレーシアの賃金上昇を嫌う日本・韓国企業が，縫製業などの労働集約型産業を中国に移転するなどその典型的な動きが見られた。しかし，

2000年代に入ってからの中国の産業発展は，伝統的な雁行形態型の構図とは大きく異なるものとなってきた。低賃金に依存した労働集約産業とならんで，自動車，電化製品などの重工業製品，国営企業の資産を活用した鉄鋼等の素材産業などが同時並行的に成長しつつある。高度な技術を持つ先進国企業が，上海において研究開発拠点を設ける，さらには電気自動車などの新産業を独自に成長させるなど，広範囲の工業化が同時的に進行するようになっている。中国は圧倒的な人口規模をもち，東アジア地域あるいは世界全体にとって市場として期待が高まっている。そうした国内需要の大きさが，そのような成長を可能にしている（フルセット工業化）。

このように，日本を先行モデルとする産業構造転換の連鎖は崩れはじめている。それは少し大げさにいえば，日本や東アジアで経験された段階的な工業化が経済成長の基本的経路であるという認識を変える可能性をもっている。韓国など十分に先進国化した隣国との関係では，どのように協調関係を図りつつ差別化していくか，そして独自のダイナミズムで成長する中国とどのようにかかわっていくか，この2つが日本にとっての新しい課題となっている。

3　東アジアと日本の貿易・投資関係の構図

（1）　最近までの伝統的構図

東アジアと日本の経済関係を貿易と投資の側面からみてみよう。産業構造転換の連鎖がきれいに形成されていた2000年代初頭までの頃を念頭に整理したものが**図5-4**である。東アジアにおいて日本は圧倒的なプレーヤーとして存在し，東アジア諸国はそれぞれに多様であっても日本との関係では共通のパターンをもっていた。中国もまた規模的にも産業構造転換の連鎖の並びのなかでも東アジア諸国と同じグループに位置づけることができた。

こうしたプレーヤーのなかで生産・貿易関係では以下のような構図が形成されていた。すなわち，東アジアは労働集約的な産業を中心に最終財を生産し，日本はそれに必要な資本設備や技術集約的な中間投入財（部品）を東アジアに輸出する。また，国内で技術集約的な最終財も生産する。そして米国は何よりもこうした製品を輸出する市場としての役割を果たしてきた。日本を中心に三角形の構図となっていたのである。

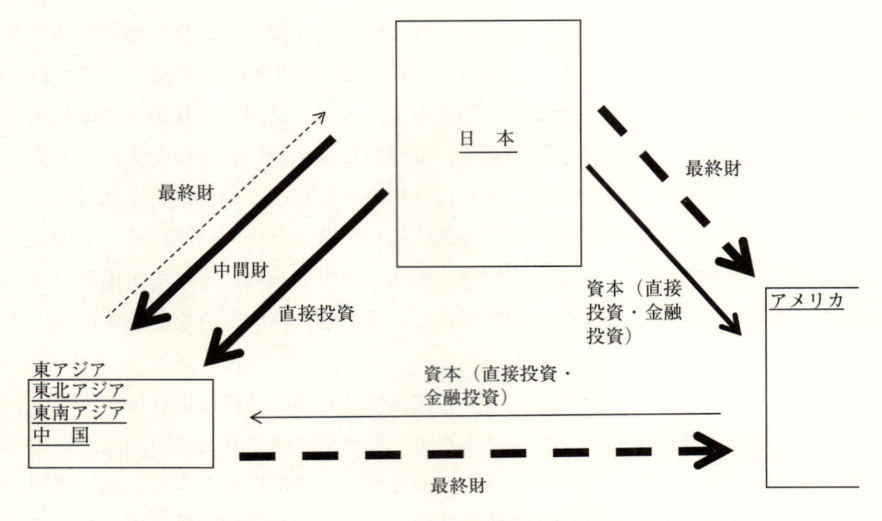

図5-4　東アジアと日本の経済関係　2000年前後

(出所)　筆者作成。

　たとえば，繊維・縫製産業であれば日本からミシンその他の生産設備を輸入して生産が行われ，それが主にアメリカに輸出されてきた。また，自動車や電気機械であれば生産設備に加えて技術集約的な部品の多くが日本から輸入され，東アジアではその組み立て工程が担われ，完成品の多くは米国に輸出されてきた。

　もちろん，各国の産業構造はそれぞれに異なる。後発のインドシナ諸国や中国は，日本のみならず韓国や台湾からも中間投入財を輸入するなど，細かな重層的構造を有してはいた。また構造転換の連鎖の中で担う製品・工程も時期によって変化してきた。とくに，韓国やASEAN4諸国では，徐々に中間投入財の生産能力を向上させ，日本からの部品輸入への依存を弱めてきた。しかし，日本の圧倒的な経済規模と米国の市場としての大きさのなかでは，全体構図はだいたい以上のような形で理解することが可能だった。

　同じように，資本の流れにも一定のパターンがみられた。日本は東アジアに対しても米国に対しても経常黒字であることを反映して，貯蓄率が恒常的に高い状態にあった。これが直接投資の形で東アジアに流入してきた。歴史的に見れば産業構造転換の連鎖の過程で日本企業の生産部門の移転は70年代から進み，1985年のプラザ合意以降の円高が契機となって，その流れが大規模なものに

なった。日本の潤沢な貯蓄はアメリカへの投資としても現れ、自動車に代表される直接投資の形態と、金融投資の形態の双方からなっていた。日本の膨大な外貨準備も米国債の保有をつうじて、アメリカの政府部門へのファイナンスとして機能しており、こうした日本からの金融投資はこれがアメリカの旺盛な消費を維持させる一要因となってきた。

なお、アメリカから東アジアへの資本の流れは日本とはやや異なっている。アメリカは日本・東アジアの双方に対して経常赤字であり、本来、資本が不足してきた。しかし、金融部門の技術的優位によって海外の余剰資金を引きつけそれをまた海外に再投資するチャンネルを維持し、東アジアに対しては証券市場を利用したポートフォリオ投資の形式が投資の多くを占め、また、1997年のアジア金融危機後は東アジアの銀行部門の買収などの形で流入をつづけてきた。アメリカからの資本流入はこうした金融投資と、主に大手企業の直接投資の両者からなることに特徴があった。

このように、資本関係からみた場合でも、経常収支黒字と高い貯蓄率を背景とする日本の余剰資本が米国、東アジアとの三角形の中心となってきた。

（2） 変化の方向性

しかし、以上のような構図は近年大きな変化をみせている。これは東アジア、日本、米国それぞれの経済の変容によるものである。これを模式的に示したのが、**図5-5**である。第1に、東アジアではこの10年の間に中国が著しい成長をみせた。もはや、東アジアの一部として括ることができないほどの経済規模と独自の産業構造を示し始めている。また、韓国・台湾が先進国と同程度まで成長を遂げ、日本との関係で従来の東アジア型の垂直貿易の形を脱し、東アジア市場ないし世界市場で最終製品輸出において日本と競合する段階に入っている。東アジアを日本との貿易・投資上の特徴を一括りで理解することは難しくなってきており、独自の成長を遂げる中国、先進国化した東北アジア、従来型の関係に近い東南アジアの3つのグループに分けて考えることが有効になってきているといえよう。

第2に、日本は1990年代から成長が停滞し、東アジア全般の高成長に対応して地域における経済の比重を低下させた。さらに人口減少によって貯蓄率が大幅に低下し、余剰資本もかつてほど潤沢ではなくなっている。第3に、アメリ

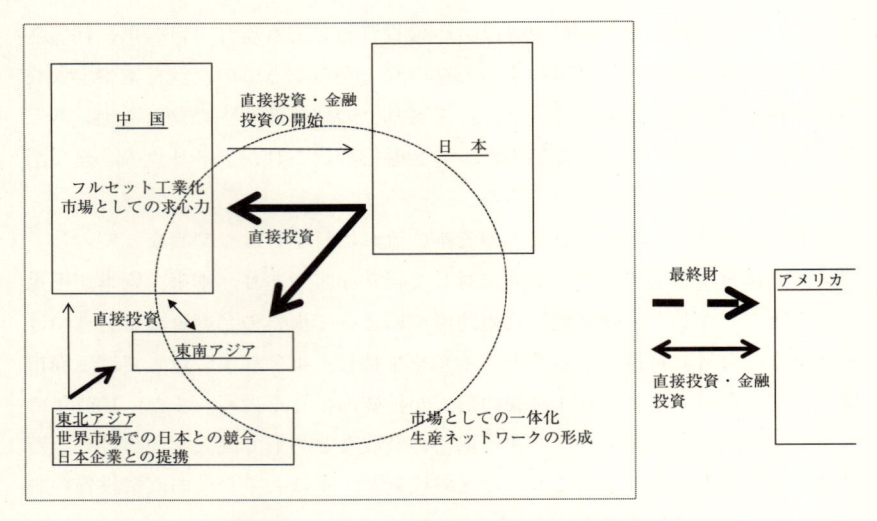

図5-5　東アジアと日本の経済関係　2010年前後

(出所)　筆者作成。

カは2007-08年頃からはじまる金融不安と景気後退のなかで，東アジアにとっての市場としての存在を低下させてきている。2008年9月のリーマン・ショックの直後は，米国市場の冷え込みによって東アジアに大幅なマイナス成長をもたらした。

このようななかで，日本を含めた東アジアが，米国をはじめ世界市場で全体として向き合う様相となってきているのである。

① 貿易・生産関係の変化

このような各国の立場の変化，多様化にともなって，日本と東アジアの生産・貿易関係は大きく変容している。日本と従来型の垂直貿易的な経済関係を維持しているのは東南アジア（ASEAN4，インドシナ諸国）だけとなり，東北アジアの韓国・台湾は東アジア市場ないし世界市場での最終財供給での強力な競合者となっている。中国とは一部に従来型の分業関係を残しているが，その一方で低価格帯の家電製品などでは世界市場で，あるいは日本市場ですら日本製品の競合者となりつつある。

生産・貿易関係におけるもう1つの変化は，消費市場としての東アジアの台

頭である。リーマンショック後の米国市場の縮小にともなう東アジアの景気後退はおおよそ1年ほど続いたが，2009年末ころから急速に回復する。その過程で，東アジアの貿易構造は米国・先進国依存を脱し，東アジア域内への相互依存を強めている。とくに中国は，景気後退から真っ先に回復し，その人口規模を背景に，域内のみならず世界にとっての市場としての役割を担いはじめている。東南アジア諸国の消費市場としての成長も著しくとくに都市部の消費スタイルは先進国と類似したものとなってきている。その結果日本にとっては中国・東アジアは有望な消費市場，つまり最終消費財の輸出とさらにはサービス産業の進出先としての重要性が増している。

② 資本の流れの変化

このような変化に対応して，資本の流れも大きな変化をみせ始めている。第1に，最大の変化は東アジア各国の外貨準備・対外資産の拡大である。東アジアでは1997年のアジア金融危機以降，東アジア各国は為替レート減価による経常収支黒字の常態化と投資率の相対的停滞によって，貯蓄超過が一般化した。これまで日本とアメリカから資本が流入する形であった資本フローに逆転の流れが生じはじめている。たとえば，2000年代半ばから東南アジア諸国はこぞって対外投資を拡大しはじめた。中国も政府の外貨準備の増加によって，日本にならぶ米国債の最大の保有者となり，アメリカの財政赤字のファイナンスを担う立場となっている。

東アジア，中国の対外投資は日本・アメリカなどの先進国にも及んでいる。たとえば，2000年代半ばから，中国企業による日米の著名企業の買収がつづいている。IBMのパソコン部門や日本の老舗の衣料品メーカーの中国企業による買収の例などが有名である。同じような事例は東南アジア企業にもみられる。東南アジアでは，従来型の生産・貿易関係のなかで直接投資によって進出した日系企業を，成長した現地企業が買収する例などがでてきた。たとえば，自動車金型メーカーのオギワラは，2009年にタイのタイサミット社に買収され，後に，その一部工場は中国メーカーに売却されている。また，北海道のニセコの例にみられるように，中国，マレーシアやシンガポールなどからの日本への不動産投資も盛んになってきている。

第2に，日本側から東アジアへの直接投資も質を変化させている。従来型の

生産拠点移転型の直接投資は依然として多いが，そのようななかでは国内で部品（＝中間投入財）の生産を担ってきた中堅・中小企業の進出が増えてきている。さらに，東アジア，中国の消費市場としての重要性の高まりを背景に，外食産業などサービス産業が直接投資によって進出するという新しい現象が始まっている。

第3に，技術水準が近接した韓国や台湾企業と日本企業との間で出資を含む提携・アライアンス関係が進行している。たとえば，2006年には鉄鋼業で日本の新日鐵と韓国のポスコは相互出資を含む業務提携をはじめている。また，半導体分野では，日立製作所と日本電気の共同出資によって設立されたエルピーダ・メモリーは，日本の特定法制を利用しながら，台湾政府の支援で設立された台湾メモリーとの間で，共同出資と包括的な業務提携を進めてきた。

最後に，東南アジアでは，アジア金融危機以降に地場銀行の買収によって進出した欧米の金融資本の撤退と東アジア域内の金融機関どうしの相互進出がみられる。この流れのなかでは，日本の銀行部門は東アジアの地場銀行への出資関係に踏み込むことはほとんどなく，消極的な姿勢に留まっている。

4　日本と東アジア──相互関係の歴史的変遷

上でみたように，日本と東アジアの関係は現在の激しい構造変化の渦中にある。このような時には，より長期的な視点からとらえることが，その意味をよく理解するために有効である。ここでは，戦後の日本と東アジアの長期的な相互関係を鳥瞰し，現在の状態を相対化する視点を探ってみよう。

（1）　1950年代──開発援助を足場とする関係再開

戦前・戦中期の日本とアジアの経済関係のほとんどは中国との関係によって規定されていた。終戦当初も日本政府は依然として中国を輸出市場として重視し，その経済発展への協力を模索していたといわれる（波田野・佐藤 2007：第1章）。しかし，1949年に中国に共産党政権が樹立し，50年に朝鮮戦争が勃発して冷戦構造が定着すると，東北アジアの地政学的環境は大きく変化した。日本は，この過程で中国市場を失う一方，「朝鮮特需」によって戦後復興の足がかりをつかみ，国民党政権が成立した台湾とは国際関係の変化を慎重ににらみ

ながら関係を維持したが，これら東北アジアの国々との経済関係は不活発なかたちに凍結される。

中国にかわって，日本で輸出市場として重視されるようになったのは東南アジア・南アジアだった。終戦から1950年代にかけて，東南アジア各国はそれぞれに協議や独立戦争の過程を経て旧宗主国からの独立を実現し，あらたな国民国家の建設を開始した。日本とこれらの国々との外交関係の樹立にとって課題となっていたのは，戦時下の日本の占領に対する賠償の問題であった。東南アジア諸国にとって，この日本との国交樹立にともなう戦後賠償の獲得は，国家建設と経済成長の重要な原資として期待されていた。一方，日本にとっては，東南アジアの市場としての成長を積極的に支援する立場から，戦後賠償をきっかけにこの地域に開発援助を開始することが狙いとされていた。

1954年のビルマを手始めに，58年までの間にフィリピン，インドネシアなどと賠償交渉を妥結させ，外交関係を樹立する。賠償はそのまま経済援助として継続し，円借款の手法と組み合わされて，日本から東南アジア諸国に多くの援助資金が投入されることになる。このような二国間関係の進展と同時に，日本は徐々にアジアの多国間の経済協力の枠組みにも参加をはじめる。1951年に発足した旧英国圏が主導するコロンボ・プランに参加し，55年にはアジア・アフリカ諸国が結集したバンドン会議への参加を果たす。

日本は，東南アジアにおけるこのような立場の形成を，対米関係との関係でも重視していた。たとえば，1957-60年の岸政権は対米関係においては安保条約改定の懸案をかかえていたが，冷戦構造下での新しいアジアの秩序の中で，アジアにおける日本を中心的な役割を米国に認めさせることを対アジア外交の中心課題としていたとされる。これは，結果的に米国の利害とも一致し，その後のアジアにおける政治経済秩序の基底となった（波田野・佐藤 2007：第1章-第3章）。

（2） 1960-70年代──援助関係の変化と貿易関係の形成

東南アジアでは，60年代半ばまでに多くの国で開発主義的体制が成立し，50年代にとられた協同組合型生産方式と経済ナショナリズムの重視を転換して，海外資金と技術の導入の下での工業化を志向する経済運営に転換した。これは東南アジア諸国の政権にとって，日本からの経済援助の重要性を高める結果と

なった。

　一方，日本側にとって東南アジアとの外交関係は，冷戦構造の中でアメリカのアジアにおける「封じ込め戦略」のパートナーとしての役割のもとで，援助関係では賠償・借款・技術協力という二国間の枠組みから，アメリカを巻き込んだ多国間の枠組みへの移行を志向した。こうした流れの成果として，1966年にアジア開発銀行の設立，同年の東南アジア関係閣僚会議の主催などが実現されてきた。

　他方，60年代にはアフリカ諸国の独立もあり，国連貿易開発会議（UNCTAD）などを舞台として南北問題の認識とその解決への取り組みの気運が高まってくる。東南アジアでは，共産主義中国に対抗する体制として米国の指導のもとで1954年に結成された東南アジア条約機構（SEATO）とは別に，61年には地域内の協力関係である東南アジア諸国連合（ASEAN）が結成され，徐々に地域全体として日本ないし米国と並び立つ勢力を形づくりはじめる。

　1960年代は，このように援助に大きく規定される日本と東南アジアの経済関係であったが，民間の経済関係も2つのチャンネルで徐々に拡大をはじめた。第1は，エネルギー資源，鉱物資源，農産物などの一次産品の日本への輸出の拡大である。とくに，1957年までイギリスの保護国として残り穏健な形で独立を果たしたマラヤでは，戦前に日本から進出した鉱業関係の企業によって比較的早くからスズ・鉄鉱石等の輸出が再開している。70年代に入ると日本からの鉱業部門への直接投資が本格的に再開し，こうした一次産品の対日輸出が貿易関係の大きな軸となった。とくに，日本がエネルギー政策の重点を石油，天然ガスに転換するなかで，これらの資源を豊富に産するインドネシア，マレーシアとの経済関係が重要な位置を占めてくる。日本の外交全般についても，63年のインドネシアとマレーシアの国境紛争に際して調停を試みたり，66年のインドネシアにおけるスカルノ体制からスハルト体制への移行期には国内体制の安定化への寄与に腐心するなど，この資源輸入の確保を目的とした外交努力に注力した。

　第2は，東南アジアへの消費財輸出の拡大である。日本は60年代の高度成長期に，繊維，電気機械をはじめとする広範囲の製造業製品の輸出によって成長を成し遂げた。日本製品の主な輸出先は米国と欧州であり，アジアは50年代に想定されたほどには市場としての比重は高くはならなかった。しかし，それで

も東南アジア各国の側からみれば，安価で質の良い日本の日用品・雑貨，化学製品，家電製品は圧倒的な競争力を持ち，国内の市場シェアを高めていった。

このようにして，東南アジアと日本との貿易関係は，日本からの消費財の輸出と，日本の一次産品の輸入という構図が定着する。1970年代になるとこうした関係は各国では国内の開発主義体制への不満を背景に，日本の経済侵略として非難を受けることになる。1974年の田中首相のジャカルタ・タイ訪問時に，学生を中心とする反日デモが広がったことは，その象徴的な出来事である。

こうした状況に直面して，日本は対東南アジア外交を援助と経済中心のものから，より包括的な形態へ転換をはかることになる。1977年には福田首相のマニラでの講演で，日本としてのASEANの枠組みに対する支援を強化するとともに，東南アジア全般に対する政治的関与を深めること，とくにベトナム和平に積極的に貢献することが表明される。これ以降，日本の東南アジアへの関与はより包括的な協力関係にむけて模索されていく（福田ドクトリン）。

50年代に凍結された東北アジアとの関係も，この時期には大きく変化した。韓国とは1965年に国交回復がなされ，日本から韓国に対して無償資金協力と借款が供与されはじめた。韓国経済は1970年代になると軽工業を中心に経済成長を加速しはじめる。共産主義体制下にある中国とも1972年日中共同声明によって国交を回復し，1979年には無償援助・円借款による政府開発援助がはじめられている。

（3） 1980年代－90年代──直接投資の本格化と貿易構造の重層化

1980年代頃から，東アジアの経済構造は重層的な工業化と成長の段階に入ってくる。1970年代後半から東北アジアの韓国・台湾は政府の強い主導のもとに軽工業を中心とする強い経済成長を実現し，1980年代に入ると日本などから技術を導入しながら電機，自動車といった重工業部門の工業化に成功する。製品の輸出先は日本と同様主に米国，欧州であり，他方，生産には中間投入財を日本から輸入しなければならないため，対日貿易の赤字体質が定着した。

中国は，1978年に鄧小平の指導下で「改革開放」路線に転じ，東アジアの生産・貿易関係への参加を開始した。1989年には天安門事件によって経済改革が一端頓挫するが，1992年の「南巡講話」を契機として市場経済システムにむけての大胆な改革を再加速し，東アジアの産業構造転換の連鎖の一角を形成しは

じめる。

　東南アジアでは、1970年代末ころからマレーシアを嚆矢として、進出企業に減税などの特典を付与する輸出加工区を設けて先進国、とくに日本の製造業企業を誘致する戦略がとられはじめる。1985年にドル安誘導を基調とするプラザ合意が日・米・欧で成立すると、円が大幅に切り上がり、日本の産業構造は大きな転換を迫られることになる。これを背景に、1980年代後半には日本の製造業企業の東南アジアへの直接投資が急拡大し、軽工業を中心に、日本の中間投入財を輸入し、完成品を米国市場に輸出する貿易構造が形成される。このようにして、1990年代までに第3節でみたような貿易の構図が定着してくる。

　この間、1980年代末の冷戦の終結を挟んで、東南アジアではASEANの求心力が強まってくる。ASEAN各国は1992年にASEAN自由貿易地域（AFTA）の形成に合意するなど経済統合をめざす取り組みをはじめ、これを足場にアジア経済グループ構想（EAEG）など東アジア地域の広い連携を呼びかけはじめる。こうした動きは、日本にとっては、冷戦期に確立した米国との協調のもとでアジア各国と向き合うという基本的立場の再考を迫るものとなった。1989年には、米国の強い関与のもとでアジア太平洋経済協力（APEC）が形成されているが、その中核の1つであるASEANが経済的なプレゼンスを増しつつ自律的な動きを強め、日本は米国との協調を基軸としつつ、ASEAN全体を相手とする協力関係を構築するようになる。このような動きは、1997年にASEAN首脳会談の招待ではじまったASEAN＋3の枠組みや日アセアン包括的経済連携の動きとして、2000年代に本格化する。

　この時期には日本の東アジアとの政治経済関係にインドシナ諸国が登場してくる。1977年の福田ドクトリンではベトナム和平への積極的な関与を表明したが、その後、カンボジア和平と復興のために組織された国連カンボジア暫定統治機構（UNTAC）に対し、自衛隊の派遣も含めた全面的な支援を行うなど、インドシナの復興に積極的に関与するようになってきている。

（4）　2000年代以降——資本・生産関係のさらなる深化へ

　2000年代以降の大きな構造変動は、以上のような戦後の日本と東アジアとの関係の変遷の延長上に位置するものである。生産＝貿易関係においても、資本関係においても、もはや東アジアは日本を中心とした流れから、日本と中国を

軸とした双方向の流れに変容しつつある。生産・貿易関係については，従来の日本を中心とする垂直的な関係から，技術レベルに応じてあらゆる国で最終財，中間投入財を生産する形に構図が変化し域内で複雑なサプライチェーンが形成されている。金融資本面でも，貯蓄超過を誇った日本からの資本流入という形から，あらゆる方向への投資関係に変化している。

　このような変化に対応する形で日本は多国間の形での東アジアの協力関係構築に努めている。実物経済の生産・貿易関係では，日本，中国，東アジア間で複雑に繋がるサプライチェーンを維持し効率化するため，域内インフラの拡充や通関業務の統一などの環境整備が積極的に取り組まれている。

　他方で，この時期に入ると，多国間貿易協定であるWTO交渉の停滞に対応して二国間での自由貿易協定（FTA），経済連携協定（EPA）の締結が模索されるようになる。東アジアでは早くからあったAFTAの枠組みに加えて，シンガポールとタイの主導のもとに各国間での連携協定が進められ，ASEAN全体に対して日本，中国，韓国が個別に連携を進める流れとなっている。東アジア内のこうした取り組みについては，日本は2002年にシンガポールとの協定が発効し，順次ASEAN全体に広がりを見せているものの，やや遅れが目立っている。

　また，FTA，EPAの動きには，東アジアの外からの働きかけもある。韓国は，2011年にEUとFTAを，また米国との間で2012年にFTAを発効させるなど，先進国との関係を強化していく方向にある。また，2010年に米国が参加を表明した環太平洋パートナーシップ（TPP）は，ラテンアメリカと東アジアの一部を含む包括的な協定をめざしており，2012年9月現在，日本も参加を検討中である。日本が参加すれば実質は日米間のFTAとなる可能性が高い。このような経済連携の枠組みは，今後，日本と東アジア，アメリカとの貿易・投資関係を規定する重要な要素となると見込まれる。

　1997年にはじまるアジア金融危機を契機として，金融面における協力関係もはじまっている。資本フローの管理を東アジア域内でコントロールすることを目的とするアジア金融協力（チェンマイ・イニシアティブ）がASEAN＋3の枠組みの中で取り組みはじめられている。また，最近の日本の東アジアへの協力関係では，インドシナ開発に対するリーダーシップがある。アジア開発銀行と協調しながら，大メコン圏（GMS）経済協力として道路インフラの整備などに取

り組むようになっている。

このように，2000年代に入り日本は，韓国・ASEANなどを経済発展，経済協力のパートナーとして対東アジア関係を構築するように変化してきている。

5 関係の深化をめざして

東アジアは，人口規模，経済水準，経済規模のどの側面でも著しい多様性に富む地域である。この中で，日本は戦前期から2000年頃まで，一国の経済で他のすべての国の合計を圧倒するほどの経済規模と，群を抜いて豊かな経済水準を誇ってきた。しかし，この10年でそうした時代は終わりを告げている。それは1つには人口規模で他を圧倒する中国が高度成長を遂げつつあるからであり，もう1つには韓国など，いくつかの国が日本と並ぶほどまでに先進国化してきたことによる。そして他の国々も含んで，この地域全体の経済水準が平準化にむかって大きく動き出している。そうしたなかで，従来日本を中心に垂直的に秩序立てられていた生産・貿易の関係も，資本フローの関係も，双方向の形に急速に変化している。

しかし，戦後60年を振り返ってみると，実際のところ日本と東アジアの経済関係は常に変化にさらされてきた。それは1つには冷戦などの世界の政治経済環境に規定されて変動し，また1つにはこの地域の経済成長そのものによっても変容してきた。現在の状況は，日本が積極的に支援してきた産業構造変換の連鎖を基礎とする経済発展が，その日本が東アジアにおいて維持していた立場を自壊させつつある1つの段階として，理解されるべきであろう。これは，東アジア地域が世界に先立って貧困から脱し，国と国との経済格差の縮小が実現していることを意味しているのであり，おそらくは広い意味で日本自身がめざしてきたものと一致する，望ましい変化である。

この変化のなかで，今後10年あるいは20年の間に日本は東アジアの中でさらにどのような役割を果たし，そしてどのように共栄していけるか，それが現在のわれわれが考えなければならない課題である。

●参考文献――――――

波田野澄雄・佐藤晋（2007）『現代日本の東南アジア政策――1950-2005』早稲田大学出版部。

白石隆（2000）『海の帝国』中公新書。

大野健一・桜井宏二郎（1997）『東アジアの開発経済学』有斐閣アルマ。

原洋之介編（2001）『新版　アジア経済論』NTT出版。

末廣昭（2000）『キャッチアップ型工業化論――アジア経済の軌跡と展望』名古屋大学出版会。

（三重野文晴）

第6章
インドと日本

　2011年8月1日に日本とインドの包括的経済連携協定（CEPA）が発効した。日印CEPAは，両国間の経済協力と経済連携を強化するため，財・サービスの貿易自由化のみならず投資の円滑化をも促進し，人の移動や知的財産保護などもカバーする地域貿易協定である。両国にとって，経済規模が最大の国どうしの協定となっている。また，2012年には，日印平和条約が60周年を迎える。日印平和条約は，1952年のサンフランシスコ講和条約成立後，日本が国際社会に復帰した直後に締結・発効した二国間条約である。この条約をもって，日印は外交関係を樹立した。したがって，2011年と2012年は，日印経済関係にとって重要な節目の年といえよう。本章は，日印経済の歴史的背景として日本の幕末開港から1991年のインドの経済自由化までの日印経済関係を簡単に解説した後，近年の日印経済の特徴を国際貿易（モノ）・資本移動（カネ）・労働移動（ヒト）の3つの角度から把握したい。

1　日印経済の歴史的背景

（1）　戦前の日印経済関係

　インド発祥の仏教が朝鮮半島を経由して日本に入ったのが，6世紀のことである。史実として，日本を訪問した初めてのインド人は南インド出身の菩提僊那（ぼだいせんな）であるといわれている。菩提僊那は，中国での滞在中に招聘され，752年の東大寺の大仏開眼に際して導師を勤めた。また，日本で親しまれている帝釈天・弁才天・毘沙門天・鬼子母神・龍神は，ヒンドゥー教の神である。仏教などの宗教を介して，インドと日本は1400年もの長い交流の歴史を持っているが，本格的な経済交流は日本の幕末開港と明治維新を待たなければならない（山崎・高橋 1993：第1章；前田 2008）。

　開港後の日本では，イギリス綿製品が国内市場に流入し，日本の在来綿業は

大打撃を受けた。このようななか，日本の綿織物業は安価で高品質のインド綿糸を利用することを始めた。1877年には，日本の綿糸消費量でインド綿糸が第1位になっている。同年の日本の輸入総額に占める英領インドの割合は12％に達し，日本はインドに対して大幅な入超を記録した。日本のインドへの輸出額が30万ルピーに対して，日本のインドからの輸入は実に712万ルピーであった（山崎・高橋 1993：44-45）。

1883年，綿糸の本格的な輸入代替を目論む大阪紡績が設立された。大阪紡績の綿糸はインド綿糸に劣らない品質を実現し，生産規模も拡張し大成功を収める。その後，大規模な紡績会社が次々と設立される。1891年には国産綿糸の生産が輸入量を上回り，1897年には国産綿糸の輸出が輸入を超え，綿糸の自給化が実現された。インド綿糸は1890年をピークにして輸入が減少していき，国産綿糸に完全に代替されていった。また，1901年には綿布の輸出が輸入を上回り，日本は綿製品の完全自給化を達成した（山崎・高橋 1993：47-48）。

この日本綿業の輸入代替化のなか，綿糸の輸入にかわって，インド綿花が輸入されるようになる。1889年にインド綿花の最初の直輸入が行われ，1892年にはインド綿花は大手紡績会社の原綿消費量の半分を占め，中国綿を追い越した（山崎・高橋 1993：49）。

1893年にボンベイ航路が開設され，香港や上海を経由せずに直接に日印間貿易が可能になった。これによって，神戸や横浜には多数のインド商館が建築され，インド商人の往来も頻繁になった。明治時代の末になると，日印貿易は日本の貿易総額の約10％，輸入に至っては全体の15％にも達してイギリス，アメリカに次いで第3位となった。輸入品目では綿花が約80％を占めている。輸出品目は綿製品や絹織物などの繊維品が約半分を占めていた。しかし，日本側の著しい入超であり，輸出は輸入の5分の1以下に過ぎなかった。日本は，インド綿花を大量に輸入していた（山崎・高橋 1993：53-54）。

1894年以降，インド綿糸は日本市場から姿を消すのであるが，中国市場では依然として第一次世界大戦まで第1位であった。この間，日本綿糸はインド綿糸と激しく競争し，第一次世界大戦中に中国市場を席巻するに至った（山崎・高橋 1993：54-55）。

すなわち，換言すれば，幕末開港から第一次世界大戦までの日本綿業は，インド綿業に対するキャッチアップを通じて，インド綿花を主たる原料としなが

第6章 インドと日本

ら輸入代替を進め国際的な競争力を築き上げることに成功した。さらに，第一次世界大戦の勃発後，イギリスがインド市場から後退すると，日本の綿製品が急速にインド市場に拡大していった。1935-36年には，インド市場において，日本はイギリスを抜いて綿布輸出国の第1位になる（山崎・高橋 1993：107；松井 1960：第1章，第4章）。

ボンベイの綿業資本家からの保護主義的圧力とインド政庁自身の歳入増加の必要もあり，インド政庁は1930年4月にインド綿業保護法を施行し，日本綿製品の関税率を大幅に高めた。しかし，1931年12月には，日本が金本位を停止し大幅な為替レートの切り下げを行ったため，日本綿製品の流入が続いた。1933年には，イギリス政府は，イギリス品以外の綿布関税率を禁止的水準にまで引き上げた。日本側はこれに対して，インド綿花不買決議を採択してイギリス政府とインド政庁に対抗した。インド綿花は当時の生産高の約25％が日本向けであったことから，インド側に大きな衝撃を与えることになった。こうした日印綿業の対立に対応するために，1933年から「日印会商」という協議を通じて管理貿易制度が模索され，翌年から実施されることになる。内容は，第1にインドは綿布に対する禁止的関税を撤廃すること，第2に日本の綿布輸出に上限を設けること，第3に日本はインドからの綿花輸入に下限を設けること，である。こうした管理貿易制度は，第1次会商から1939年から交渉が開始された第3次会商まで継続されることになったが，第二次世界大戦勃発のため，第3次会商は中絶してしまった。そして，1941年7月，在印日本人資産凍結令が発令され，戦前の日印経済関係は終焉を迎えた（山崎・高橋 1993：109-111）。

(2) 戦後の日印経済関係

日印経済関係は，1941年から第二次世界大戦終了まで断絶の時代を迎える。1945年8月15日に日本は終戦を迎え，その2年後の1947年8月15日にインドはイギリスから政治的な独立を達成する。独立した国家としての道を歩むことになったインドとは対照的に，日本は1952年のサンフランシスコ講和条約成立まで連合国軍によって占領されていた。

日印貿易の再開後から日本の高度成長が開始されるまでの期間においては，戦前と同様に，日本が綿花をインドから輸入して，繊維製品をインドに輸出していた。これに対して，日本が高度成長を開始する1950年代半ば以降，日本が

鉄鉱石をインドから輸入し，産業機械・金属製品などをインドへ輸出するようになっていった（山崎・高橋 1993：186）。

インドからの鉄鉱石輸入は，開発輸入方式がとられた。1951年に当時ポルトガル領ゴアにおける鉄鉱山業者に対して日本輸出入銀行からの初めての投融資が行われ，鉄鉱石の開発輸入が開始された。また，1958年にはオリッサ州のキリブル鉄鉱山，1960年にはマディア・プラデーシュ州のバイラディラ鉄鉱山の開発に対して，日本側が融資を提供し，その見返りとして鉄鉱石を日本に供給する協定が日印間で締結された。その際，円借款が初めて供与された。これが，日本による政府開発援助（ODA）の第一号案件だった。こうした開発輸入方式によって，日本鉄鋼業の原料問題の解決が図られた。1960年代半ばでは，インドは日本の鉄鉱石輸入先として第1位であった（山崎・高橋 1993：191-96；田中 1994；山内 1997：第2章）。

さて，1960年代後半に，インドは，インフレや国際収支などの面で深刻な経済危機を迎える。インドは，当初この危機を米国や世界銀行の支援のもとで，経済自由化で乗り切ろうとしたが，当時の国内外の複雑な政治状況下で，予定されていた経済援助をえることができなかった。インドは，この危機を経済規制の強化で乗り切らざるをえなくなった。銀行国有化・独禁法の制定・産業許認可制度の強化・外資出資比率を上限40％に設定する外国為替規制，などの強力な経済規制を実施するのである。内向きの経済開発戦略を採用してしまい，インドはこのあと1991年の経済自由化を実施するまで，世界的な技術革新の波に完全に取り残されることになる（佐藤 2011a）。これに対して，日本は高度成長を持続させ，2度にわたる石油ショックも乗り切り，経済大国化の道を歩む。欧米にキャッチアップする段階から，世界的な技術革新を主導する経済先進国になったのである。

日本による政府開発援助も，1960年代後半のインドの経済危機以降，プラント輸出と結び付くようなプロジェクトベースの援助が完全に後退した。日本の援助は，国際収支に対する緊急支援的な性格をもつようになり，ノン・プロジェクトの商品援助や債務繰り延べ援助などの比重が高まった。また，金額も大幅に減額された。1960年代後半以降，日本は，インドから東南アジアに対する経済援助を積極化させていく（山崎・高橋 1993：199-200）。

日本の鉄鉱石輸入も，その後，1960年代後半からオーストラリアやブラジル

からの輸入が増え，インドからの鉄鉱石の輸入シェアは減少するようになる。インドが内向きの開発戦略をとり経済停滞からなかなか抜け出せないなか，日本が経済大国化していくという構図のもと，日印経済関係はとりわけ日本にとっては希薄化していく。日本にとって，インドは貿易相手国としては1960年代の10位から1970年代以降30位以下にまで転落し，貿易総額のシェアでみてわずか1％にまで減少する。これに対して，インドにとって，日本は1970年代以降，輸出で第3位，輸入で第2位となっている。インドの輸出総額に占める日本の比率は1950年代から1970年代にまで倍増し，10％台になっている（山崎・高橋 1993：193, 213-214）。

　こうした停滞基調にあり非対称的な日印経済関係に新しい兆しがみえ始めたのは，1980年代に入ってからである。その重要な契機となったのは，1981年にインド政府が国際通貨基金（IMF）から50億SDRの融資を受けて，経済規制の弾力的な運営と部分的な貿易自由化を実行したことである。1980年代の日印経済関係として，特記すべきことは，第1に日本のインドに対する政府開発援助の強化，第2に国営のマルチ社と鈴木自動車工業との合弁で設立されたマルチ・ウドヨグ社の成功である。

　第1のODAについては，1970年代までのノン・プロジェクトの商品援助や債務繰り延べ援助からインフラストラクチャー整備のためのプロジェクト援助が中心になり，円借款の規模も1970年代の300億円から1980年代には500億円，さらには1990年には1000億円水準にまで増加した。こうしたODAの質と規模の変化にあたっては，1984年に首相としては23年ぶりに中曽根康弘首相が訪印し，翌年にはラジーブ・ガンディー首相が訪日したことが重要な契機になった。当時のODAのプロジェクトは，地域的にも多様であり，発電・港湾整備・製鉄・鉱山開発・肥料・繊維・ガスパイプライン整備・植林・観光基盤整備・医療・ワクチンなどの多分野にわたっている（山崎・高橋 1993：218-222）。

　第2のマルチ・ウドヨグ社であるが，1982年合弁契約が締結され，翌年から自動車生産を開始した。それまで，プレミア・オートモービルズの「パドミニ」とヒンドゥスタン・モーターズの「アンバサダー」という旧式の乗用車しか存在しないなか，低価格・高品質で燃費効率に優れた小型乗用車である「マルチ800」（鈴木自動車のアルトがベース）はインド国民から絶大な支持を受けた。マルチ・ウドヨグ社の乗用車の市場占有率は80％を上回るほどになった。さら

に，マルチ・ウドヨグ社は，ユニフォームの着用・単一の食堂・大部屋の導入・各自による掃除・QCサークル・現場からの改善提案制度・生産インセンティブ・単一労組・皆勤奨励制度・時間厳守などの「日本的経営」をもちこんだことや，工場が立地しているデリー＝グルガオン地域に多くの自動車部品メーカーを育成したという点で，インドの製造業の歴史上，画期的な役割を果たした（鈴木 2008；バルガバ 2006；チャタージー 1993；石上・佐藤 2011：第8章；佐藤・馬場・大墨 2011）。

1980年代の日印貿易の品目構成で特記すべきことは，インドの日本への輸出品目として伝統的な鉄鉱石に加えて，ダイヤモンドとえびが上位3品目になったことである。インドは小粒ダイヤモンドの原石を海外から輸入して，それに加工・研磨を施して輸出するというかたちで1970年代からダイヤモンド加工業が急成長をした。また，えびは，日本のインスタントラーメン用に輸出されるようになった（山崎・高橋 1993：214-217）。鉄鉱石・ダイヤモンド・えびという相互に脈絡のない品目が上位3品目になっていることは，日印経済関係の基盤の脆弱性を浮き彫りにしている。

さて，1980年代にインドは年率でみて平均5.6％もの高い経済成長を実現した。しかしながら，この高い成長は財政赤字の拡大・高率のインフレ・経常収支赤字の悪化をともなうものであった。対外債務残高も急激に増加し，1990年当時，ブラジルやメキシコに次いで発展途上国としては世界第3位の債務国にまで転落してしまう。債務返済の負担を表すデットサービス比率は危機的水準を上回る30％を超えた。マクロ不均衡をともなう高度成長が頓挫する契機になったのが，1990年のイラクのクウェート侵攻に端を発する湾岸戦争であった（佐藤 2002：序章）。

湾岸戦争の影響で原油価格が急騰し，原油を輸入しているインドは多大な国際収支負担を強いられた。インドは，1991年初頭には外貨準備が払底し，デフォルト（債務不履行）一歩手前までの危機的な状況に追い詰められた。インドはこの国際収支危機を，日本からの緊急経済支援や国際通貨基金・世界銀行の構造調整融資によって乗り切り，1991年7月から大胆な経済自由化を推進し，経済のグローバル化を志向するようになった（この時期の日本の緊急経済支援については本章のコラムを参照されたい）。

以下の節では，近年の日印経済関係をモノ・カネ・ヒトの3つの角度から解

第6章　インドと日本

表6-1　日印貿易の推移　　　　　（億米ドル）

年度	日本からみた日印貿易				インドからみた日印貿易			
	輸出	輸入	貿易収支	輸出結合度	輸出	輸入	貿易収支	輸出結合度
1991	15.2	21.9	-6.7	0.9	16.5	13.6	2.9	1.4
1992	14.9	20.4	-5.6	0.7	16.0	15.9	0.2	1.3
1993	15.2	22.8	-7.6	0.7	17.4	15.1	2.3	1.2
1994	20.4	26.7	-6.2	0.8	20.3	20.4	-0.1	1.2
1995	25.4	29.2	-3.9	0.8	22.1	24.6	-2.5	1.0
1996	24.3	28.4	-4.1	0.8	20.1	21.9	-1.8	0.9
1997	22.1	26.6	-4.5	0.8	18.9	21.4	-2.5	0.9
1998	24.1	21.8	2.3	0.9	16.5	24.7	-8.2	1.0
1999	24.2	22.5	1.7	0.7	16.9	25.5	-8.6	0.8
2000	24.9	26.4	-1.5	0.7	18.3	22.2	-3.9	0.7
2001	19.2	22.2	-2.9	0.7	15.5	17.9	-2.3	0.6
2002	18.7	20.9	-2.2	0.6	17.9	21.4	-3.5	0.8
2003	23.9	21.8	2.1	0.7	17.1	23.3	-6.2	0.7
2004	30.4	26.1	4.3	0.6	18.5	29.6	-11.1	0.6
2005	35.2	31.9	3.3	0.5	24.5	36.8	-12.3	0.6
2006	44.3	40.5	3.8	0.6	28.0	47.3	-19.3	0.6
2007	61.4	41.7	19.7	0.7	32.6	57.9	-25.2	0.6
2008	79.0	52.6	26.4	0.4	36.2	77.8	-41.6	0.3
2009	63.4	37.3	26.1	0.7	32.2	66.8	-34.7	0.5

（出所）United Nation, *United Nations Commodity Trade Statistics Database*, do., *2010 International Trade Statistics Yearbook*, and International Monetary Fund, *International Financial Statistics*.

説することにしたい。

2　国際貿易からみた日印経済関係

　本節では，インドと日本の間のモノの移動すなわち貿易に焦点を合わせたい。**表6-1**は，1991年からの日印貿易の推移を示している。同表における貿易統計数値の食い違いは，FOBやCIFの表示の違いにもよるが，両国の税関統計そのものの違いにも起因していることをあらかじめ指摘しておく。表6-1によれば，日本側では2000年前後から，インド側では1990年代初頭から，日本側の出超になっている。長らく，日印貿易は日本側の入超であったのが，1990年代を通じて日本側の出超になったわけである。さらに，2007年以降，出超幅がかなり拡大していることがわかる。また，貿易そのものの規模はどうであろうか。表6-1からは，貿易規模は2003年から大きくなっていることが読み取れる。

二国間の貿易の緊密度を測る指標として，輸出結合度（Bilateral Export Intensity Index）がある。定義は，（j国のi国への輸出／j国の総輸出）を分子にとり，（世界のi国への輸出（すなわちi国の総輸入）／世界の総輸出）を分母にとったものである。当然，iとjを入れ替えることができるので，輸出結合度は2種類計算することができる。輸出結合度が1を上回っていれば，二国間の貿易は他国との貿易よりも緊密であり，1を下回っていれば希薄である。表6-1によれば，日本からみた輸出結合度は一貫して1を下回っていたことや1991年から傾向的に低下していることなどがわかる。インドからみた輸出結合度は1991年の1.4という高い水準から大きく減少し，近年では日本の輸出結合度よりも低い水準にまで急減している。2003年から日本とインドの貿易総額自体は急激に拡大していることを先に確認したが，そのことは必ずしも日印経済関係が他国と比較してとりたてて緊密化したことを意味するものではないことが理解できる。

　こうした日印経済関係の希薄化を東アジアのなかで再確認してみたい。インドと東アジアとの間の貿易マトリックスを分析した佐藤（2011b）によれば，インドの総輸入額に占める東アジアのシェアが1980年の13％から2009年の30％にまで上昇している。とりわけ，中国のシェアが1980年の1％から2009年の13％と急激に上昇している。これに対して，日本のシェアは6％から3％にまで減少している。また，東アジア全体の総輸入額に占めるインドのシェアは微増している（1980年の1％から2009年の1.5％）。インドの総輸出に占める東アジアのシェアも増加しているが（1980年の20％から2009年の24％），急激な上昇を示しているのが中国のシェアである。1980年にはゼロであったのが，2009年にはインドの総輸出の8％を占めるに至っている。これに対して，日本のシェアは激減している（1980年の13％から2009年の2％）。また，東アジア全体の総輸出額に占めるインドのシェアは微増している（1980年の1％から2009年の2％）。

　すなわち，このことは，インドと東アジア（ただし，日本を除く）との貿易依存関係が近年飛躍的に緊密化しつつあることを指し示している。今のところ，成長著しい東アジア経済におけるインド経済のポジション自体は必ずしも大きなものではないが，以上の検討を通じて，インド経済が東アジア経済へ接近していることを確認できるだろう。

　こうしたインドの東アジアへの接近の背景の1つには，インド政府による

表6-2　日本のインドへの輸出　　　　（億円）

品目名		2008年	2009年	2010年	構成比（％）
食料品，動植物生産品		3	3	3	0.0
原料品		118	123	170	2.1
鉱物性燃料		613	136	160	2.0
工業製品	化学品	756	693	830	10.5
	機械機器	4,840	3,308	4,568	57.7
	繊維製品	71	69	76	1.0
	金属品	1,237	1,052	1,428	18.0
	非金属鉱物製品	64	54	66	0.8
	その他の原料別製品	104	105	164	2.1
	雑製品	194	154	133	1.7
	小　計	7,266	5,435	7,266	91.8
特殊取扱品		186	217	319	4.0

（出所）　ジェトロ「日本貿易統計データベース」。

1991年からの東アジア重視政策すなわちルック・イースト政策（Look East Policy）がある。当時，インドは，深刻な国際収支危機に直面しており，IMFと世界銀行主導の経済改革を実施していた。同年には，インドが外交的にも経済的にも緊密な関係を維持してきた旧ソ連が崩壊し，冷戦体制が終焉を迎えた。また，1990年のイラクのクウェート侵攻に端を発する1991年の湾岸戦争も，インド人による中東石油産出諸国への出稼ぎをはじめとして中東諸国と経済関係が緊密であったインドに多大な悪影響を与えた。こうした状況下で採用されたのが，経済成長著しい東アジアとの外交および経済関係強化を図るルック・イースト政策であった（佐藤 2011b）。

　貿易からみた日印経済関係で特記すべきことは，インドがルック・イースト政策を採用した後，逆説的にも，日印貿易は相対的には希薄化していることである。

　つぎに，日印貿易の品目構成を順次見ていくことにしたい。**表6-2**は，日本のインドへの輸出構成品目をみたものである。これによれば，輸出の90％以上が工業製品であり，なかでも，機械機器が60％弱，化学品が10％強の輸出シェアとなっている。

　表6-3は，日本のインドからの輸入構成品目をみたものである。これによれば，鉱物性燃料が36％，工業製品が29％，原料品が20％となっている。インドは，2001年以降，石油関連製品の輸出を急増させている。これは，公的および民間部門の石油化学企業が精油所の生産能力を大幅に拡張し，中東湾岸諸国

表6-3 日本のインドからの輸入　　　　　　　　（億円）

品目名		2008年	2009年	2010年	構成比（％）
食料品，動植物生産品	魚介類	312	235	305	6.1
	その他の動植物生産品	473	254	322	6.4
	小計	938	587	739	14.8
原料品	金属原料	1,225	592	827	16.6
	小計	1,423	755	996	20.0
鉱物性燃料		1,274	856	1,786	35.8
工業製品	化学品	457	343	436	8.7
	機械機器	380	198	213	4.3
	繊維製品	366	290	307	6.2
	金属品	130	39	63	1.3
	非金属鉱物製品	330	263	293	5.9
	その他の原料別製品	20	17	22	0.4
	雑製品	94	98	116	2.3
	小計	1,777	1,246	1,450	29.1
特殊取扱品		31	33	18	0.4

（出所）ジェトロ「日本貿易統計データベース」。

から原油を輸入し精油所で石油製品を生産しそれを大規模に輸出していることを反映している。2000年時点においては石油関連製品の輸出はほとんど無視できる水準であったのが，現在では輸出の最主力品目になっている（佐藤 2009：第7章；石上・佐藤 2011：第4章）。工業製品では，化学品，繊維製品，非金属鉱物製品（具体的には小粒ダイヤモンド）のシェアが相対的に高い。また，原料品は鉄鉱石が，食料品，動植物生産品では大豆油かすとえびが代表的である。

　表6-4は，HS6桁コードでみた日本のインドへの輸出上位15品目を取り上げたものである。5位の石油・歴青油を除くと，機械機器が圧倒的である。とりわけ，自動車部品が上位に来ているのがわかる。インドでは，日系のマルチ・スズキ（旧マルチ・ウドヨグ，現在，スズキの完全子会社）が乗用車市場においてマーケットシェアのほぼ半分程度を占めており，年間100万台以上をインド国内で生産している。乗用車と商用車合わせると，インド全体で合計300万台もの生産がなされている。自動車部品が上位に来ているのは，こうしたインド自動車産業の活況と日系自動車メーカーの活躍を反映しているといえよう。

　表6-5は，HS6桁コードでみた日本のインドからの輸入上位15品目を取り上げたものである。先にも確認したように，石油・歴青油が36％のシェアを占めていて圧倒的な存在感を示している。2位が鉄鉱である。3位の大豆油かすの日本国内での用途は，飼料・肥料・醬油原材料などである。伝統的な主力輸

第6章　インドと日本

表6-4　日本のインドへの輸出上位15品目　（HS6桁コード，億円）

順位	HSコード	品目名	2008年	2009年	2010年	構成比（％）
1	0	再輸出品	186	217	319	4.0
2	870840	ギヤボックス及びその部分品	113	121	164	2.1
3	845710	マシニングセンター	153	56	132	1.7
4	840991	その他のガソリンエンジンの部品	81	84	124	1.6
5	271019	石油・歴青油（除く軽質油・その調整品及び原油）	537	39	118	1.5
6	722511	方向性けい素電気鋼ロール幅600mm以上	80	112	102	1.3
7	870899	その他の自動車用部品	126	80	99	1.2
8	853710	電気制御・配電用の盤等（1000V以下）	77	43	97	1.2
9	840690	蒸気タービンの部品	15	23	91	1.2
10	721049	亜鉛めっき鉄幅600mm以上（除く波形・電気めっき）	81	69	88	1.1
11	841480	その他の気体圧縮機・気体ポンプ	61	6	88	1.1
12	847989	その他の機械（固有の機能を有するもの）	149	57	84	1.1
13	844540	糸巻機，かせ機	81	20	76	1.0
14	850300	電動機・発動機の部品	14	16	75	0.9
15	731815	鉄鋼製ねじ・ボルト	35	48	75	0.9

（出所）　ジェトロ「日本貿易統計データベース」。

出品であった小粒ダイヤモンドが4位，えびが5位，アパレル製品が10位に入っている。その他の上位品目としては，鉱物が多い。また，15位のスルトンは化学品の一種である。

　さて，1991年以降，インドが経済のグローバル化を進めながら高度成長を実現しているのにもかかわらず，国際貿易からみると日印経済関係は停滞的である。こうした状況を打ち破る可能性をもっているのが，日本とインドの包括的経済連携協定（CEPA）である。CEPAは，両国間の経済協力と経済連携を強化するため，財・サービスの貿易自由化のみならず投資の円滑化をも促進し，人の移動や知的財産保護などもカバーする地域貿易協定である。2004年11月に，CEPAを協議する合同研究会設立について合意がなされた。2007年1月以降，14回にわたって正式交渉がなされた。懸案となっていた製薬分野で歩み寄りが見られ，2010年10月25日，菅直人首相とマンモハン・シン首相はCEPA交渉が完了したことに合意した。CEPAは，2011年2月16日に前原誠司外務大臣とアーナンド・シャルマ商工大臣が署名，6月30日に公文交換がなされ，同年8

表6-5 日本のインドからの輸入上位15品目 (HS6桁コード, 億円)

順位	HSコード	品目名	2008年	2009年	2010年	構成比 (％)
1	271011	石油・歴青油（軽質油及びその調製品，除く原油）	1,252	844	1,772	35.5
2	260111	鉄鉱（含む精鉱，除く焼いた硫化鉄鉱，凝結させてないもの）	577	424	453	9.1
3	230400	大豆油かす	452	245	299	6.0
4	710239	工業用以外の加工したダイヤモンド	305	243	273	5.5
5	30613	シュリンプ・プローン（冷凍したもの）	204	182	232	4.6
6	720230	フェロシリコンマンガン	60	39	146	2.9
7	720241	フェロクロム（炭素含有量4％超）	211	41	130	2.6
8	30499	フィレ以外のその他の魚肉（冷凍のもの）	89	40	56	1.1
9	250100	塩（含む食卓塩・変性させた塩）	30	43	45	0.9
10	620630	女子用のブラウス・シャツ（綿製）	39	36	36	0.7
11	261400	チタン鉱（含む精鉱）	36	26	34	0.7
12	80132	カシューナット（殻無しのもの，生鮮・乾燥のもの）	36	29	33	0.7
13	711620	天然・合成・再生の貴石・半貴石の製品	9	27	32	0.6
14	760110	アルミニウムの塊	41	9	32	0.6
15	293499	スルトン，スルタムなど	31	22	29	0.6

(出所) ジェトロ「日本貿易統計データベース」。

月1日から発効された。両国にとって，これまで締結に合意した地域貿易協定のなかでは，相手国の経済規模が最大である。2006年の貿易実績で測って，インドからの輸入総額の97％，インドへの輸出総額の90％，両国間の貿易総額の94％に対して，関税引き下げとその撤廃がなされる。日本側では，貿易品目数でみて，全9042品目のうち，関税を即時撤廃するものが7143品目，段階的に撤廃するものが708品目，関税撤廃の例外となるものが1191品目になる。インド側では，貿易品目でみて，全11290品目のうち，即時撤廃するものが2047品目，段階的に撤廃するものが7675品目，関税撤廃の例外となるものが1540品目になる（外務省 2011）。

インド側のコミットメントについて確認すると，自動車部品ギヤボックス（12.5％）の8年間で6.25％まで段階的引下げ，ディーゼルエンジン（12.5％）の6年間で5％まで段階的引下げ，マフラー（消音装置）（10％）の10年間で関税撤廃，鉄鋼製品熱延・冷延鋼板（5％）5年間で関税撤廃，合金鋼（5％）の5年間で関税撤廃，亜鉛めっき鋼板（5％）の5年間で関税撤廃，電気電子

製品リチウムイオン電池（10％）の10年間で関税撤廃，DVDプレイヤー（10％）の10年間で関税撤廃，ビデオカメラ（10％）の10年間で関税撤廃，一般機械ブルドーザー（7.5％）の10年間で関税撤廃，トラクター（10％）の10年間で関税撤廃となっている。日本側のコミットメントをみると，鉱工業製品についてはほぼ全ての品目につき即時関税撤廃，農林水産分野については農産品ドリアン（2.5％）とアスパラガス（3％）が即時関税撤廃，とうがらし（生鮮・冷蔵）（3％）とスイートコーン（生鮮・冷蔵）（6％）が7年間で関税撤廃，カレー（3.6％）と紅茶（3 kg超・飲用）（2.5％）が10年間で関税撤廃，林産品製材（3.6％）が即時関税撤廃，水産品えび（1-2％）が即時関税撤廃，冷凍たこ（5％）が7年間で関税撤廃，えび調製品（3.2-5.3％）とくらげ（7％）は10年間で関税撤廃となっている（外務省 2011b）。

2011年8月に発効したCEPAは，まだ始まったばかりである。今後どのような影響を日印経済関係にもたらすのであろうか。今後の展開に注目したい。

3　資本移動からみた日印経済関係

本節では，インドと日本の間のカネの移動すなわち資本移動を検討してみたい。とりわけ，日本からインドへの外国直接投資と政府開発援助（ODA）に焦点を合わせたい。**表6-6**は，日本からインドへの外国直接投資の推移をみたものである。従来，直接投資統計には国際収支統計ベースと届出ベースの2種類が存在していたが，2004年に後者が廃止された。しかしながら，国際収支統計ベースのものでは1996年以前の推移を把握することができないため，ここでは両統計を併記することにした。

表6-6をみると，1990年代なかばに金額や件数の両方で直接投資が増加したあと，1990年代末から2000年代前半に大きく落ち込む。その後，とりわけ2007年から急激に直接投資が増加する。2006年にはわずか5億米ドルだったのが2008年ピーク時点でその10倍以上の56億米ドルにまで増加している。リーマン・ショック後の2010年時点でみても，30億米ドル弱になっている。すなわち，最近年になって，日本からインドへの直接投資が著しく増加しているわけである。このことは，日本の直接投資全体のシェアでみてもあきらかである。2006年に1％だった水準がその後上昇して，2010年で5％にまで増加している。直

表6-6　日本からインドに対する外国直接投資　　　　（億米ドル）

年度	金額(国際収支，ネット，フロー)			金額(報告・届け出ベース)			件数(報告・届け出ベース)		
	インド	全世界	シェア(%)	インド	全世界	シェア(%)	インド	全世界	シェア(%)
1965-1990（累計）	—	—	—	1.9	3100.2	0.1	122	61874	0.2
1991	—	307.3	—	0.1	415.8	0.0	9	4564	0.2
1992	—	172.2	—	1.2	341.4	0.4	15	3741	0.4
1993	—	137.1	—	0.3	360.2	0.1	5	3488	0.1
1994	—	179.4	—	1.0	410.5	0.2	17	2478	0.7
1995	—	226.5	—	1.3	513.9	0.3	23	2863	0.8
1996	2.6	234.4	1.1	2.2	480.2	0.5	25	2501	1.0
1997	4.9	260.6	1.9	4.3	539.8	0.8	28	2495	1.1
1998	4.6	246.3	1.9	2.6	412.3	0.6	17	1637	1.0
1999	2.6	222.7	1.2	2.1	675.0	0.3	12	1744	0.7
2000	1.7	315.3	0.6	1.7	490.3	0.3	10	1717	0.6
2001	1.5	385.0	0.4	1.4	323.0	0.4	6	1786	0.3
2002	1.5	320.4	0.5	3.1	368.6	0.8	7	2164	0.3
2003	1.2	287.7	0.4	0.9	360.9	0.2	7	2411	0.3
2004	1.4	309.6	0.4	1.0	355.5	0.3	7	2733	0.3
2005	2.7	454.6	0.6	—	—	—	—	—	—
2006	5.1	501.6	1.0	—	—	—	—	—	—
2007	15.1	734.8	2.0	—	—	—	—	—	—
2008	55.5	1308.0	4.2	—	—	—	—	—	—
2009	36.6	746.5	4.9	—	—	—	—	—	—
2010	28.6	572.2	5.0	—	—	—	—	—	—

（注）報告・届け出ベースの統計は2004年に廃止された。また，この統計には投資の引上げが計上されていない。
（出所）ジェトロ「直接投資統計」。

接投資については，先に検討した貿易とは異なり，日印経済関係の緊密化を示している。

表6-7は，インド側の統計でみた直接投資上位10カ国を示している。モーリシャスが第1位であるのは，インドとの二国租税条約で税制上の優遇がなされており，多くの多国籍企業がモーリシャス経由でインドに投資を行っていることを反映している。日本は貿易面においてインドでは存在感がなかったが，直接投資では6位にランクされている（直接投資統計は実行額と承認額，さらにはその流入形態別で数値に異同があることに留意したい）。

表6-8は，日本の直接投資の産業別内訳である。40％が自動車であることがわかる。マーケットシェア第1位であるスズキを筆頭に本田技研工業・日産自動車・トヨタ自動車などの主要自動車メーカーがすでに進出しており，イン

第6章 インドと日本

表6-7 外国直接投資上位10各国 （株式フロー，億米ドル）

順位	国	2009年	2010年	2000年4月～2011年4月累計	シェア（%）
1	モーリシャス	104	70	552	41.6
2	シンガポール	24	17	131	9.8
3	アメリカ	19	12	95	7.2
4	イギリス	7	8	66	5.0
5	オランダ	9	12	57	4.3
6	日本	12	16	55	4.1
7	キプロス	16	9	50	3.8
8	ドイツ	6	2	31	2.3
9	フランス	3	7	25	1.9
10	アラブ首長国連邦	6	3	19	1.4
	合計	258	194	1328	100.0

（出所） Ministry of Commerce and Industry, *Fact Sheet on Foreign Direct Investment (FDI)*, 2011.

表6-8 日本の産業別直接投資（2000年4月～2011年1月累計） （億米ドル）

順位	産業部門	FDI株式インフロー	シェア（%）
1	自動車	13.6	40.4
2	サービス部門	7.3	21.7
3	電気機器	5.8	17.3
4	産業機械	3.6	10.8
5	商業	3.3	9.8
	合計	33.8	100.0

（出所） Ministry of Commerce and Industry, *FDI Synopsis on Country Japan*, 2011.

ド国内の乗用車市場で鎬を削っている。組立メーカーにあわせて，最近では部品メーカーの進出も増加している。こうした日系自動車企業によるインド国内生産の本格化が，日本のインドへの直接投資を牽引している。

表6-9は，外国技術移転の件数と国別シェアを示している。技術移転の面では，日本は，1991年からの累計で880件，シェアでみて11%となっており，米国，ドイツに次ぎ第3位である。

表6-10は，在インド日本大使館が独自に調査した2010年時点の進出日系企業リストを用いて，「企業名」と「職種」から自動車関連企業を特定化することによって整理したものである。2010年時点で日系企業は1236社進出しており，その20%弱が自動車関連企業である。また，その地域的分布をみると，自動車関連企業が多数集中しているところに日系企業も多数集中していることがわか

表6-9　外国技術移転（1991年8月～2009年12月累計）

順位	国	技術提携件数	シェア（％）
1	アメリカ	1,841	22.7
2	ドイツ	1,116	13.8
3	日本	880	10.9
4	英国	876	10.8
5	イタリア	489	6.0
6	その他	2,904	35.8
	合計	8,106	100.0

（出所）　Ministry of Commerce and Industry, *Fact Sheet on Foreign Direct Investment (FDI)*, 2010.

表6-10　インド進出日系企業の産業別・地域別分布

地域	州	自動車	全産業	シェア①（％）	シェア②（％）	シェア③（％）
北部	ウッタルカンド	5	8	62.5	2.0	0.6
	ウッタル・プラデーシ	16	50	32.0	6.5	4.0
	チャンディガール	1	2	50.0	0.4	0.2
	パンジャブ	1	2	50.0	0.4	0.2
	ハリヤナ	58	193	30.1	23.7	15.6
	デリー	15	135	11.1	6.1	10.9
	ラジャスタン	10	21	47.6	4.1	1.7
	マディア・プラデーシ	3	7	42.9	1.2	0.6
	小計	109	418	26.1	44.5	33.8
西部	グジャラート	4	29	13.8	1.6	2.3
	ダマン・ドゥー	0	4	0.0	0.0	0.3
	マハラシトラ	29	198	14.6	11.8	16.0
	ゴア	0	7	0.0	0.0	0.6
	小計	33	238	13.9	13.5	19.3
東部	ジャルカンド	2	10	20.0	0.8	0.8
	ビハール	1	5	20.0	0.4	0.4
	西ベンガル	7	67	10.4	2.9	5.4
	オリッサ	2	11	18.2	0.8	0.9
	小計	12	93	12.9	4.9	7.5
南部	アンドラ・プラデーシ	5	53	9.4	2.0	4.3
	タミル・ナード	45	240	18.8	18.4	19.4
	ポンディッシェリー	1	2	50.0	0.4	0.2
	カルナタカ	36	155	23.2	14.7	12.5
	ケララ	4	37	10.8	1.6	3.0
	小計	91	487	18.7	37.1	39.4
合計		245	1,236	19.8	100.0	100.0

（注1）　シェア①は全産業に対する自動車関連企業の割合，シェア②は自動車関連企業の地域的な割合，シェア③は全産業の地域的な割合を示している。
（注2）　自動車産業を特定化するにあたっては，「企業名」と「職種」から判断したが必ずしも完全に特定化できたわけではない。本表の数値は，自動車関連企業数を過少評価している可能性があることに留意されたい。
（出所）　在インド日本大使館（2010）『インド進出日系企業リスト』。

る。とりわけ，ハリヤナ州とデリーではスズキや本田技研工業が，カルナタカ州ではトヨタ自動車が，タミル・ナード州では日産自動車が生産拠点を持っていることを特記しておく。

　自動車以外では第一三共によるランバクシー・ラボラトリーズの買収，野村證券のインドにおけるリーマン・ブラザーズの買収，NTTドコモのタタ・テレサービシズへの資本参加，パナソニック電工のアンカー電機の買収，三井住友銀行のコタック・マヒンドラ銀行への資本参加，日立建機のテルコ・コンストラクション・エクイップメントの買収などが注目される大型投資案件である。

　以上，日本のインドへの直接投資をみてきたが，貿易とは状況が異なり，日本企業のインドでの経済活動がかなり活発になってきたことが理解できた。また，日印包括的経済連携協定（CEPA）における投資関係の取り決めについては，アンブレラ条項が明記されていることに注目したい。アンブレラ条項は，投資活動に関して政府が行った約束の遵守義務を課すものである。この条項の存在によって，政府が約束違反した場合，協定違反に基づく国際仲裁に訴えることが可能となる（外務省 2011b）。アンブレラ条項は，日本のインドへの直接投資をバックアップするものであり，日系企業のインドでの経済活動をより活発化させることが期待される。

　次に，日本の政府開発援助（ODA）を検討したい。**表6-11**は，最もよく引用もされ利用もされている交換公文ベースのODAの推移を示している。ここから，以下の諸点を指摘しておきたい。第1に，日本のインドに対するODAは有償資金協力である円借款に偏っている。第2に，例外的な期間を除けば毎年1000億ドル以上もの供与を行っている。また，2007年以降においては，援助額は2000億円を超える水準にまで達している。第3に，1998年5月に，インドが国際社会の強い抗議にもかかわらず核実験を強行すると，日本は新規の円借款と無償援助の停止を含む経済制裁を発動した。1998年から2001年にかけてODAが減少しているのは，日本によるインドに対する経済制裁が原因である。

　表6-12は，実績ベースでみたODAの推移である。表をみると，交換公文ベースとは異なる値になっていることがわかる。たとえば，2004年や2006年では政府貸付等がマイナスになっており，これはインドによる日本に対する円借款の返済が新規借款による援助受取額を上回っていることを反映している（後述）。また，2004年から2007年までODA供与額が減少しているが，これは1998

表 6-11　日本のODA（交換公文ベース）（億円）

年度	有償資金協力	無償資金協力	技術協力
1957-1990（累計）	11518.3	489.1	81.5
1991	1065.9	21.0	10.9
1992	1119.1	42.8	10.8
1993	1196.4	41.9	10.5
1994	1257.7	33.6	11.9
1995	1287.7	35.6	11.1
1996	1327.5	34.1	10.5
1997	1327.3	35.3	13.4
1998	115.4	4.0	10.2
1999	0.0	12.9	9.8
2000	189.3	18.3	9.0
2001	656.6	14.3	10.2
2002	1112.4	9.1	9.6
2003	1250.0	17.4	10.3
2004	1344.6	29.9	9.7
2005	1554.6	21.1	8.4
2006	1848.9	6.0	13.2
2007	2251.3	4.0	12.3
2008	2360.5	4.3	11.8
2009	2181.2	4.7	18.6

(注)　年度の区分は資金協力の場合は交換公文ベースにより，技術協力の場合は予算年度による。技術協力はJICAのみ。
(出所)　外務省（2010）『政府開発援助（ODA）国別データブック』。

年から2001年まで継続した経済制裁を反映している。経済制裁は実行中の案件ではなく新規案件を凍結したので，数年のラグを持ってODA供与額の減少に帰結している。しかしながら，交換公文ベースと同様，最近年の2008年と2009年になってからODA供与額が著しい増加を示していることがわかる。

　1957年に，日本が最初の円借款をインドに供与することを決定して以来，円借款が日本のODAの中心となっている（円借款の供与開始自体は翌年の1958年である）。日本がインドに対して経済制裁を行った例外的な期間を除けば，交換公文ベースでみる限り，1986年から現在にいたるまで，インドにとって日本は最大の援助供与国である。

　さて，1998年のインドによる核実験によって悪化した日印関係を修復するために，2000年8月，森喜朗首相がインドを訪問した。日本の首相としては1990年の海部俊樹首相の訪印以来10年ぶりとなった。森首相は，ヴァジパイ首相と

表6-12　日本のODA（実績ベース）　　　　　　　　（億円）

年度	無償資金協力 ①	技術協力 ②	贈与計 ③（①+②）	政府貸付等 ④	政府開発援助計 （③+④）
1969-1990 （累計）	246.4	83.0	329.4	1483.2	1812.5
1991	25.8	13.2	39.0	852.1	891.1
1992	23.9	16.6	40.6	384.6	425.2
1993	31.0	17.7	48.8	247.2	295.9
1994	34.6	23.6	58.2	828.3	886.5
1995	37.4	25.4	62.8	443.6	506.4
1996	35.2	21.8	57.0	522.3	579.3
1997	31.8	23.3	55.1	436.7	491.8
1998	23.1	20.5	43.6	461.3	505.0
1999	14.6	22.5	37.1	597.0	634.0
2000	3.5	21.4	24.9	343.3	368.2
2001	5.3	18.0	23.3	505.5	528.9
2002	3.2	16.2	19.3	474.3	493.6
2003	2.3	18.8	21.1	304.7	325.8
2004	7.7	19.6	27.3	-109.4	-82.1
2005	13.8	17.5	31.2	40.3	71.5
2006	13.2	19.6	37.2	-7.6	29.5
2007	7.5	22.5	31.8	68.1	99.9
2008	3.5	19.8	23.3	576.5	599.8
2009	4.5	28.0	32.5	484.5	517.0

（注）　技術協力はJICAのみならず日本全体の数値である。
（出所）　外務省「国際協力政府開発援助ODAホームページ──インド」。

「21世紀における日印グローバル・パートナーシップ」の構築に合意した。インドは，包括的核実験禁止条約（CTBT）発効まで核実験モラトリアムを継続し，核の先制使用はしないことを保証した。これを受けて，森首相は，「シマドリ石炭火力発電所建設計画」と「デリー高速輸送システム建設計画」の円借款案件2件について，追加資金を供与することを表明した。さらに，2001年10月30日に，特使として訪印した森前首相はヴァジパイ首相との会談を行った。森前首相は，インドが核実験モラトリアムを維持していることやCTBT早期署名に向けての取り組みを行っていることを評価し，1998年5月の核実験以降継続している制裁制裁を解除したことを表明した。これ以降，日印関係が再強化されることになる。2005年4月の小泉純一郎首相訪印以降は，毎年首脳が交互に相手国を訪問し，首脳会議を行っている。2006年12月のシン首相訪日，2007年8月の安倍晋三首相訪印，2008年10月のシン首相訪日，2009年12月の鳩山由

紀夫首相訪印，2010年10月のシン首相訪日，2011年12月には野田佳彦首相の訪印が実現した（外務省 2010；各種新聞報道）。

　こうした日印関係の再強化のなか，2006年5月，日本は「対インド国別援助計画」を策定した。同援助計画においては，①電力・運輸インフラ等の支援を通じた経済成長の促進，②保健・衛生問題，地方開発，上下水道支援，植林支援等を通じた貧困・環境問題の改善，③人材育成・人的交流の拡充のための支援，の3点を重点目標としている（外務省 2006）。

　2006年12月のシン首相訪日時の「日印戦略的グローバル・パートナーシップに向けた共同声明」と2007年8月の安部首相訪印時の「新次元における日印戦略的グローバル・パートナーシップのロードマップに関する共同声明」を特記しておきたい。共同声明は，「デリー・ムンバイ間産業大動脈構想」（DMIC）や「包括的経済連携協定」（CEPA）交渉の早期妥結を含む，具体的な日印経済関係の深化を内容とするものであった（外務省 2011）。

　そこで，近年の日本のインドへのODAで注目に値する事業である「デリー高速輸送システム建設計画」と「デリー・ムンバイ間産業大動脈構想」の2件を簡単に紹介したい。

　「デリー高速輸送システム建設計画」に基づく円借款によって事業化されたのが，デリーメトロである。デリーメトロは，デリー市内のみならず隣接州にあるグルガオン（ハリヤナ州）やノイダ（ウッタル・プラデーシ州）のような新興商工業都市を結ぶ高速旅客鉄道である。現在は，インドのハブ空港であるインディラ・ガンディー国際空港にまで路線が拡張されている。デリーメトロは，インド政府とデリー首都圏政府との合弁事業である。インド政府によって認可されているデリーメトロの総延長距離は187キロメートルとなっている。総工費は3292億ルピー（日本円で約6600億円）が計上されている（Government of India, *Economic Survey 2009-10*, table 10.21）。日本側の資料では，デリー高速輸送システム建設事業は，1997年から円借款が供与され，2010年までの累計額は3747億円にものぼっている（JICAのHPにある『円借款案件検索』より試算）。

　デリーメトロの本数は1日で2700本，150万人が利用している。初乗り運賃は8ルピーで最高運賃は30ルピーとなっている。現在，デリー市内でデリーメトロと競合関係にあるオートリクシャー（3輪車バイクのタクシー）の初乗り運賃が20ルピー程度である。駅数は135駅であり，単純に総距離187キロメートル

で駅数を割り算すればほぼ1キロメートル間隔で駅が立地している（Delhi Metro Rail Corporation Ltd. (DMRC) のHP資料）。

「デリー高速輸送システム建設計画」によるデリーメトロは，日本のインドへのODAのなかでも最も成功したものとして高く評価されている。デリー首都圏の市民の足として現在不可欠な存在になっているといえよう。

「デリー・ムンバイ間産業大動脈構想」（DMIC）は，デリーとムンバイの間に貨物専用鉄道を敷設しそれを産業物流の「背骨」に見立て，その周辺に，工業団地・物流基地・発電所・道路・港湾・住宅施設・商業施設などのインフラストラクチャーを民間投資主体で整備するという野心的な開発事業である。このDMICの「背骨」に当たるのが，インド貨物専用鉄道構想（DFC）である。DFCは，約1500kmの距離があるデリー・ムンバイ間に貨物コンテナ専用の鉄道新線を敷設し，大容量かつ高速の物流を可能とする事業である。DFCは，インドに対しては初めて本邦技術活用条件（STEP）の適用を受け，タイド（紐付き）円借款による支援がなされる。2008年の日印首脳会談では，DFCの第1フェーズへの円借款供与額は約4500億円と概算された（経済産業省アジア大洋州課 2010）。

DMICを実現するために，インドは，大蔵大臣を筆頭に関係大臣から構成される運営委員会を設置し，DMICの推進主体であるデリー・ムンバイ間産業大動脈開発会社（DMICDC）を2008年1月に設立した。また，経済産業省とインド商工省との間でも，DMICに関する次官級会合も設置されている（経済産業省アジア大洋州課 2010）。

このDMICのもとで，現在，先行的に取り組むべき個別プロジェクトである「アーリーバード・プロジェクト」（Early Bird Project）が計画・実行されている。2010年6月時点では，日本側のプロジェクトは，①ラジャスタン州・ニムラナ工業団地共同エネルギーセンター構想（日立製作所，ニムラナ工業団地進出企業），②ラジャスタン州・ニムラナ総合物流ハブ構築プロジェクト（日本郵船），③ウッタル・プラデッシュ州・自由貿易倉庫地区プロジェクト（三井物産），④ハリヤナ州・自由貿易倉庫地区プロジェクト（三井物産），⑤マハラシュトラ州・ものづくり人材育成プロジェクト（テクノブレーン株式会社，ソニー，サイエンステクノロジーパーク・州公社），⑥グジャラート州・繊維製品・携帯電話リサイクルインフラ構築プロジェクト（日本環境設計株式会社），などの計6件があ

る。インド側では、21のプロジェクトが指定されている（経済産業省アジア大洋州課 2010）。

上記のように、大規模で総合的なインフラ開発を企図するDMICは、インドの経済発展に貢献するだけではなく、デリー・ムンバイを結ぶ地域における日系企業にとってもメリットがある。DMICに対する円借款供与総額は、単一事業に対する供与額としては過去最大規模になり、事業化が成功すれば雇用が7年で2倍、工業生産量が9年で3倍、輸出量が9年で4倍になると予想されている（経済産業省アジア大洋州課 2010）。

また、最近年になって、南インドへの自動車関連企業を始めとする日系企業の進出がめざましい。こうした背景のもと、日印間において「南部半島地域産業開発回廊」（PRIDE）という新しい野心的な構想が議論されている。これは、ムンバイとチェンナイ間の地域のインフラストラクチャーを整備し、さらにチェンナイとバンガロールを結ぶ高速道路の整備が計画されている。PRIDEは、DMICを南インドのインフラ開発に接合するものである（経済産業省 2010）。インド経済のインフラストラクチャーの向上を図るこうした野心的なDMICやPRIDEが、今後どのように進捗していくのか、その行方が注目される。

4 労働移動からみた日印経済関係

本節では、インドと日本の間のヒトの移動に焦点を合わせたい。日印の賃金には、著しい格差がある。たとえば、インドの未熟練建設労働者の1日の賃金は100ルピー程度である。農繁期のピーク時点をとってみても200ルピー程度である。日本円で換算すれば、わずか400円である。日本の最低賃金は都道府県で異なるが、時給600～800円程度である。インドの1日の賃金は日本の時給でみた最低賃金にも満たない。したがって、インド人労働者は、日本への労働移動に多大な関心をもっている。

表6-13は、日本人のインド入国者数とインド人の日本入国者数の推移をみたものである。その多くが観光や出張目的などの一時的滞在であるが、日本人のインドへの入国者数は1991年の5万人弱から2009年には12万人強にまで増加している（ピークは2007年の15万人弱）。絶対数でみると大きく増加しているが、全体の出国者総数に占めるインドの割合は1990年代後半からむしろ低下してい

第6章　インドと日本

表6-13　日本人のインド入国者数とインド人の日本入国者数（人）

年度	日本人の インド入国者数	シェア（％）	インド人の 日本入国者数	シェア（％）
1991	46,655	2.8	20,302	0.5
1992	—	—	21,353	0.5
1993	—	—	22,429	0.6
1994	—	—	22,969	0.6
1995	76,042	3.6	25,070	0.7
1996	99,018	4.3	28,346	0.7
1997	99,729	4.2	33,316	0.7
1998	89,565	3.8	34,819	0.8
1999	79,373	3.2	36,435	0.7
2000	98,159	3.7	39,845	0.8
2001	80,634	3.2	41,520	0.8
2002	59,709	2.5	45,693	0.8
2003	77,996	2.9	45,450	0.8
2004	96,851	2.8	52,379	0.8
2005	103,082	2.6	58,450	0.8
2006	119,292	2.7	63,766	0.8
2007	145,530	2.9	69,328	0.8
2008	145,350	2.8	69,543	0.8
2009	124,750	2.4	61,412	0.8
2010	—	—	72,227	0.8

（出所）法務省『出入国管理統計表』、Ministry of Tourism, *India Tourism Statistics*, various years, Central Statistical Organisation, *Statistical Abstract of India*, various years.

る。これに対して、インドの日本への入国者数は1991年の2万人強から2010年には7万人強にまで増加している。絶対数でみて3倍以上も増加している。全体の出国者総数に占める日本の割合は1％未満と極めて低いが、1991年の0.5％から1990年代後半以降に0.8％になりその後も安定した推移を示している。

　表6-14は、日本在留インド人数とインド在留日本人数の推移を示している。先の出国者数とは対照的に、在日インド人が在印日本人の数の7倍多いことがわかる。在印日本人は1996年の1500人強から2010年の4500人にまで増加しているのに対して、在日インド人は1991年の4000人強（1996年の6000人強）から2009年の2万3000人弱にまで増加している。在印日本人は最近5年間で倍増している背景には、第3節でも解説したように、日本からインドへの外国直接投資の活発化がある。とりわけ、自動車に直接あるいは間接的に関係する日系企業が多数進出しており、その駐在員とその家族がインドに居住することになった。

表6-14 日本在留インド人数とインド在留日本人数の推移

(人)

年度	日本在留のインド人			インド在留の日本人		
	永住者数	非永住者数	総数	永住者数	長期滞在者数	総数
1992	532	3,503	4,035	—	—	—
1993	—	—	4,642	—	—	—
1994	599	4,570	5,169	—	—	—
1995	624	4,884	5,508	—	—	—
1996	664	5,679	6,343	50	1,522	1,572
1997	733	6,745	7,478	53	1,788	1,841
1998	804	7,854	8,658	66	1,954	2,020
1999	910	8,157	9,067	94	1,956	2,050
2000	1,082	8,982	10,064	98	1,937	2,035
2001	1,208	10,511	11,719	106	1,853	1,959
2002	1,390	11,950	13,340	154	1,546	1,700
2003	1,528	12,706	14,234	148	1,791	1,939
2004	1,740	13,740	15,480	190	1,796	1,986
2005	1,916	15,072	16,988	152	1,982	2,134
2006	2,125	16,781	18,906	148	2,151	2,299
2007	2,361	18,228	20,589	156	2,663	2,819
2008	2,723	19,612	22,335	162	3,122	3,284
2009	3,127	19,731	22,858	168	3,850	4,018
2010	—	—	—	174	4,327	4,501

(出所) 統計局『国籍別,在留資格(永住・非永住)別外国人登録者数(昭和23年〜平成21年)』,法務省『登録外国人統計統計表』,外務省『海外在留邦人数統計』。

 それでは,在日インド人についてはどうであろうか。1980年代前半までは,在日インド人の40％以上が兵庫県に居住していた。とくに,1923年の関東大震災後,横浜のインド人が神戸に移動し,神戸が日本最大のインド人集住地であった。しかしかしながら,1980年代半ばから東京都のインド人が増加し,1990年に東京が兵庫を上回ることになる(澤・南埜 2009)。

 2010年の在日インド人の在留資格をみると,「技術」(15.6％),「企業内転勤」(7.2％),「技能」(15.4％),「家族滞在」(25.5％)が多いことがわかる(法務省『登録外国人統計統計表』)。「技術」,「企業内転勤」と「家族滞在」は,端的にいえば,インド人IT技術者とその家族を意味する。また,「技能」のカテゴリーのなかには,多くのインド料理店の料理人が含まれている(周・藤田 2007)。

 日本におけるインド人IT技術者とその家族の増加は,近年の現象である。長らく在日インド人の過半が集住していた神戸では,インド人は家族単位で生

活していた。彼らは，もともとは，繊維製品などを扱う貿易商人としてやってきた。これに対して，1980年代から2000年以前の東京におけるインド人の多くは，男子単身労働者であり，家族単位での居住が少なかった。さらに，2000年に入って状況が変化する。2000年以降，研修生として来日する単純労働者やIT技術者の増加が激しくなり，これに加えて，多国籍企業のビジネスマンやインド料理店経営・料理人なども増加した。それにともなって，家族滞在者も増加した（澤・南埜 2009；周・藤田 2007）。

また，インド人留学生が著しく少ないことを特記しておきたい。2010年でみて，わずか700人程度である。同年には，隣国のバングラデシュでみても，1700人もの留学生を日本に対して輩出している（法務省『登録外国人統計統計表』）。

さて，第2節で解説した日印包括的経済連携協定（CEPA）の第7章と附属書7は，「自然人の移動」に関する取り決めが示されている。インド側の関心事項としては，「インド人看護師・介護福祉士」の日本側の受け入れがあるが，これについては協定発効後に継続して協議することになっている。遅くとも協定発効後2年以内に結論に達することが目的とされている。また，付属書6では，個別サービス分野における取り決めが記されている。これによれば，日本は医療・建設・運送サービスの自由化についてインド側にほとんど何らの約束もしていない。

以上の解説からもわかるように，CEPAが発効しているにもかかわらず，ヒトの移動という点では日印経済関係は依然として希薄であるといわざるをえない。

5　日印経済関係の展望

2012年は，日印平和条約が締結されてから60年になる。日印経済関係の将来展望のためにも，戦後の日印関係の出発点を振り返るのは決して無駄ではないだろう。1945年8月15日に日本は終戦を迎え，それ以降，1952年のサンフランシスコ講和条約成立まで連合国軍によって占領されていた。1952年4月28日に，サンフランシスコ講和条約が発効し，日本は再び国際社会に復帰することになった。インドは，以下の3点で同意できなかったため，サンフランシスコ講和条約に反対した。第1は占領軍の駐留が継続されること，第2は沖縄と小笠

原諸島が日本に返還されないこと，第3はソ連と中国がサンフランシスコ講和会議へ参加していないこと，である（山崎・高橋 1993：142）。

しかしながら，インドは，サンフランシスコ講和会議直前から日本との二国間の平和条約締結の交渉に入った。そして，サンフランシスコ講和条約が発効する同日に，インドは日本との戦争状態の終結を告知した。この告知と同時に，ニューデリーの連絡事務所が日本大使館に，コルカタとムンバイの連絡事務所が総領事館になった。他方，東京のインド連絡事務所がインド大使館になった（山崎・高橋 1993：143-144）。

1952年6月9日，日印平和条約が署名され，同年8月27日に発効した。「日本国とインドとの間及び両国の国民相互の間には，堅固且つ永久の平和及び友好の関係が存在するものとする」を第1条とする日印平和条約では，インドは日本に対する一切の賠償請求権を放棄し，在インド日本資産の返還を明記している。これに対して，サンフランシスコ講和条約は日本の賠償支払い義務を確認し，連合国に在外日本資産の没収・処分の権利を認めている。岡崎勝男外務大臣は「この条約には日本に対する友好と好意の精神が貫かれており，一切の賠償要求を放棄して，インドにある日本資産を返還するという条項は，特にその好例である」と調印に際して述べている。インドが賠償請求権を放棄した背景には，極東国際軍事裁判におけるパール判事の戦犯無罪論がある。パール判事は，戦勝国が敗戦国を裁くという極東国際軍事裁判における考え方自体に反対し，被告全員を無罪と主張した。インドの初代首相ネルーは，このパール判決に共鳴していたようである（中村 2003）。また，当時，インド商工省は在日インド資産返還ないし賠償の見通しのない状況での在印日本資産返還に反対したが，ネルー首相がインド商工省の反対を押し切って締結に向かった（佐藤 2010）。

すなわち，敗戦後の日本が国際社会に復帰するときに，日本に対して寛大な配慮をしながら，背中を押してくれたがインドであった。この歴史的事実は覚えておいて良い。

また，1991年初頭に，インドが独立後最大の政治経済危機に直面したときに，いち早く約5億米ドルもの緊急経済支援をしたのは日本であった。インドのマンモハン・シン現首相は，1991年当時大蔵大臣の職にあったが，この日本による緊急経済支援を大変高く評価しており，日本向けのスピーチには必ずといっ

第6章　インドと日本

■□コラム□■

インドのデフォルトを救った日本＊

　インドは，1991年初頭に，独立以来最も深刻な政治経済危機に直面した。当時，消費者物価指数でみて年平均上昇率が2桁を超えるインフレ危機，さらに外貨準備残高が輸入のわずか2週間分しか存在しないという国際収支危機に加えて，第10回連邦下院議会総選挙では国民会議派党首ラジーブ・ガンディー元首相が暗殺された。とりわけ，国際収支危機の解決が喫緊の課題であった。国際収支危機の引き金を引いたのは，湾岸戦争であった。湾岸戦争が，インド経済に与えた影響としては，第1に総輸入額の約30％を占める石油・同関連製品の価格上昇による輸入額の急増，第2に中東出稼ぎ労働者送金の停止による経常勘定での外貨獲得額の減少，第3に中東諸国向け輸出の停滞であった。インド政府はこの時期における湾岸戦争による国際収支負担額を約29億ドルと推定している。こうした国際収支上の困難を敬遠して非居住者インド人預金が急速な資本逃避を行い，さらに国際格付機関がインドの格付けを大きく引き下げたことによって国際金融市場での短期債務のロールオーバーが事実上拒否されるに至った。外貨準備残高が輸入のわずか2週間分しか確保できない水準11億ドルにまで激減し，インド経済はデフォルト（債務不履行）寸前の窮地に陥ったのである（佐藤 2002：序章）。
　この深刻な危機的状況のなか，日本政府は先進国のなかでは最も早く緊急経済支援をインド側にオファーした。1991年4月11日にインドの大蔵大臣が訪日し，日本へ10億ドルの緊急支援を求めた。4月15日には，アジア開発銀行がインドのエネルギー輸入代金のために1.5億ドルの緊急支援を承認した。さらに，5月29日には，日本が直接に1.5億ドルの緊急支援を行うことになった（アジア経済研究所『アジア動向データベース』）。これは，アジア開発銀行との協調融資であり，支援目的はエネルギー輸入代金の支払いであった。アジア開発銀行の資金拠出において日本の役割が絶大であることを考えれば，アジア開発銀行の融資は日本政府が主導したといってよいであろう。合計3億ドルに達する日本政府主導による緊急経済支援は，外貨準備が枯渇寸前にあったインドにとって極めて貴重であった（Singh 2006）。
　6月21日には，第10回連邦下院議会総選挙の結果を受けて，ナラシマ・ラオ国民会議派政権が成立する。この新しい政権は，7月に入り，大胆な経済自由化政策を矢継ぎ早に公表し，経済のグローバル化を推進する。同月には，インドは合計46.91トンの金を4度にわたってイングランド銀行に現送し，金を担保にして，イングランド銀行と日本銀行から総額4億500万ドルもの資金供与を受けた（Government of India, *Economic Survey 1991-92*）。日本銀行はこのうち1億9500万ドルをインドに資金供与した（Reddy 2007）。こうした日本からの支援が背景にあり，インドは国際収支危機を脱出し，その後は経済自由化を推進しながら，順調で着実な経済成長を実現するのである。
　ラオ国民会議派政権下の大蔵大臣は，現在インドの首相を務めているマンモハン・シン博士であった。シン現首相は，当時の日本政府や日本銀行による支援を高く評価しており，日本に対しては他国とは違う特別な配慮を示すことがある。それは，シン現首相がこのときの日本からの支援についての恩義を強く感じているからである，という意見をよく耳にする。
＊本コラムを執筆するにあたって，当時，海外経済協力基金（OECF）で緊急経済支援の実務を担当していた林薫・文教大学教授から貴重なご教示を賜った。

てよいほどこのエピソードに言及している。シン政権下で，両国にとって最大の地域貿易協定である日印包括的経済連携協定（CEPA）や世界最大規模の政府開発援助であるデリー・ムンバイ間産業大動脈構想（DMIC）が計画・実施されているのはおそらく偶然ではない。

　日印経済関係について，ヴィーカス・スワループ在大阪・神戸インド総領事は，「私は両国のことを『ナチュラル・パートナー（自然のパートナー）』と呼んでいます。例えば，日本は高齢化が進む一方で，インドは若いひとが多い。日本はハードウェアに優れている一方，インドはソフトウェアが強い。日本は豊富な資本を有する一方，インドは資本が十分ではない。こうした相互補完的な特徴のもとで，両国の技術的力，資源，労働力，資本等が組合わされれば，日印両国は力強いパートナーになると思います」（スワループ 2011）と述べているが，至言である。日印両国政府によるCEPAやDMICが弾みになり，日印経済関係が再強化されることが期待される。

■ ■ ■

●参考文献───────

石上悦朗・佐藤隆広編著（2011）『現代インド・南アジア経済論』ミネルヴァ書房。
外務省（2011a）「インド」（http://www.mofa.go.jp/mofaj/area/india/index.html）。
外務省（2011b）「日本・インド包括的経済連携協定」
（http://www.mofa.go.jp/mofaj/gaiko/fta/j_india/index.html）。
外務省（2006）「国別援助計画──インド」
（http://www.mofa.go.jp/mofaj/gaiko/oda/seisaku/enjyo/india.html）。
外務省（2010）「政府開発援助（ODA）国別データブック 2010──インド」
（http://www.mofa.go.jp/mofaj/gaiko/oda/shiryo/kuni/10_databook/pdfs/02-01.pdf）。
経済産業省（2010）『通商白書2010』。
経済産業省アジア大洋州課（2010）『デリー・ムンバイ間産業大動脈構想（Delhi-Mumbai Industrial Corridor：DMIC）』
（http://www.meti.go.jp/policy/trade_policy/asia/sw_asia/data/DMIC.pdf）。
近藤正規（2010）「拡大する日印経済関係」浦田秀次郎・小島眞・日本経済研究センター編『インド　成長ビジネス地図』日本経済新聞出版社。
澤宗則・南埜猛（2009）「グローバルシティ・東京におけるインド人集住地の形成──東京都江戸川区西葛西を事例に」庄司博史編『移民とともに変わる地域と国

家』国立民族学博物館調査報告83。
佐藤隆広（2002）『経済開発論——インドの構造調整計画とグローバリゼーション』世界思想社。
佐藤隆広編（2009）『インド経済のマクロ分析』世界思想社。
佐藤隆広（2011a）「新興国経済——インド経済」神戸大学経済経営学会編『ハンドブック経済学』ミネルヴァ書房。
佐藤隆広（2011b）「インド経済の躍進とアジア経済の行方」水島司・田巻松雄編『日本・アジア・グローバリゼーション』日本経済評論社。
佐藤宏（2010）「日印戦後処理の一側面——在印日本資産と在日インド資産の返還交渉」近藤則夫編『現代インドの国際関係』調査研究報告書，アジア経済研究所。
鈴木修（2008）「もの造りを通じた日印交流」（前田 2008）。
田中彰（1994）「原料開発輸入体制の形成史における商社・メーカー協調」『經濟論叢』154(5)。
チャタージー，バスカー著，野田英二郎訳（1993）『インドでの日本式経営——マルチとスズキの成功』サイマル出版会。
周飛帆・藤田秀央（2007）「地域社会における外国人の集住化に関する調査報告——江戸川区のインド人コミュニティを中心に」『言語文化論叢』2007-03。
バルガバ，R.C.著，島田卓監訳（2006）『スズキのインド戦略』中経出版。
スワループ，ヴィーカス（2011）「日・印両国はナチュラル・パートナー」『TOYRO BUSINESS』151．
中村麗衣（2003）「日印平和条約とインド外交」『史論』56。
前田專學監修（2008）『インドからの道　日本からの道——「日印交流年」連続講演録』出帆新社。
松井清編（1960）『日印綿業交渉史』アジア経済研究所。
山内利男（1997）『インドを書く』論創社。
山崎利男・高橋満編（1993）『日本とインド　交流の歴史』三省堂。
Singh, Manmohan (2006) *PM's Address to Joint Session of the DIET in Tokyo*, December 14, 2006.
Reddy, Y.V. (2007) "Select Aspects of the Indian Economy," Address by Governor of Reserve Bank of India at the Bank of Japan, Tokyo, on May 27, 2007.

（佐 藤 隆 広）

第7章
ラテンアメリカと日本

　ラテンアメリカは日本にとって地理的，歴史的，文化的に遠い地域である。しかし，経済的には補完しあう関係にあり，潜在的に極めて重要な地域である。これまで，日本は欧米の先進諸国やアジア諸国との経済関係に重点を置いてきたが，今後は，ラテンアメリカとの緊密な関係の構築が望まれる。ラテンアメリカは，グローバリゼーションの下，積極的に経済自由化を実施し，さまざまな問題を抱えながらも，各国経済は劇的に変化している。一部諸国では中間層の拡大により国内需要主導の経済成長が始まり，欧米の多国籍企業が積極的な直接投資を行っている。また，ラテンアメリカは鉱産物，食糧，エネルギー資源に恵まれ，世界でも有数の天然資源の供給地域である。こうしたラテンアメリカ諸国との関係において，わが国は戦略的な連携強化を図る必要がある。本章では，まず，わが国とラテンアメリカとの関係における現状について，次いで，ラテンアメリカの経済自由化後の変化について議論する。その後，ラテンアメリカとわが国の現状を勘案し，日本の対ラテンアメリカ関係においてもっとも重要と考えられる3つの課題を議論する。資源輸入，直接投資，地域貿易協定の問題である。

1　ラテンアメリカとは

　ラテンアメリカとは，メキシコ以南の中米諸国，南米諸国，カリブ海諸国の33カ国で構成される地域であり，2010年の人口は5億8900万人，名目GDPは4.99兆ドルの経済規模を有する発展途上地域である。カリブ海諸国を除くほとんどのラテンアメリカ諸国が19世紀前半に独立し，発展途上地域のなかでも比較的発展した地域である。ラテンアメリカは，スペイン，ポルトガルの植民地支配の影響を受け継ぎ，ブラジルではポルトガル語が，その他のほとんどの国でスペイン語が公用語であり，また，宗教的にはカソリックが支配的であるこ

とから，文化的には比較的均質であるとされる。しかし，国々の間で経済規模や経済発展の程度に大きな差異が存在し，多様性を持った地域でもある。新興諸国としてその存在感を高めつつあるブラジルやメキシコのような比較的豊かな大国が存在すると同時に，ハイチ，ニカラグアといった経済規模が小さい最貧国も存在している。

　主要なラテンアメリカ諸国は，第2次世界大戦後に輸入代替的工業化政策を実施し，政府主導の開発政策を推進してきたが，1980年代には対外債務危機と高インフレに基づく経済危機を経験するなど，必ずしも順調な経済発展の道を歩んできたわけではなかった。このため，80年代から90年代にかけて新自由主義に基づく開発政策へと大きく方向転換し，政府主導ではなく市場を重視する政策を実施している。こうした政策転換は，功罪相半ばする経済成果をもたらしているが，グローバリゼーションの下，いずれの国も世界との経済関係がより緊密化し，世界経済におけるラテンアメリカ経済のプレゼンスを高めていることは疑うべくもない。

　わが国にとってのラテンアメリカは，地理的，歴史的，文化的に遠い地域である。経済的にも，日本とアジア諸国や先進諸国との緊密な関係に比べ，ラテンアメリカ諸国との関係は相対的に疎遠であることは否定できない。しかし，貿易・直接投資・国際協力（ODA）・日系移民などを通じ，日本とラテンアメリカが歴史的にも重要な関係を有してきたことも事実である。しかも，グローバリゼーションの下，さまざまな意味においてその重要性がいっそう高まりつつある。ラテンアメリカは，わが国が必要とする資源の供給基地として不可欠の地域であるし，今後の発展が見込まれる巨大な市場は日本製品のマーケットとして重要である。また，日本企業の生産拠点としての重要性を増している。さらに，30万人を超えるデカセギと呼ばれる日系人の存在は，単に日本で就労する労働者としての役割だけでなく，日本の内なる国際化の試金石として重要である。

　以下では，第2節で日本とラテンアメリカの経済関係を議論し，第3節で経済自由化後のラテンアメリカ諸国について概観し，第4節では日本のラテンアメリカに対する戦略的な関係構築に向けての課題について議論する。なお，ラテンアメリカ地域のより詳細な現状については，本シリーズの第7巻『現代ラテンアメリカ経済論』を参照されたい。

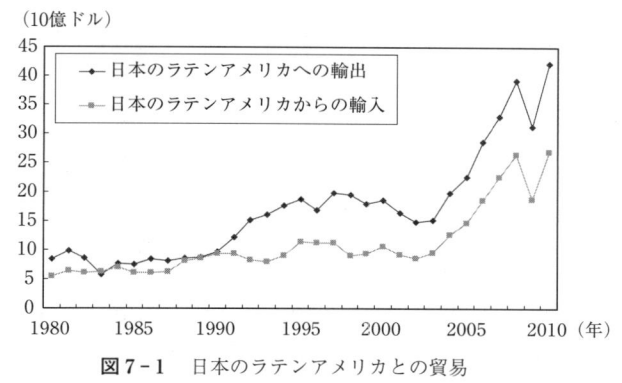

図7-1　日本のラテンアメリカとの貿易
(出所)　IMF, Direction of Trade.

2　わが国とラテンアメリカとの経済関係

(1)　貿易関係

　日本とラテンアメリカとの間では，さまざまな財が取引されている。ラテンアメリカ地域は，天然資源，農産品などが豊富で多様であり，これら資源集約財の世界への供給基地となっている。他方，わが国は工業製品や知識集約財の生産に比較優位があり，ラテンアメリカとわが国の貿易関係は補完的である。したがって，日本との基本的な貿易関係は，ラテンアメリカから資源集約財・一次産品を輸入し，日本からは工業製品を輸出する貿易パターンとなっている。

　図7-1は1980～2010年の日本とラテンアメリカとの貿易の推移が示されている。日本からの輸出は，ラテンアメリカ諸国の80年代の停滞，90年代の回復，2000年代初期の停滞，2000年代中頃からの急成長と，ラテンアメリカの国内需要条件を反映した趨勢を示している。他方，日本のラテンアメリカからの輸入は，80年代，90年代には僅かな拡大に留まっていたが，2000年代に入ってからは国際的な資源価格の高騰を反映し輸入額が急増している。ただし，09年は，08年からの世界的な金融危機を反映し，輸出・輸入ともに大きく低下している。

　ところで，以上のように日本とラテンアメリカとの貿易は絶対額では拡大を

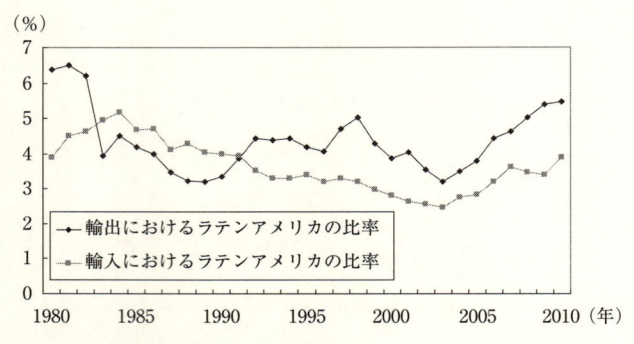

図7-2 日本の総輸出・総輸入に占めるラテンアメリカの比率
（出所）IMF, dirction of Trade.

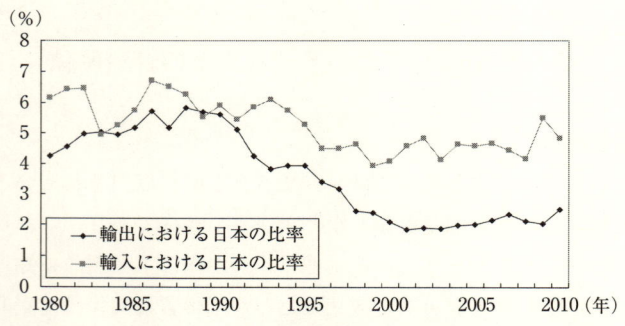

図7-3 ラテンアメリカの総輸出・総輸入に占める日本の比率
（出所）IMF, dirction of Trade.

続けているが，日本，ラテンアメリカともに対世界との貿易自体も拡大を続けていることから，互いの相対的な重要性も変化している。**図7-2**は，日本の総輸出，総輸入に占めるラテンアメリカの比率，**図7-3**は逆にラテンアメリカの総輸出，総輸入に占める日本の比率であるが，いずれにおいても互いの重要性が，1980年代以降，2000年代中頃までは傾向的に低下している。この期間，日本の中国，アジア諸国への輸出比率が，80年の17.3％から，03年の35.2％，08年の43.3％へと拡大したのに対し，ラテンアメリカ諸国へは，図7-2にみるように，それぞれ6.4％，3.2％，5.0％に留まったことを反映している。輸入に関しても，中国，アジア諸国からの比率が，80年の20.9％から08年の

表7-1　日本のラテンアメリカへの輸出と輸入

(%)

品　目	輸　出	輸　入
食料品・飲料・タバコなど	0.1	25.2
鉱物性生産品	2.0	46.4
化学工業製品	1.8	2.3
プラスティック・ゴム	2.7	0.6
皮　革	0.0	0.2
木材・パルプ	0.1	4.1
繊維・衣類	0.2	0.8
履物など	0.0	0.0
セメント・陶器など	0.2	0.0
卑金属・その製品	5.2	8.7
機械類・電気機器など	22.8	4.9
輸送機器・部品	59.9	2.1
光学機器・精密機器など	3.0	1.9
その他	2.0	2.8

(注)　品目別比率：2007-09年の平均
(出所)　UN comtrade.

32.9％へと急増したのに対し，ラテンアメリカからは同期間に3.9％から3.5％へと低下している。しかし，2000年代に入ると一部ラテンアメリカの好況と資源価格の高騰を反映し，輸出比率，輸入比率ともに拡大に転じていることに注意が必要である。

　他方，ラテンアメリカの貿易にとっての日本の重要性は，より明確に低下しているといえる。ラテンアメリカにおいては，経済改革後の域内貿易の拡大，1990年代の米国との貿易の拡大，近年の中国との貿易の拡大などが生じたからである。ラテンアメリカの総輸出に占める日本への輸出の比率は5％台から2％台へと低下し，日本からの輸入もラテンアメリカの総輸入の6％台か4％台へと低下している。

　日本とラテンアメリカとの間で，どのような財が貿易されているかを示したのが表7-1である。輸出に関しては，2007～9年の平均で，自動車などの輸送機器・同部品が59.9％，機械類・電気機器などが22.8％で，全体の82.7％を占めている。SITC（標準国際貿易分類）の4桁の品目ベースでは，船舶，自動車・同部品，機械，電気・電子機器，鉄鋼製品，光学機器などが大きなシェアを占めている。他方，輸入に関しては，食料品，鉱産物で全体の71.6％を占める。主要な品目は，銅鉱石，鉄鉱石，鶏肉，モリブデン，海産物，コーヒー豆，

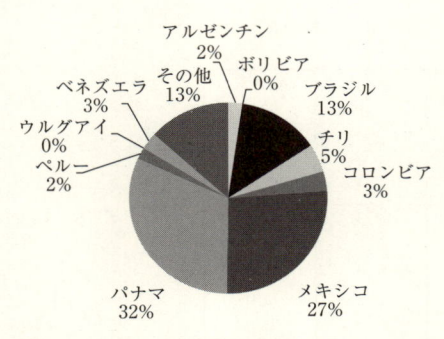

図7-4 日本の輸出におけるラテンアメリカの比率（2000-10年合計）
（出所）　IMF, Direction of Trade.

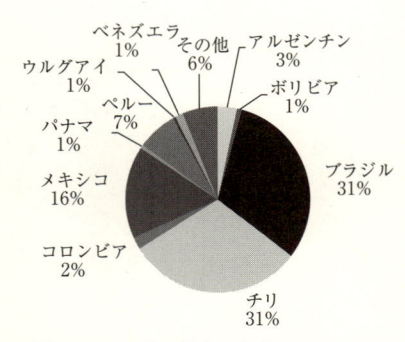

アルゼンチン　2%
ボリビア　0%
ブラジル　13%
チリ　5%
コロンビア　3%
メキシコ　27%
パナマ　32%
ペルー　2%
ウルグアイ　0%
ベネズエラ　3%
その他　13%

図7-5 日本の輸入におけるラテンアメリカの比率（2000-10年合計）
（出所）　IMF, Direction of Trade.

アルゼンチン　3%
ボリビア　1%
ブラジル　31%
チリ　31%
コロンビア　2%
メキシコ　16%
パナマ　1%
ペルー　7%
ウルグアイ　1%
ベネズエラ　1%
その他　6%

　アルミニウム，木材チップ，飼料，その他非鉄金属，銑鉄，アルコール，大豆，果物，パルプなどとなっている。この数字からも，わが国から工業製品が輸出され，ラテンアメリカ諸国からは鉱産物，農産物などの一次産品が輸入される貿易パターンが成立していることが理解できる。ただし，ラテンアメリカ諸国の工業化の進展とともに，機械類や輸送機器の輸入が着実に増加していることも事実である。たとえば，08年にはJALグループが，ブラジルのエンブラエル社から中型ジェット旅客機15機の購入を開始している。

　ところで，ラテンアメリカ諸国のうち，日本との貿易額が大きいのはどのような国であろうか。図7-4は2000〜10年における日本の主要輸出国，図7-5は主要輸入国を示している。パナマが第1位の輸出相手国となっているのは，便宜地籍船制度による船舶輸出が含まれているからである。メキシコやブラジルへの輸出は，自動車・同部品，電気・電子機器，化学品などが大きな割合を占めている。輸入に関しては，チリからの銅鉱・関連品，モリブデン鉱，ブラジルからの鉄鉱石など，鉱物資源の大量の輸入を反映し，これらの国が1位，2位となっている。近年では，コーヒーなどの伝統的な輸入品のみならず，ブラジルのオレンジ・ジュース，鶏肉，メキシコの豚肉，マンゴー，チリのシャケ，ワインなどが，われわれの日常生活でしばしばみかけられるようになっている。

(10億ドル)

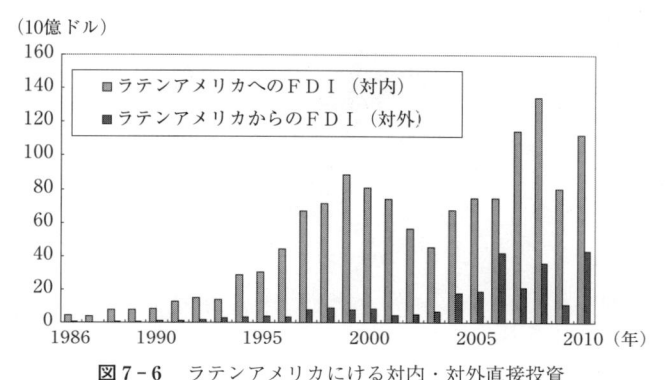

図7-6 ラテンアメリカにける対内・対外直接投資
(出所) ECLAC (2010) Foreign Direct Investment in Latin America and the Caribbean.

(2) 直接投資

　ラテンアメリカでは，1980年代後半からの経済自由化政策の推進によって，急激に直接投資が流入し，その後の経済成長を牽引した。経済自由化とマクロ経済の安定化によって投資国のラテンアメリカ諸国への信認が回復したこと，広範な分野で大規模に実施された民営化に外資の参加が可能となったことなどが背景であった。製造業のみならず通信，インフラ，金融などのサービス業分野への欧米諸国からの積極的な投資がなされた。外資企業の進出の増大とともに，新たな技術や経営ノウハウの導入が進むとともに，市場での競争が拡大し，ラテンアメリカ経済における企業の経営環境を劇的に変化させている。**図7-6**は1990年代に入り，ラテンアメリカへの直接投資が急激に拡大したこと，2000年代前半の停滞があったものの再び上昇傾向にあることを示している。

　主要な投資国は，1998～2008年の累積での投資額でみると，これまで経済的にも地理的にもラテンアメリカと近い関係にあったアメリカが37％と圧倒的な比率を占めており，アメリカ企業のプレゼンスの大きさを示している（図7-7）。次いで，ラテンアメリカ自身の多国籍企業による同地域内の投資が10％を占めている。ラテンアメリカには，資源，食品などの分野でマルチ・ラティーナと呼ばれる多国籍企業が育っており，こうした企業による域内への投資を反映している。第3位はかつての宗主国であるスペインであり，文化的共通性を有利な条件として，通信，銀行，電力，石油などの部門で積極的な投資

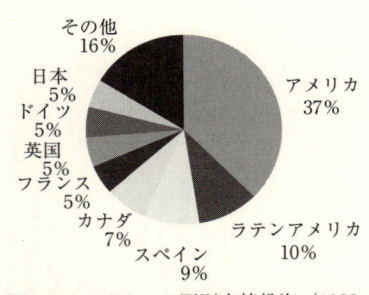

図7-7 ラテンアメリカへの国別直接投資（1988-2008年累計）
（出所）ECLAC, Foreign Direct Investment in Latin America and the Caribbean 2009.

を行っている。第4位からは，伝統的にラテンアメリカに早くから進出しているカナダ，フランス，英国，ドイツの順である。その後，日本が続き，そのシェアは約5％である。

図7-6にはラテンアメリカからの対外直接投資の推移も記載されているが，マルチ・ラティーナと呼ばれるラテンアメリカの多国籍企業は域内のみならず，域外にも対外直接投資を拡大しており，ラテンアメリカ諸国の対外直接投資は2006年に400億ドルに達した。ブラジル，メキシコ，チリ，コロンビア，アルゼンチンなどのマルチ・ラティーナの投資分野としては，鉱業，石油，鉄鋼業，セメント，銀行，商業，テレコミュニケーション，食品・飲料など，多岐に渡っている。今後もラテンアメリカ諸国からの対外直接投資がいっそう拡大すると考えられている。

ところで，日本の対外直接投資額は，世界経済の状況や国内経済の動向を反映し，大きな変動を繰り返している。1980年代末のバブル期には1つのピークを迎えたが，バブル経済の崩壊とともに急激に低下した。しかし，1990年代後半から徐々に回復し，1999年には7兆5千億円に達したが，2000年代前半には再び停滞した。だが，2000年代後半は再び急増するなど，変動が激しい。図7-8は近年6年間の推移であるが，2008年には13兆円を超えるまで急増したものの，世界的金融危機によって2009年以降は大きく落ち込んでいる。地域的には，アメリカ，ヨーロッパ諸国，中国，その他アジア諸国が大きな割合を占め続けているが，ラテンアメリカの比率は2008年，09年ともに約23％と比較的大きな比率を占めている。しかし，2010年には再び10％へと後退した。

ここで注意しなければならないことは，図7-9が示すように，ラテンアメ

第7章　ラテンアメリカと日本

(兆円)

凡例：
- その他
- 中南米
- ヨーロッパ
- アメリカ
- その他アジア
- 中国

図7-8　日本の対外直接投資

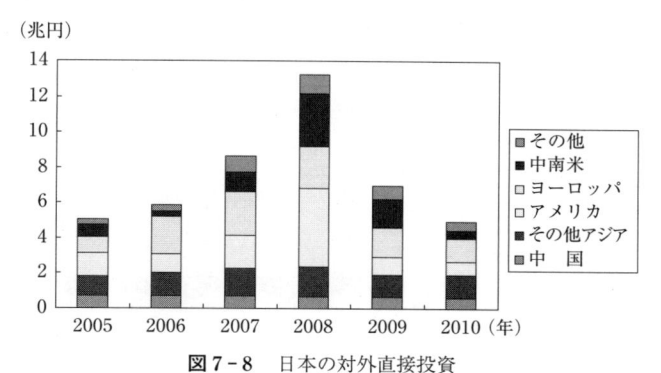

(出所)　財務省国際収支状況。

(億円)

凡例：
- その他
- ケイマン諸島
- ブラジル
- メキシコ

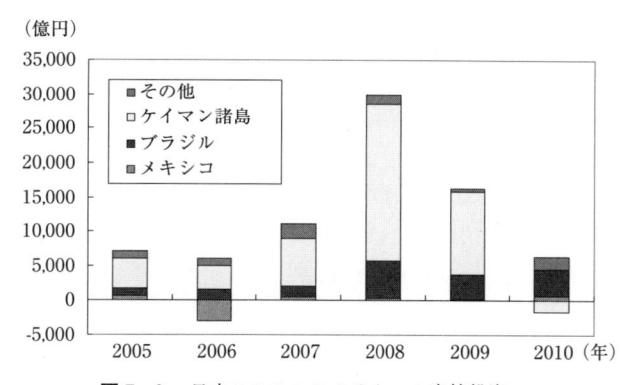

図7-9　日本のラテンアメリカへの直接投資

(出所)　財務省。

リカへの投資のうち，英領ケイマン諸島などのタックスヘイブン（租税回避地）への投資が5割から7割を占めていることである。タックスヘイブン諸国からラテンアメリカ諸国に再投資されるケースも考えられるが，その額と行き先は不明である。ラテンアメリカへの投資は2008年に急増し，約3兆円弱に達したが，これは英領ケイマン諸島への金融・保険部門の投資が急増したことと，ブラジルの鉱業部門への大型投資がなされたことを反映している。なお，財務省のホームページではラテンアメリカ全体への直接投資の総額とブラジル，メキシコ，ケイマン諸島についてのみ公表されているため，ペルー，アルゼンチンなどのラテンアメリカ諸国や，パナマ，英領バミューダ諸島などのタックスへ

169

表7-2 わが国の対外直接投資残高（2010年末）

	合計	製造業	非製造業	主要な業種				
	億円	%	%	各国への総投資残高に占める主要業種の比率，%				
アメリカ	205,246	41.6	58.4	卸売/小売 23.0	金融/保険 22.5	化学/医薬 14.1	電気機械 9.0	輸送機械 7.1
ヨーロッパ	157,721	53.0	47.0	金融/保険 19.9	輸送機械 13.3	食料品 12.4	卸売/小売 12.3	電気機械 8.6
中国（香港を含む）	66,855	65.0	35.0	卸売/小売 16.2	電気機械 15.4	輸送機械 14.2	金融/保険 10.5	一般機械 9.5
その他アジア	106,524	65.3	34.7	輸送機械 14.7	電気機械 13.6	金融/保険 12.8	化学/医薬 9.6	卸売/小売 8.0
ブラジル	22,039	34.8	65.2	鉱業 31.1	卸売/小売 18.5	金融/保険 14.0	鉄/非鉄 12.3	輸送機械 7.0
ケイマン諸島	51,044	2.2	97.8	金融/保険 93.6	鉱業 1.4	通信業 1.3	木材/パルプ 1.1	卸売/小売 0.6
その他中南米	14,115	21.3	78.7	金融/保険 22.8	運輸業 22.0	鉱業 17.6	輸送機械 8.6	石油 4.3
全世界	676,911	46.3	53.7	金融/保険 23.4	卸売/小売 14.0	輸送機械 9.8	化学/医薬 8.7	電気機械 8.6

（注）業種別の項目において報告件数が3件に満たない場合は，個別データ保護の観点からカウントされていない。
（出所）日本銀行ホームページ。

イブンはその他に含まれる。

表7-2は2010年末におけるわが国の海外直接投資残高を示している。中国やその他のアジア地域においては，サプライチェーンなどを反映して製造業の比率が高いのに対し，ブラジルでは鉱業，鉄・非鉄・金属などの資源関連，金融・保険，卸売・小売などのサービス部門の比率が高い。もちろん，ブラジルにおいても輸送機械は重要な進出分野となっている。英領ケイマン諸島などのタックスヘイブン地域に対しては圧倒的に金融・保険分野の投資として流入しているが，その後の行き先は不明である。その他の中南米地域をみても，輸送機械を除き，サービス分野や資源関連分野への直接投資が多く，アジア地域とは対照的である。

（3） 政府開発援助

外務省の『政府開発援助（ODA）データブック2010』によると，わが国のラテンアメリカへの政府開発援助には，以下のような意義が存在するとされる。日本とラテンアメリカ地域とは100年以上の友好的な関係があること，約160万人の日系人が在住すること，民主主義，自由市場経済といった基本的価値を共有する国が多いこと，6億人近い経済規模を有し今後の発展が期待される地域

第7章　ラテンアメリカと日本

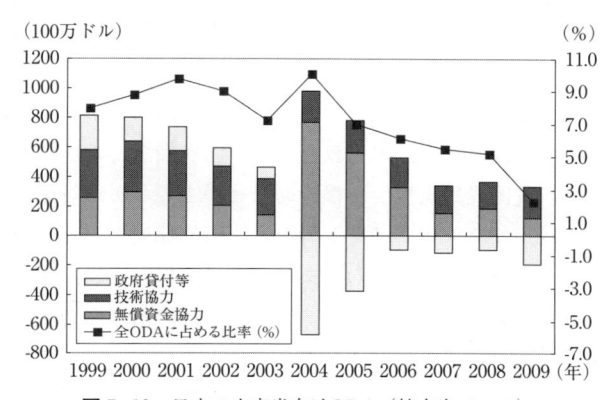

図7-10　日本の中南米向けODA（純支出ベース）
（出所）外務省『政府開発援助（ODA）データブック』各年版。

であることから，わが国の今後の国際関係における重要な地域であり，政府開発援助を通じて緊密な関係を構築することが国益にかなうと考えられている。

いうまでもなく，経済的には，ラテンアメリカは鉱産物，食糧，エネルギーなどの資源の世界的な供給基地であり，わが国の資源安全保障にとっても極めて重要な地域であるとともに，急速に成長する国内市場を有していることからわが国の貿易，直接投資相手地域として大きな可能性を秘めている。日本とラテンアメリカとの間では，2005年に日本メキシコEPA（経済連携協定），2007年に日本チリEPA，2012年に日本ペルーEPAが発効しており，日本とラテンアメリカ地域の経済関係の進展が期待されている。しかし，政府開発援助の観点からより重要なのは，ラテンアメリカにおける環境，貧困，災害などのグローバル・イッシューであり，こうした国際社会共通の課題に協同して取り組む可能性を秘めた地域である。

図7-10が示すように，ラテンアメリカ諸国への日本のODA（純支出ベース）の推移は，2004年以降，援助額においても，日本のODA全体に占める比率においても明確な縮小傾向にある。わが国のODA自体が減少しつつあること，国際協力の重点がアフリカ地域に移りつつあることを反映している。また，ラテンアメリカの多くの国が中所得国に移行しつつあり，無償資金協力の案件が削減されてきたこと，円借款も新規の案件が削減され返済が上回っていることも1つの要因であるといえる。

贈与のうち，無償資金協力は，近年の2004-2009年の実績でみると，ニカラグア，ボリビア，ホンジュラス，グアテマラ，エクアドル，ハイチ，パラグアイ，ペルーなど，比較的発展が遅れている諸国や小国に集中する傾向にある。これらの諸国では，保健医療，水，教育分野，国境橋などの広域インフラ，防災災害復興支援，貧困農民支援，食糧援助などが主要な援助対象分野である。他方，技術協力は，ブラジル，メキシコなど比較的発展が進んでいる国か大国，もしくは中米諸国を対象とする傾向にあり，教育，保健医療，環境等の分野が中心である。また，わが国とラテンアメリカ諸国との南南協力支援として，チリ，ブラジル，アルゼンチン，メキシコとパートナーシップ・プログラムの枠組みで，他のラテンアメリカ諸国やアフリカ等の開発途上国に対し，経済・社会開発支援を行っている。

　わが国の国際協力におけるラテンアメリカの比重の低下は，南アジア諸国，アフリカ諸国と比較して，ラテンアメリカ諸国が相対的に発展していることを反映しているのかもしれない。もちろん，日本の国際協力は，日本経済の低迷，政府財政の悪化などを基本的理由として，ODAの総額自体が減少傾向にあり（ODAのGDP比は2005年の0.28％から2009年の0.18％にまで低下している），ラテンアメリカ諸国へのODAだけの特徴とはいえない。しかし，ラテンアメリカは，日本の資源・エネルギーの安全保障に極めて重要な役割を果たす可能性を勘案すると，ラテンアメリカへの日本のODAがもたらす国益を考える必要性があるといえる。

3　経済自由化後のラテンアメリカの変化

　ラテンアメリカ諸国は1980年代の経済危機の時代を経て，グローバリゼーションの下，ネオリベラリズムに基づく経済自由化を果敢に推し進めたが，世界との関係が緊密化することによって，経済の対外的依存度が増加している。このことは，対外ショックがラテンアメリカ諸国に与える影響も大きくなりつつあることを意味している。このような状況のなかで，ラテンアメリカ諸国の貿易や直接投資はどのように変化しているのであろうか。

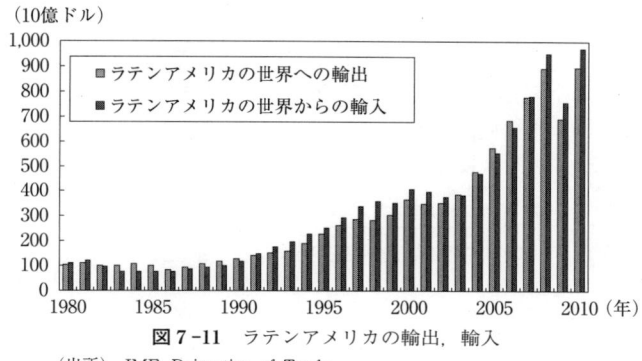

(10億ドル)
図7-11 ラテンアメリカの輸出, 輸入
(出所) IMF, Deirection of Trade.

(1) ラテンアメリカの貿易

図7-11が示すように，1990年代に入り，経済自由化の進展とともにラテンアメリカ諸国では貿易が急激な拡大をみせている。1990年には輸出，輸入とも僅か1200億ドル程度であったが，2008年には9000億ドル前後にまで増加し，翌年は世界的な金融危機のために7000億ドル程度に減少したが，2010年は再び9000億ドル前後にまで回復している。こうした貿易の拡大は，経済にさまざまな影響をもたらしている。関税引き下げなどによる輸入自由化の進展は，国内市場での競争を促し，独占的な市場支配に基づく価格の硬直性を弱めることによって，インフレ抑制の基本的な条件を作り出した。また，輸入競争の激化は，国内産業の淘汰と非効率的な産業・企業から効率的な産業への資源配分を促し，生産性改善への重要な要因となっている。さらに，高い技術を体現する中間財や資本財輸入の拡大は，生産性改善に貢献すると考えられている。

他方，輸出の拡大も大きな意味をもっている。1980年には一次産品輸出が8割を超えていたが，メキシコやブラジルなどでの工業化の進展とともに工業製品輸出が拡大し，ラテンアメリカ全体では2000年には50％を超えた。しかし，その他の国々では依然として一次産品輸出の比率が高い。また，2000年代に入ってからは，中国などの新興諸国の急激な経済成長によって資源への需要が高まり，ラテンアメリカからの資源輸出が急増している。鉄鉱石，大豆，銅鉱石，原油，食肉，パルプなどが代表的である。一次産品輸出の拡大は各国で輸出ブームをもたらし，景気の拡大要因になるとともに，対外収支を改善させて

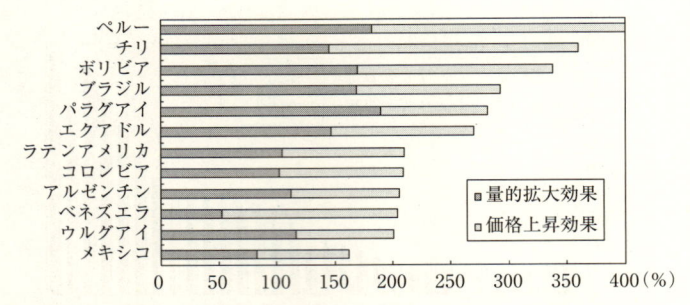

図7-12 輸出成長の量的拡大効果と価格上昇効果（2000年〜2007年の変化）
（出所）ECLAC, Preliminary Overview of the Economies of Latin America and the Caribbean, 2007.

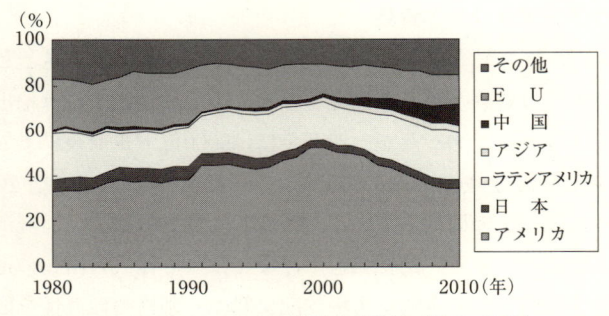

図7-13 ラテンアメリカの貿易相手地域（輸出+輸入）
（出所）IMF, Direction of Trade.

いる。しかし，いくつかの留意点もある。ECLACによると，2000年〜2007年における輸出額の成長率の50％以上が価格拡大の効果によるものである（図7-12）。したがって，一次産品価格が不安定で暴騰・暴落を繰り返すことを勘案すると，一次産品輸出への依存度が高まることは，経済がより不安定になることを意味する。また，とくに鉱業部門は，産業連関を通じた国内産業への波及効果が製造業に比して小さいことや通貨の過大評価をもたらすことから，過度に鉱業部門輸出に資源を集中することにはリスクがある。このため，オランダ病とか「資源の呪い」という言葉で表現される事態を招かないようにする必要がある。

ところで，貿易の進展における大きな変化の１つに，輸出先地域の変化があ

第7章 ラテンアメリカと日本

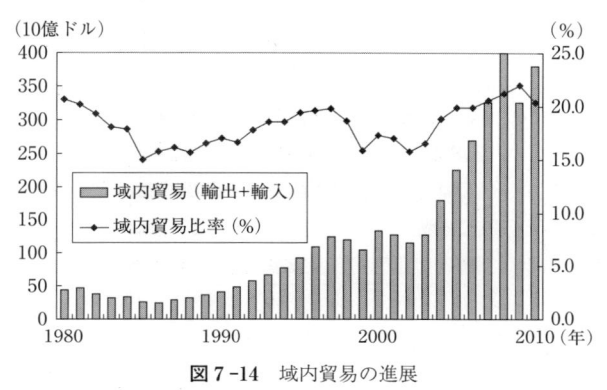

(10億ドル) (%)

図7-14 域内貿易の進展
(出所) IMF, Direction of Trade.

げられる。図7-13にみるように，1990年代までアメリカのシェアが一貫して拡大していたが，これはメキシコの対米貿易の拡大を反映するところが大きい。その一方で，対EUとの貿易，日本との貿易は縮小する傾向にあった。ラテンアメリカ域内貿易はメルコスールなどの地域貿易協定の効果もあり，拡大傾向にある。2000年代に入ると，アメリカの比率が急激に低下し始め，逆に中国などのアジア諸国，域内諸国，アフリカなどのその他の地域との貿易が比率を拡大している。ラテンアメリカ諸国にとれば，輸出品目と輸出市場の多様化が課題であり，今後もこうした傾向が続くと予想される。

図7-14はラテンアメリカ域内貿易の進展を示している。貿易額でみると，1980年代後半から急激に拡大し始め，1990年代末から2000年代初めにかけてはブラジル，アルゼンチンで生じた通貨危機の影響で停滞したものの，2004年以降は再び急拡大を見せている。貿易全体に占める域内貿易の比率でみると，図7-14によると，1980年は貿易量は少ないものの，域内貿易比率が比較的高かったことを示している。これはラテンアメリカの貿易が多様化しておらず，依然として伝統的な域内貿易が中心であったことを反映している。しかし，1980年代には多くの国が対外債務とインフレーションによる経済危機に直面したことから域内貿易が減少し始めたが，1980年代後半からの経済自由化と，多種多様な地域貿易協定の試みによって域内での貿易関係が大きく変化し，域内貿易比率が傾向的に拡大していることを示している。

ここで，ラテンアメリカの貿易における地域的な分布をみると，いくつかの

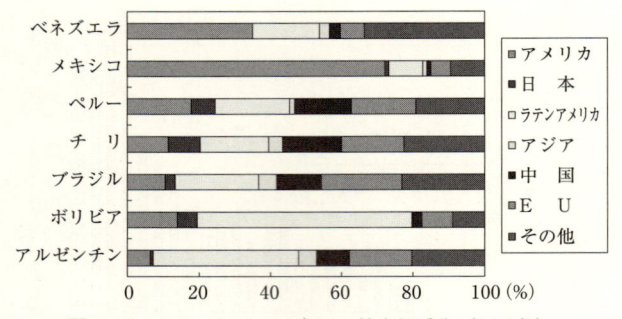

図7-15 ラテンアメリカ各国の輸出相手先（2009年）
(出所) IMF, Direction of Trade.

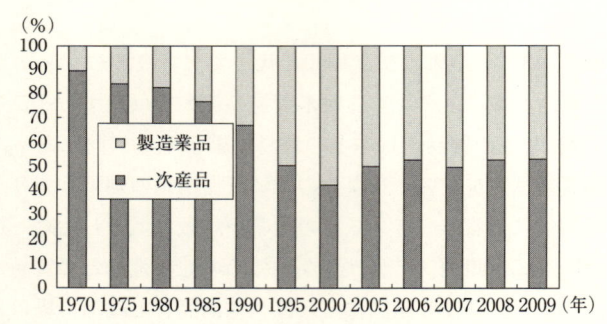

図7-16 ラテンアメリカ諸国の輸出における製造業品と一次産品の比率
(出所) ECLAC, Statistical Yearbook for Latin America and the Caribbean, 2010.

特徴があり，輸出に焦点を当てた場合，**図7-15**にみるように3つのタイプに区分することができる。メキシコは北米自由貿易協定（NAFTA）を通じてアメリカと強い経済的関係にあり，アメリカとの貿易依存度も極めて高い。ベネズエラは政治的にはチャベス政権のもとで反米政策を掲げているが，対米輸出依存度が高いのは，主たる輸出品である原油の多くが米国市場に輸出されていることを反映している。ペルー，チリ，ブラジルの輸出先は，アメリカ，ラテンアメリカ域内，アジア，ヨーロッパ，その他地域とバランスよく分散している。他方，ボリビア，アルゼンチンはブラジルへの輸出に大きく依存していることを反映し，ラテンアメリカでの域内貿易比率が高い。

さらに，ラテンアメリカの輸出においては，その品目における構成も大きく

変化している（**図7-16**）。1970年代頃まで，ラテンアメリカの輸出は鉱物資源，農産品などの一次産品輸出が主体であり，それらの比率は90％近くであった。ラテンアメリカの工業化は1950年代より始まったが，1970年代頃までは工業部門は発展過程にあり，また，主として国内市場を対象としていたことから，十分な国際競争力をもたず，輸出産業として十分に成熟していなかった。しかし，1980年代から製造業品の比率が高まり始め，1990年代には急激に加速した。経済自由化が製造業部門の生産性・生産効率を高めたこと，輸入自由化が必要な資本財・技術集約財の輸入を容易にしたこと，外国企業によって技術や知識が導入されたこと，外国企業によって部品などの輸出供給基地の役割が増大したこと，一次産品の加工が進んだことなどの結果である。国別でみると，メキシコの製造工業品の輸出比率は7割，ブラジルで5割を超えており，コスタリカ，エルサルバドルでもその比率は高い。しかし，チリ，ペルー，ベネズエラなど一次産品輸出に依然として強く依存する国も存在している。ただし，2000年代後半から一次産品のシェアが再び拡大しているが，既に議論されたように，ラテンアメリカ諸国から中国などの新興諸国への鉱産物，食糧などの輸出が量的に拡大するとともに，価格も急騰したことが理由である。

（2） ラテンアメリカの直接投資

前掲の図7-6が示すように，ラテンアメリカ諸国への直接投資の流入は，1990年代以降急激に増加した。1990年の82億ドルから，99年に886億ドル，2007年には1000億ドルを超えた。経済自由化とともにラテンアメリカ諸国の経済的安定性などへの信認が高まり，拡大を続ける市場規模と他地域への輸出供給基地としての優位性を考慮し，さらには鉱産物・エネルギーなどのさまざまな資源開発を目指して，先進国企業が多数進出したことを物語っている。また，ラテンアメリカ諸国で推し進められた民営化に外国企業が積極的に参加したことも直接投資を後押しした。

直接投資を受け入れることは，不足する投資資金を補うだけでなく，新しい生産技術やマネジメントの方法を導入し，また，それが国内企業に対して波及効果を持つことによって，産業全体の生産性を高めることが期待される。さらに，多数の外国企業が進出すれば，受入国の法的整備，インフラ整備，企業ガバナンス，人的資源開発のための教育などを改善させる誘引となる。

投資分野としては、従来の自動車、機械、電気・電子機器などの製造業が現在でも重要な投資分野であるが、1990年代には民営化を契機に、鉱業、石油などの資源産業、製鉄、化学などの重化学工業、通信、電力、航空、鉄道などのインフラへの進出がなされた。さらに、小売、金融などのサービス業への直接投資の比率が高まっている。とくに銀行部門では、欧米の大規模銀行が現地の銀行を吸収合併し、大きなシェアを占めるにいたっている。さらに、2000年代には鉱産物や食糧の資源開発を目的とする投資や、大衆消費社会の到来を見越した消費関連の投資、自動車産業に典型的に見られるグローバルな生産配置のための投資などが増加している。こうした投資分野の変化とともに、従来の欧米企業のみならず、今日ではスペイン、ポルトガル、オランダなどの欧州企業、中国、韓国などのアジア企業、ラテンアメリカ域内の企業が新たな投資主体として存在感を高めている。しかし、既に述べたように、残念ながら日本企業のプレゼンスは停滞したままである。

4　戦略的な経済関係の構築に向けて——今後の課題

序章で議論された現在のわが国が置かれている状況と、1990年代以降のラテンアメリカ諸国の大きな変化を勘案し、以下では、日本の対ラテンアメリカ関係においてもっとも重要と考えられる3つの課題に関して議論する。資源輸入、直接投資、地域貿易協定の問題である。

（1）資源輸入

鉱物資源、エネルギー、食糧など多くの天然資源を輸入に依存するわが国にとって、こうした財の安定供給の確保は死活問題である。鉱物資源についてみると、鉄、銅、鉛などを含む鉱産物（HSコード26）輸入全体の4割前後をラテンアメリカからの輸入が占めている。**表7-3**は、ラテンアメリカ諸国からの輸入がとくに大きな重要な比重を占めている鉱産物の国別輸入比率を掲載している。わが国の製造業にとってもっとも重要な鉄鉱石、銅鉱石のみならず、鉛、亜鉛、モリブデン、リチウムなどのベースメタルの多くをラテンアメリカ諸国からの輸入に依存していることが理解される。表7-3には、鶏肉、オレンジ・ジュースの輸入に関しても記載されているが、これらの品目がブラジルや

第7章　ラテンアメリカと日本

表7-3　日本の資源関連品目の輸入：輸入国上位5カ国の比率（2010年）　　（％）

鉄鉱石		銅鉱石		モリブデン		鉛	
オーストラリア	55.2	チ　リ	36.3	チ　リ	54.3	オーストラリア	49.8
ブラジル	33.3	インドネシア	24.4	アメリカ	14.8	ボリビア	19.8
南アフリカ共和国	5.0	ペルー	10.7	カナダ	10.3	ペルー	16.6
インド	3.3	オーストラリア	10.0	メキシコ	6.9	アメリカ	13.7
チ　リ	1.3	パプアニューギニア	7.3	韓　国	5.5	-	-
亜鉛		リチウム		鶏肉（生鮮・冷凍）		オレンジジュース	
ボリビア	28.3	チ　リ	72.9	ブラジル	88.0	ブラジル	59.2
ペルー	26.2	中　国	14.2	アメリカ	5.9	メキシコ	10.7
オーストラリア	23.6	アルゼンチン	9.5	フランス	2.6	アメリカ	8.2
アメリカ合衆国	13.2	アメリカ	1.9	フィリピン	1.5	イスラエル	6.6
メキシコ	6.4	ドイツ	1.0	ハンガリー	1.3	イタリア	5.7

（注）　各品目のHS分類は以下の対応関係にある。鉄鉱石260111～260120，銅鉱石2603，モリブデン261310，鉛2607，亜鉛2608，リチウム283691，鶏肉（生鮮・冷凍）020711～020733，オレンジジュース200911，200912，200920。
（出所）　財務省貿易統計品別国別表。

メキシコからの輸入に依存していることは意外と知られていない。

　ところで，こうしたわが国にとって重要な天然資源の安定供給を確保するためには，かつて，1970年代にブラジルの国家プロジェクトであったカラジャス鉱山の開発に参画し，わが国への鉄鉱石の安定的な供給に貢献したように，これら資源の積極的な開発輸入が求められる。たとえば，電気自動車のバッテリーなどに不可欠なレアメタルであるリチウムは，現在チリからの輸入が7割近くを占めているが，チリ，アルゼンチン，ボリビアなどのラテンアメリカ諸国の埋蔵量は世界の8割近くを占めるとされている。今後，リチウムの需要の拡大が見込まれることから，十分に開発されていないこうした国々の鉱山開発に貢献することは，わが国へのリチウムの安定供給に資すると期待される。また，自動車などで使用される高級鋼板作りに不可欠なレアメタルであるニオブは，ブラジルの企業（CBMM社）が世界需要の8割を供給しているが，日本を含む各国企業はCBMM社に出資するなど，レアメタルの争奪戦が繰り広げられている。その他のラテンアメリカで産出されるレアメタルやレアアースの確保に関しても，日本企業の戦略的な対応が求められている。

（2）　**直接投資**

　今後の日本経済の発展にとって直接投資の進展は重要な意味を有しており，

ラテンアメリカへの直接投資に関しても戦略的な展開が望まれる。しかし，1980年代後半からの経済自由化に呼応し，多数の欧米の多国籍企業がラテンアメリカに進出したのに対し，日本企業はバブル崩壊後の企業経営環境の激変のなかで戦略的な国際化が立ち遅れ，ラテンアメリカにおけるプレゼンスは大きく後退した。1990年代以降のラテンアメリカへの直接投資が，製造業のみならず，金融，通信，商業，IT関連，インフラなど，日本企業にとって不得意な分野での直接投資が主流となったことも重要な要因であった。近年のラテンアメリカへの直接投資の特徴として，M&Aによる進出が多くの割合を占めるようになっているが，日本企業がM&Aによる投資に不慣れであることも日本企業のプレゼンスの低下の一因である。いうまでもなく，企業の多くが中国への直接投資を優先したという事情もあった。だが，ラテンアメリカ諸国の経済は1990年代以降急激に変化しており，ラテンアメリカ域内で巨大な市場が形成されつつあることや，資源の供給先としての重要性が高まっていることを考慮すると，ラテンアメリカはわが国の投資対象地域としての重要性を高めつつあるといえる。

　ただし，ラテンアメリカ諸国への企業進出を成功させるためには，日本企業のマネジメント自体に関わるいくつかの留意点がある。ラテンアメリカ諸国は変化しつつあるが，そのビジネス環境には独特のものがあり，必ずしも日本企業にとって有利に働くものではない。これまでにラテンアメリカ諸国に進出して成功している企業は，多かれ少なかれ以下の特徴を有している。まず，徹底した現地志向の戦略を進めていることである。現地通貨での採算の重視，現地の人材の役員への登用，現地の商慣行の熟知，現地のパートナーとの適切な関係など，本社とは独立した経営戦略が成功の1つの条件となっている。また，長期的なタイムスパンを持った進出であり，借り入れに依存せず十分な自己資本を有していることも重要な条件である。しかし，日本企業の多くは，投資規模が欧米企業と比較して平均的に小さく，長期的視野に欠けるなどの問題があった。最後に，投資先国における政治的・経済的混乱や，突然の経済政策・法制度の変更，治安問題などに対して，十分な危機管理能力を有することも重要な要素である。今後，世界の企業が熾烈な競争を繰り広げているラテンアメリカ市場で日本企業が再びそのプレゼンスを高めることは，日本企業の競争力の回復とさらなる発展にとっても1つの大きなステップとなるはずである。

(3) 地域経済統合

ラテンアメリカにおいては，経済自由化に加えて，貿易，直接投資を促進する1つの柱となっているのが，地域経済統合の積極的な展開である。既に1960年代より中米諸国で構成される中米共同市場（CACM），南米諸国とメキシコで自由貿易圏の形成を目指したラテンアメリカ自由貿易連合（LAFTA），アンデス諸国で構成されるアンデス共同体（CAN）などが存在したが，これらは輸入代替的工業化のコンテキストで，保護された市場を拡大することを主要な目的としていた。しかし，1990年代に入ると，ネオリベラリズムに基づく経済自由化を補完するものとして位置づけられ，北米自由貿易協定（NAFTA）や南米南部共同市場（メルコスール，MERCOSUR）をはじめ，数多くの地域統合が形成され，また，メキシコやチリなどの諸国では2国間での自由貿易協定（FTA）が数多く結成されている。（詳しくは本シリーズ第7巻第4章を参照）。

このように地域経済統合に極めて積極的なラテンアメリカと日本との間には，現在，日本メキシコEPA，日本チリEPAが結ばれており，また，ペルーとは2012年3月にEPAが発効している（序章表序-1参照）。しかし，わが国の地域貿易協定の戦略は，アジアにより大きなウエイトが置かれており，ラテンアメリカ諸国との地域貿易協定が進展しているとはいえない。だが，ラテンアメリカ諸国との貿易協定は，当該国市場のみならず，北米市場への生産プラットフォーム，もしくは，輸出プラットフォームとして機能することが期待される。EPAなどを通じたラテンアメリカ諸国とのサプライチェーンの形成により，北米，南米市場とより密接に連携できるはずである。したがって，北米市場と地理的に近く，中間層の躍進で拡大する国内市場を有するラテンアメリカ諸国と貿易協定を締結しないことによる不利益は極めて大きいといえる。

ところで，アジア太平洋地域諸国のラテンアメリカとの貿易協定をみてみると，現在，多様な国の間でFTAが締結されている。中国とチリ，中国とペルー，韓国とチリ，韓国とペルー，台湾と中米諸国，インドとチリ，豪州とチリ，シンガポールとパナマ，シンガポールとペルーが，それぞれFTAを結んでいる。また，ニュージーランド，シンガポール，チリ，ブルネイの間で環太平洋戦略経済連携協定（いわゆるP4協定）が発効しており，インドとメルコスールの間では特恵関税協定が結ばれている。このように，わが国を通り越してアジア地域の国々がラテンアメリカ諸国と経済統合を推進し，経済的繋がり

■□コラム□■

デカセギ日系移民

　1990年6月の出入国管理法改正により，3世までの日系人とその配偶者に対し，就労制限のない在留資格が与えられたことから，日本で就労する日系人が急増した。こうした人々はデカセギと呼ばれ，ブラジルではdekasseguiという言葉が一般的に用いられている。ブラジル国籍の外国人登録数は，90年の5.6万人から拡大を続け，2007年には31.7万人に達した。同様にペルー国籍の外国人登録数は同期間に約1万人から5.9万人へと増加した。米州開発銀行の調べによると，在日のデカセギによる2005年の本国送金は，ブラジルへ22億ドル，ペルーへ3.7億ドル，ボリビア・パラグアイ・コロンビアへ1億ドルであった。同年のブラジルのコーヒー豆の輸出額が25.2億ドルであったことを考慮すると，いかに多額であるかが理解できる。
　しかし，デカセギの人々が日本で直面する経済的，社会的な状況は極めて厳しい。そもそも正規労働者として雇用されるケースは少なく，ほとんどが仲介業者を介した派遣労働や非正規雇用である。外国人であることや日本語が不自由なことから，不利な条件での労働に従事したり，社会保障を受けられないケースも多い。子弟の教育も大きな問題となっている。なかには，日本での仕事や生活に順応し，日本への定住化が進むケースも少なくないが，十分な生活が約束されているわけではない。
　2008年の世界的な金融危機はわが国の製造業にも深刻な影響をもたらしたが，派遣社員，非正規労働，期間工などで雇用されているデカセギの人々の多くが職を失い，生活に困窮するケースが続出した。このため，政府は2009年4月にこうした人々に対する帰国支援金の給付という措置をとった。申請者本人に30万円，家族一人当たり20万円を支給するもので，受給する3年間をめどに就労制限のない日系人としての在留資格による再入国ができない条件がつけられていた。リーマン・ショック後の不況によって約7万人のブラジル人が帰国したとされるが，厚生労働省によると，この内1.75万人が帰国支援金を申請したとされている。このため，2010年のブラジル国籍の外国人登録者数は23万人にまで減少した。
　これまで，わが国はこうしたデカセギの人々を，自動車関連産業を主体とする製造業部門で雇用してきたが，基本的に単純労働における労働不足を補ってきたという側面は否定しえない。いうまでもなく，日本語能力も含め，様々な技術や技能を獲得し，日本もしくは本国でのキャリアアップに繋げるには時間を必要とするが，日本の産業，企業の側に貴重な人材をスキルアップさせて有効活用するという意識が少ないことも事実である。また，デカセギの人々とその家族がまとまった形で特定の都市に居住することは，その都市における内なる国際化を否応なしに迫るものであり，行政サービスのみならず，一般市民がデカセギという外国の人々との共生によって内なる国際化を進展させるきっかけとなることが期待される。したがって，デカセギの人々の存在は，わが国の産業にとっても市民にとっても国際化への1つの試金石だといえる。

を強めているといえる。

　こうした地域貿易協定の進展によって，アジア諸国とラテンアメリカとの貿易は大きく変化している。ここで，日本，中国，韓国からラテンアメリカへの輸出に着目すると，2002年には日本が182億ドル，中国が124億ドルあったが，2003年以降は順位が逆転し，2010年にはそれぞれ467億ドル，1005億ドルと中国に大きく差を開けられてしまった。韓国の輸出も2010年には414億ドルとなり，日本に肉薄している。とくにブラジルやメキシコなどの大国への輸出においては，2010年には中国，韓国，日本の順となっており，中国や韓国にリードを許している。中国や韓国からラテンアメリカ諸国への主要な輸出品目は，電子部品，電子機器，自動車，携帯電話などがあるが，日本企業は価格の点から競争できないでいる。

　以上のような状況を勘案すると，今後，日本が推進すべき地域貿易協定の候補の一つして，ブラジルを含むメルコスールとの統合を考慮すべきである。メルコスールはメルコスール全体としてのみ他国との地域貿易協定の交渉が可能であるため，メンバーの1国であるパラグアイが台湾を承認していることから中国との地域貿易協定は困難だと予想されている。また，韓国に関しても，地域貿易協定によって韓国からの輸入が急増することが危惧されており，関心は低いとされている。したがって，中国，韓国との競争で優位に立つためにも早急にメルコスールとのEPAの締結が望まれる。

（注：本章の内容は筆者の個人的見解であり所属する機関の見解を代表するものではありません）

●参考文献
宇佐見耕一他（2009）『図説ラテンアメリカ経済』日本評論社。
外務省『政府開発援助データブック』各年版。
経済産業省『通商白書』各年版。
西島章次・小池洋一編著（2011）『現代ラテンアメリカ経済論』ミネルヴァ書房。
西島章次・細野昭雄編著（2004）『ラテンアメリカ経済論』ミネルヴァ書房。
日本経済団体連合会「メキシコ経済連携協定の再協議に関する要望」（2009年7月22

日）http://www.keidanren.or.jp/japanese/policy/2009/068.html
細野昭雄（2010）「アジア太平洋地域と中南米」渡辺昭夫編『アジア太平洋と新しい地域主義の展開』千倉書房。

（西島章次）

第8章
アフリカと日本

　アフリカは遠くて遠いといわれる。かつて，お隣の韓国を近くて遠い国だと表現することがあった。これは地理的には近いのに，相互の関係が疎遠なことを嘆いた表現だった。これに対してアフリカが「遠くて，遠い」というのは，地理的にも遠いばかりでなく，関係も疎遠あるいは希薄と感じられているからだろう。ただ，たとえば東アフリカ諸国と日本の間の時差は6時間しかなく，西ヨーロッパ諸国よりも近いのである。やはりアフリカが「遠くて，遠い」のは，社会的，経済的な関係の希薄さに大きな要因があるといえよう。
　このように，日本とアフリカの経済関係は，決して密接だったとはいえない。後でみるように，たとえば日本の貿易額に占める対アフリカ輸出入の比率は他と比べて低い。また日本からの投資や，両者の間の人の往来なども他の地域と比べてさかんではなかった。しかし，近年変化の兆しがみられる。資源をめぐる世界的状況の変化や経済成長率の上昇で，アフリカへの関心が強まっているのである。実際に日本との間の貿易額も増加し始めた。
　本章では，こうしたことを念頭に置きながら，アフリカと日本の経済関係について考えていきたい。以下では，第1節でまず日本とアフリカの経済関係の概要について述べる。第2節では，上に述べたような近年の変化を踏まえて，アフリカにとって日本はどのような位置づけにあり，それが近年どう変わりつつあるのかについて述べる。第3節では，逆に日本にとってアフリカとの関係はどのような意味をもつのか，そしてその関係の意味を踏まえて日本はどのように対応すればよいか，について論ずる。

1　アフリカとの経済関係の概要

(1)　日本とアフリカの経済的特徴の違い
① 日本とアフリカ——所得や生活の水準についての比較

日本とアフリカの経済関係を考える際に欠かせないのは，日本とアフリカの

それぞれの経済がどのような特徴をもち，世界経済のなかでどのような位置づけにあり，役割を果たしているか，ということである。

まず，両者の経済規模と所得水準を確認しておこう。世界銀行の統計によれば，2009年の日本の人口は約1億2756万人，国民総所得は約5兆1711億米ドルで世界第2位の経済規模となっている。一方，アフリカは，人口が約10億770万人であるのに対し，国民総所得は約1兆4986億米ドルと日本の3分の1にも及ばない。人口がより大きいのに総所得が少ないため，アフリカの1人当たり平均国民所得は1391米ドルと，日本の4万539米ドルよりもはるかに小さくなっている。

アフリカのなかでも，北アフリカ5カ国（エジプト，リビア，チュニジア，アルジェリア，モロッコ）以外の「サハラ以南のアフリカ」には，とくに所得水準の低い国々が多い。サハラ以南のアフリカの48カ国（2010年に独立した南スーダン共和国を除く）の1人当たり平均所得は1150米ドルとアフリカ全体の平均よりも低い。この平均値はアフリカ最大の経済規模を持ち，平均国民所得の水準が5760米ドルと高い南アフリカ共和国（南ア）を含んだ数字である。南アを除いたサハラ以南のアフリカ47カ国の1人当たり平均所得は844米ドルときわめて低い。他方，北アフリカ5か国の1人当たり平均所得は3280米ドルでサハラ以南を大きく引き離している。つまり，アフリカの域内では，南アを除くサハラ以南の諸国と，南ア及び北アフリカ諸国との間に大きな経済格差があることになる。

世界のなかでも最も深刻な貧困を抱えるサハラ以南のアフリカでは，極端な貧困の基準とされる1日1.25ドル以下の生活を送る人々が51％いるとされており（2005年），その比率は世界でも最も高い。教育や保健などの社会開発の側面でも状況は劣悪である。

加えて，サハラ以南のアフリカの経済は，1980年代以降2000年代に入るまで長期の停滞を経験した。世銀の統計によれば，1980年以後20年間のアフリカの国内総生産（GDP，市場価格基準）の年平均の成長率は2.6％，サハラ以南のアフリカの同成長率は2.0％である。日本の経済も，1990年代初めのバブル崩壊以降，長い間停滞してきた。ここで述べたアフリカの成長率は，日本の停滞期間（例えば1991年から2009年まで）の年平均成長率0.7％よりもだいぶ高いようにみえるが，実はアフリカは人口増加率がこの20年の間年平均2.7％（サハラ以南

第8章　アフリカと日本

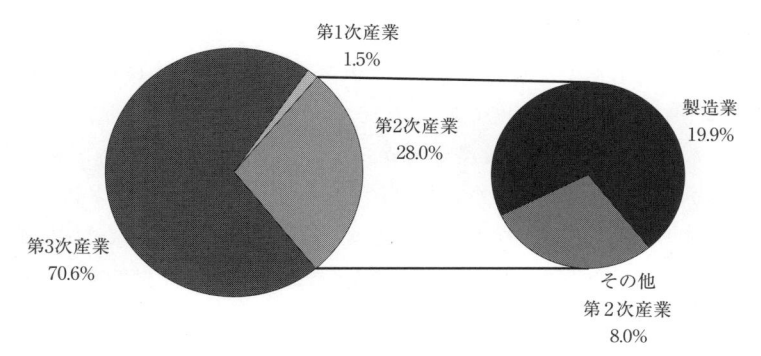

図8-1-1　日本の付加価値の産業別構成（2008年）
（出所）World dataBank WDI/GDFのデータから筆者作成。

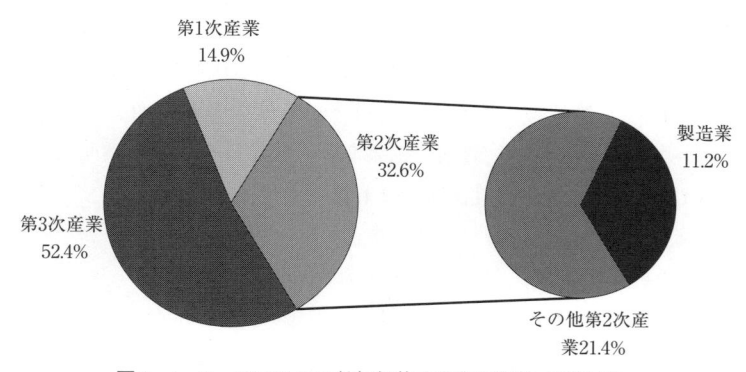

第1次産業 1.5%
第2次産業 28.0%
第3次産業 70.6%
製造業 19.9%
その他第2次産業 8.0%

図8-1-2　アフリカの付加価値の産業別構成（2008年）
（出所）World dataBank WDI/GDFのデータから筆者作成。

第1次産業 14.9%
第2次産業 32.6%
第3次産業 52.4%
製造業 11.2%
その他第2次産業 21.4%

は2.8%）と世界で最も高く，GDPの成長率を上回っている（日本の停滞期間の人口増加率は0.1%）。この間アフリカの1人当たりの生産は低下していたことを意味する。

　一般論として，経済が停滞し，人々が貧しい地域は，民間企業にとってあまり魅力的ではない。過去にアフリカと日本が希薄な経済関係にあった要因の1つは，アフリカの側の停滞と貧困だったといってよいだろう。

② 産業別構成の違い

　次に，日本とアフリカの経済の産業別構成をみてみよう。**図8-1**は日本と

187

アフリカのそれぞれの国内総生産の構成を示している。まず,農業,林業,漁業,牧畜業などの第1次産業の構成比が大きく異なり,日本は1.5%と,アフリカの14.9%の10分の1程度である。

次に,製造業,鉱業,建設業などからなる第2次産業については日本が28.0%,アフリカが32.6%となっている。しかし,日本では,第2次産業のなかで製造業の占める比率がアフリカに比べて非常に高い。製造業は付加価値全体に対して19.9%を占め,第2次産業のなかでは約7割と圧倒的な割合となっている。一方,アフリカでは製造業は全体の11.2%,第2次産業のなかでは34.3%にとどまっている。

裏返せば,日本と比較した際の,アフリカの特徴のひとつは製造業以外の第2次産業の比重が大きいことにある。その主要なもののひとつは鉱業である。世界銀行(世銀)の統計によれば,鉱業はアフリカの付加価値全体の19.1%を占める。他方内閣府の統計によれば日本の鉱業は,0.06%ときわめて小さい(双方とも2007年)。農産物,鉱産物など自然から産出され,加工をされていないものを一次産品というが,農業や鉱業など一次産品を産出する産業分野の比率は,33.0%であり,日本の1.5%よりもはるかに高い。

③ 輸出と輸入の構成

続いて,日本とアフリカそれぞれの貿易の状況をみていくこととしよう。ここで,アフリカの輸出と輸入には,アフリカ域内の各国どうしの貿易を含むことを断っておきたい。

まず,日本の輸出・輸入についてみてみよう。国連の,標準国際貿易商品分類(SITC)に基づく統計によれば,日本の輸出額合計は約7698億米ドルである(2010年)。

図8-2-1は,上記の統計に基づき日本の輸出品目の大まかな構成についてみたものである。輸出品の構成は,上で述べたような製造業の付加価値比率が高いという日本の産業のあり方と関わった特徴的なものとなっている。輸出額合計の59.6%が「機械類・輸送用機器」である。「機械類・輸送用機器」のなかには,道路走行用車両(18.8%),電気機器及び部品(13.0%),一般産業用機械・機器及び部品(6.7%)などが含まれる。道路走行用車両はすなわち自動車であり,電気機器には家庭電気製品やパソコンなどの電子製品が含まれる。自

第8章　アフリカと日本

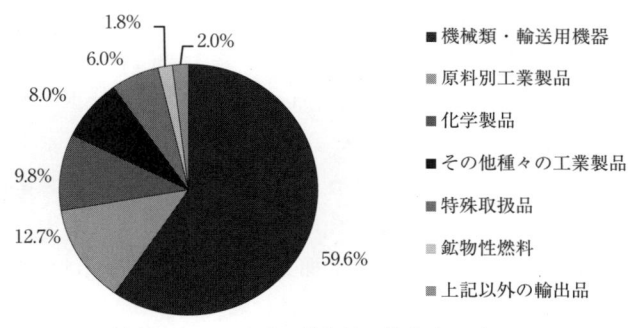

図8-2-1　日本の輸出品の構成（2010）
（出所）　UN Comtradeのデータより筆者作成。

- 機械類・輸送用機器　59.6%
- 原料別工業製品　12.7%
- 化学製品　9.8%
- その他種々の工業製品　8.0%
- 特殊取扱品　6.0%
- 鉱物性燃料　1.8%
- 上記以外の輸出品　2.0%

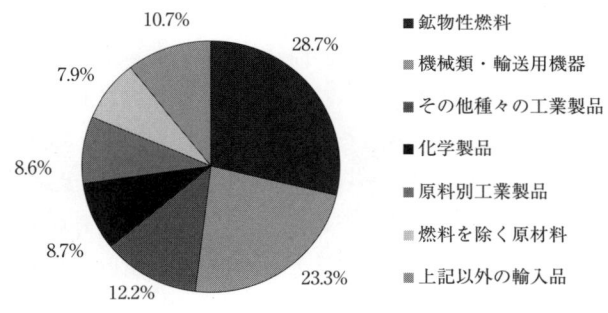

図8-2-2　日本の輸入品の構成（2010）
（出所）　UN Comtradeのデータより筆者作成。

- 鉱物性燃料　28.7%
- 機械類・輸送用機器　23.3%
- その他種々の工業製品　12.2%
- 化学製品　8.7%
- 原料別工業製品　8.6%
- 燃料を除く原材料　7.9%
- 上記以外の輸入品　10.7%

動車と電気・電子製品は日本の主力輸出品といってよいだろう。その他の品目を合計した工業製品はおよそ90％以上に達している。日本は世界に対して輸出を通じて，自動車や電気・電子製品に代表される機械類をはじめとする工業製品を大量に供給し続けており，その背景にあるのは，おしなべて世界最高の水準にある日本の製造業の生産技術である。

　2010年の日本の輸入額合計は約6926億米ドルである。**図8-2-2**に示した日本の輸入品目の構成についてみると，石油・天然ガスを主体とする「鉱物性燃料」が全体の28.7％を占める。続いて「機械類・輸送用機器」が23.3％，「その他の種々の工業製品」（他の項目に含まれない工業製品）が12.2％を占める。輸入全体のうち「鉱物性燃料」などの一次産品はおよそ3分の1強を占める。他方，日本の輸入品の半分以上は，工業製品である。国連統計のより細かい分類

によると，電気機器及び部品（7.5％）が第2位，通信・録音・音声再生用機器（4.9％）が第5位，衣料及び付属品（3.9％）が第6位を占める。

　過去に，鉱物等の天然資源に恵まれない日本は高い技術水準の製造業を発展させ，天然資源など一次産品を輸入して加工し，輸出するという加工貿易を行ってきた。1980年には，輸入額のうち「鉱物性燃料」はじめ鉱産物・一次産品だけで8割以上で工業製品の輸入の比率は限られており，その一方で工業製品が輸出のほぼ全てを占めるという，加工貿易という特徴づけがふさわしい状況だった。しかし，1980年から2010年の間に輸入に占める工業製品の比率は増加し，日本は単純な加工貿易から大きく形を変えてきたといってよい。

　1980年代以降，日本の製造業をはじめとする多くの企業が海外に拠点をもつようになり，国際的な分業と流通のネットワークが展開されるようになった。この変化を通じて，日本の製造業は，同じ企業グループや産業のなかでの国際分業なしには活動できなくなった。必要不可欠な半製品，あるいは完成品が国外でつくられ，輸入されるようになったのである。

　他方で，賃金をはじめ企業にとってのコストが高くなったため，繊維・衣料製品など労働をたくさん用いる軽工業や，必ずしも高い技術水準を必要としない分野を中心に日本の国際競争力が低下して中国など新興諸国からの製品の輸入が増加したという事実も見逃せない。2010年，中国からの輸入品は，先にあげた電気機器及び部品の輸入額のうちの32.8％，衣料及び付属品の82.2％，通信・録音・音声再生用機器の64.1％を占めている。

　次に，国連の貿易統計によれば，2010年のアフリカ諸国の輸出額の合計は，約4025億米ドルである。アフリカ大陸全体を合わせても，日本の輸出額合計に及ばないことになる。上で述べたような鉱業及び第1次産業の構成比の高さは，アフリカの世界経済における鉱物資源・一次産品の供給源としての位置づけと強く関わっている。図8-3-1に示したように，国連の2010年の貿易統計によれば，アフリカの総輸出額の57.6％を石油・天然ガス等「鉱物性燃料」が占める。1970年代の石油ショックで価格が高騰して以来アフリカは産油大陸に変貌し，1980年には73.3％と4分の3近くが「鉱物性燃料」で占められていた。

　アフリカの輸出額のなかで，1980年に比べ，2010年には「鉱物性燃料」の比率が下がっているのは，その他の一次産品の輸出が相対的に大きくなっているからである。そして「鉱物性燃料」に非鉄金属（4.9％,「原料別工業製品」に含

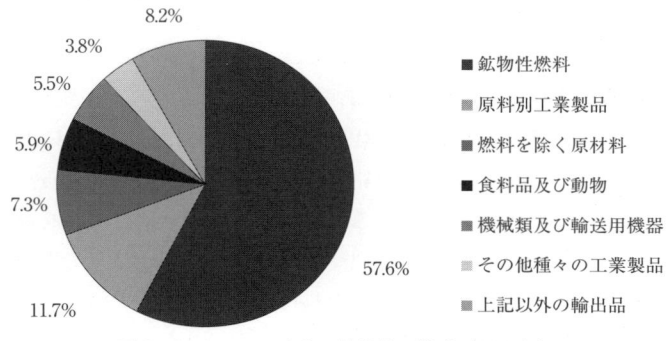

図8-3-1 アフリカの輸出品の構成（2010年）
（出所）UN Comtradeのデータより筆者作成。

- 鉱物性燃料 57.6%
- 原料別工業製品 11.7%
- 燃料を除く原材料 7.3%
- 食料品及び動物 5.9%
- 機械類及び輸送用機器 5.5%
- その他種々の工業製品 3.8%
- 上記以外の輸出品 8.2%

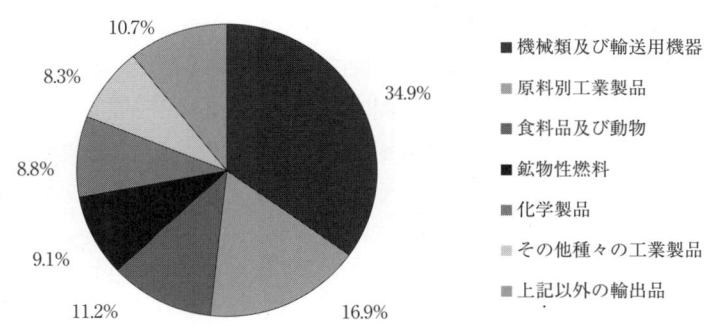

図8-3-2 アフリカの輸入品の構成（2010年）
（出所）UN Comtradeのデータより筆者作成。

- 機械類及び輸送用機器 34.9%
- 原料別工業製品 16.9%
- 食料品及び動物 11.2%
- 鉱物性燃料 9.1%
- 化学製品 8.8%
- その他種々の工業製品 8.3%
- 上記以外の輸出品 10.7%

まれる），鉄鉱石等（4.4%,「非食品原材料」に含まれる）を合わせると，鉱物資源関連品目だけでおよそ3分の2を占めることになる。また，コーヒー・茶・カカオなど（2.7%）をはじめとする「食料品及び動物」の輸出は総輸出額の5.9%を占める。他方，非鉄金属などの素材産業以外の工業製品（「機械類・輸送用機器」など）は9.3%に過ぎない。つまり，アフリカの輸出の大半は鉱産物・農産物などの一次産品か，非鉄金属のように一次産品に精錬・精製などの簡単な加工を施したものである。アフリカの世界貿易における位置づけは，まずもって鉱業産品・一次産品の供給地であるといってよい。

一方，同じ国連の貿易統計によれば，2010年のアフリカ諸国の輸入額合計は，約3537億米ドルである。アフリカの輸入において大きな比率を占めるのは，工

業製品である。「機械類・輸送用機器」（34.9％），「化学製品」（8.8％），「その他の種々の工業製品」（8.3％）を合わせると，総輸入額のおよそ52％に達する。また，「原料別工業製品」は16.9％である。

他方で，「食料品及び動物」は11.2％，「鉱物性燃料」は9.1％に上る。これらのことは，アフリカにも食料を自給できていない国，あるいは石油を産出しない国が多数あることを反映している。食料が人々の生活に欠かせないことはいうまでもないが，アフリカの貧しい諸国の問題点の1つは，労働力の大半が農業に従事しているにもかかわらず，食料自給を達成できていないことにある。またアフリカ諸国の経済でも石油から作られるガソリン等の燃料は必要不可欠の役割を果たしている。所得水準が低く，輸出収入を一次産品に依存する国々が食料や石油を輸入に頼っていることは，これらの国の経済を，食糧・石油を含む一次産品の不安定な国際市況に影響されやすいものにしている。

このような対外的な脆弱性こそが，国際経済におけるアフリカ，とくに南アを除くサハラ以南の諸国の特徴的な問題点である。その脆弱性は貧困と表裏をなしている。そして，アフリカの貧困と脆弱性の背景には，製造業や安定した生産性の高い農業の発展を阻んでいる，制度環境，インフラストラクチャー，人材の未発達などの問題が横たわっている。

既に述べたように，アフリカ地域の経済は全体として，1980年代から長く低成長を経験してきた。そうした状況を生んだのも，農産物・鉱産物の国際市況の低迷及びそれに連動したアフリカにおける第一次産業や鉱業の停滞である。たとえば1980年から2000年までの第一次産業と鉱業の年平均成長率はそれぞれ2.5％，3.2％である。冒頭で少し触れたように，近年になってからこうしたアフリカの停滞に変化の兆しがあらわれた。アフリカの輸出する一次産品の国際市況が好転し，第一次産業と鉱業の輸出に支えられて，経済成長が再開したのである。2000年から2009年までのアフリカのGDP年平均成長率は4.7％に上昇している（同じ期間の第一次産業の年平均成長率は3.8％，鉱業の同成長率は08年には金融危機発生のため急激に低下したものの，07年までは4.6％と，それ以前の20年間に比べて好転した）。そのこと自体は，歓迎すべきことであるが，こうして国際的な状況に大きく影響されることは，アフリカの対外的な脆弱性の裏返しともいえる。

④　貿易収支及び貯蓄と投資

　日本では1981年から2010年までの長期にわたり，輸出が輸入を上回り，貿易黒字を計上する状況が続いている。また，そのことと連動して日本の国内貯蓄は，世銀の統計によれば国内総生産比23％であり，先進国の平均17％に比べて高水準にある（いずれも2009年）。巨額の貿易黒字と貯蓄は投資の原資となり，日本国内の投資をまかなうとともに，1980年代以降の日本企業による活発な海外投資を可能としてきた。日本銀行の統計によれば，2010年の日本の海外投資残高（資産）は約340兆円に上り，そのうち直接投資残高は約68兆円である。日本の製造業企業が展開してきた国際的な分業ネットワークは，海外への直接投資の結果として形成されたものである。また日本の貿易黒字と貯蓄は，政府の財政を通じて，資金他のリソースを開発途上国へ還流する政府開発援助の原資ともなってきた。日本はほぼ1990年代を通じて，世界最大の援助供与国であった。しかし，とくに財政赤字が膨張したため，援助への財政支出は1990年代後半にピークを迎えてから削減されてきた。

　他方アフリカについては，1980年から2010年までの間に貿易黒字を計上した年は11年しかない。既に触れたように21世紀になって輸出が急増したが，それに伴い輸入も急増した。また，アフリカ全体の国内総貯蓄率は長く停滞し，世銀の統計によれば1989年には19％，1999年にも19％であった。21世紀になって輸出の急増に連動し貯蓄率は若干上昇したが，世界金融危機後の2009年には再び19％となっている。

　上で述べたことは全体的な集計値であり，アフリカのなかで，貿易収支や貯蓄をめぐる状況には国ごとに非常に大きな違いがある。北アフリカ諸国や一部の産油国のように鉱物資源に恵まれ，相対的に人口規模が小さいために消費財の輸入が少ない国は貿易黒字になり，連動して貯蓄率が高くなる傾向がある。アフリカ全体の貯蓄率は，資源ブームで上昇したこれらの国々での高い貯蓄率によって引き上げられている。

　他方，石油資源等に恵まれないサハラ以南の貧しい国の多くの貯蓄は低く，サハラ以南のアフリカ全体の貯蓄率は1989年に19％，1999年に15％，2009年には16％となっている。この地域を全体としてみると，アフリカ全体や産油国のような21世紀になってからの貯蓄率上昇の傾向はみられない。たとえば，最貧国のひとつエチオピアの2009年の貯蓄率はわずか4％である。貯蓄率の低さは

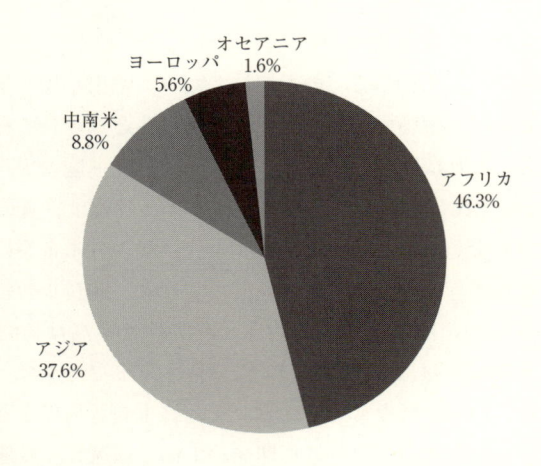

図8-4 政府開発援助の受け入れ額地域別構成比 (2009年)

(注) 全ての供与国・機関による援助供与純額に占める，それぞれの対象地域の比率を示したもの。対象地域が限定されていない供与額は除外している。
(出所) OECD, Development Database on Aid from DAC Members DAC online

これらの国々の政府財政とも連動しており，経済活動が微弱で徴税機構が未発達なこともあり，歳入は乏しく，財政が赤字である場合が多い。

貿易赤字，貯蓄不足，財政赤字を埋め合わせるためには資金・リソースに余裕のある豊かな国からその移転を受ける必要があるが，その主要な回路として，海外の企業による投資，民間からの借り入れ，政府間の援助がある。南アやその他の資源国には海外企業の投資や民間資金が相当流入しているが，貧困な国々は投資機会に恵まれず，民間の金融機関から借り入れをすることも難しいので，政府間援助への依存度が大きくならざるをえない。

図8-4のように，世界の援助の半分近くはアフリカに集中している。また，アフリカへの援助額の住民一人当たり平均額は53米ドルと，貧困がやはり深刻な南アジアの9米ドルをはるかに上回っている（2009年の世銀の統計による）。サハラ以南のアフリカの国内総投資率（国内総固定資本形成のGDPに対する比率）は，1989年に18％，1999年に17％，2009年に22％と貯蓄率を上回ることが多いが，その差は多く援助によってまかなわれている。

第 8 章　アフリカと日本

表 8 - 1　1980年と2010年のアフリカの輸出入の主要相手国

1980年						2010年					
輸　出			輸　入			輸　出			輸　入		
順位	国　名	比率	順位	国　名	比率	順位	国　名	比率	順位	国　名	比率
1	アメリカ	33.7%	1	フランス	19.7%	1	アメリカ	21.7%	1	中　国	16.7%
2	西ドイツ	14.3%	2	西ドイツ	11.0%	2	中　国	16.6%	2	フランス	9.8%
3	フランス	11.8%	3	イタリア	10.4%	3	イタリア	9.9%	3	アメリカ	7.9%
4	イタリア	10.6%	4	イギリス	9.6%	4	フランス	7.7%	4	ドイツ	7.4%
5	オランダ	5.5%	5	アメリカ	9.1%	5	ドイツ	5.5%	5	イタリア	6.6%
6	スペイン	3.8%	6	日　本	8.5%	6	イギリス	4.0%	6	イギリス	4.2%
7	イギリス	3.7%	7	ベルギー	3.9%	7	日　本	2.9%	7	南アフリカ	3.4%
8	ベルギー	3.1%	8	オランダ	3.5%	8	ブラジル	2.8%	8	日　本	3.4%
9	日　本	3.0%	9	スペイン	3.3%	9	カナダ	2.4%	9	ベルギー	2.9%
10	ギリシャ	1.7%	10	サウジアラビア	2.1%	10	ベルギー	2.3%	10	ナイジェリア	2.9%

（注）　ベルギーには隣国ルクセンブルグの数値も含む。
（出所）　UN Comtradeのデータより筆者作成。

（2）　アフリカと日本の間の貿易の推移・分野の特徴

　ここでは，前の小節で述べた日本とアフリカそれぞれの産業及び貿易の特徴を踏まえ，また他の国々・地域と比較しながら，とくに両者の間の経済関係で最も重要な貿易のあり方についてみていこう。

　まずアフリカと世界との貿易全体の歴史的推移をみてみると，輸出・輸入ともに長い間小さな規模にとどまってきた。とくに1980年代以降20年余りの間は，ほぼ横ばいで低迷していたといってよいだろう。しかし，その後21世紀になってから輸出・輸入ともに急激に増大した。2000年前後から2008年に起こった世界金融危機の影響を受けてやや減少するまでの短い間にアフリカの輸出も輸入もともに3倍前後に拡大している。

　地域としてアフリカの最大の貿易相手はヨーロッパ諸国である。この状況は，1960年前後のアフリカ諸国の独立以来一貫して変わらない。

　20年余の長さに及ぶ輸出入の低迷は，既に触れたような，アフリカ経済の低迷と密接に関わっており，また21世紀になってからの輸出入の急増は，近年の経済成長率の上昇と表裏をなしている。

　表 8 - 1 は，1980年と2010年のアフリカの貿易相手国それぞれの輸出・輸入における順位と全体額に占める比率を示している。以下では，表 8 - 1 を参照しつつ，アフリカの貿易相手先の変遷とその関係の特徴について明らかにして

いこう。

　アフリカの貿易の相手先としては，地域的にはヨーロッパが最も重要である。なかでもドイツ，フランス，イタリア，イギリスなどヨーロッパの工業諸国は，それぞれアフリカにとって非常に重要なパートナーである。これら4カ国の重要性は表8-1でも確認できる。品目の内訳を知るために，ユーロを通貨として使用する国々全体（ユーロ圏）へのアフリカからの輸出額の累計の構成比を見ると，「鉱物性燃料」60.2%，「食料品及び動物」8.9%など一次産品が大半を占め，ユーロ圏からのアフリカの輸入では「機械類・輸送用機器」41.9%，「原料別工業製品」16.2%など工業製品が大半を占める。ヨーロッパとアフリカとは，いわゆる垂直的な貿易関係にある。

　ヨーロッパとアフリカの貿易量が大きくなっているのは，地理的な近さと同時に，歴史的に形成されてきた両者の密接な関係にも要因がある。とくにフランスやイタリアにとって北アフリカ諸国は地中海の対岸にあり，仏伊両国のアフリカとの貿易の大半は北アフリカ諸国との輸出入である。また後述するようにイギリス，フランス，ベルギーを始めとしていくつかのヨーロッパ諸国はアフリカ大陸を植民地支配した経験を持っており，後述するようにその頃に形成された経済関係は，現在の関わりの基盤をなしている。そうした密接な関係を背景として，ヨーロッパ連合はアフリカ諸国の輸出に対して特恵的な扱いを認め，アフリカにとってヨーロッパ向けの輸出が大きくなる要因となっている。

　ただ，表8-1にみるように，アフリカ側からみると，旧植民地の宗主国及びヨーロッパ諸国との関係は相対的には過去に比べて弱まってきたようである。1980年にはヨーロッパ諸国は輸出で8カ国，輸入で7カ国が上位10カ国に名を連ねていた。しかし，2010年には輸出，輸入ともに5カ国に減少している。

　アフリカ諸国にとって，一国として最大の輸出先はアメリカである。表8-1のようにアメリカは1980年の時点で他を大きく引き離しており，2010年には比率は低下したものの，依然として首位にある。アフリカのアメリカへの輸出は累計額でみるとその82.7%が「鉱物性燃料」であり，石油・天然ガスにほぼ特化しているといってよい。その他を合わせると9割以上が鉱産物であり，アメリカがアフリカを鉱産物の供給地として明快に位置づけていることがわかる。

　鉱産物以外のアフリカのアメリカへの輸出で興味深いのは，「その他の種々の工業製品」2.6%，とくにそのうちの衣料及び付属品2.1%である。これは

1990年代以降に増加したものである。アメリカは「アフリカ成長機会法」を制定し，アフリカで生産された産品であれば，ヨーロッパ連合よりもさらにアフリカに有利な条件でアメリカ市場を開放する措置をとった。これによってアメリカへの輸出の機会が広がった。

　反面，アフリカのアメリカからの輸入は輸出に比べて少ない。アメリカとの間の輸出入は，アフリカ側に大きな貿易黒字をもたらしていることになる。アメリカからの輸入では「機械類及び輸送用機器」が34.5％と大きな比率を占める。続く「食料品及び動物」15.5％のうち，「穀物及び穀物調製品」が10.3％に及ぶ。アメリカは先進工業国であると同時に農業大国として世界の食料供給地でもあり，アフリカにおける穀物の供給不足を埋め合わせているのである。

　次に，表8-1にみるように，2010年にアフリカ諸国にとって一国として最大の輸入先は中国である。まず中国への輸出についてみると，この国はアメリカに次いで大きな輸出先となっている。中国への輸出はとくに21世紀に入る頃から急激に伸び，日本など他の国を抜いて輸出先として第2位となった。中国へのアフリカの輸出の累計額においても「鉱物性燃料」61.9％を始め，その他も合わせて鉱産物が大半を占める。中国も石油を始めとする鉱産物の調達先としてアフリカを位置づけているのである。中国は工業生産力の目ざましい拡大と生活水準の向上に伴い，大量の原材料を必要とするようになっており，アフリカからの輸出を増やしている。他方で中国の原材料需要の拡大は世界規模で資源価格を高騰させ，アフリカの鉱産物・一次産品の輸出収入の拡大に2重に影響を与えている。

　中国からのアフリカの輸入も輸出と同様，21世紀になって急速な勢いで伸び，2010年の時点でこの国は一国としては最大の輸入先となっている。アメリカと異なり，中国とアフリカの間では輸出入がより均衡している。中国からの輸入のうち，「機械類・輸送用機器」42.1％，「原料別工業製品」29.0％をはじめ，そのほとんどが工業製品となっている。中国もまた，ヨーロッパなどと同様，アフリカと垂直的な貿易関係を結んでいるようである。

　最後に日本についてみてみよう。日本のアフリカとの輸出入は増えてはきたが，その伸びは他の国・地域と比べて緩慢である。表8-1によれば，日本は1980年にはアフリカの輸出先として9位，輸入先として5位を占めていたが，2010年には輸出先では変わらず9位で，輸入先ではやや下がって8位となって

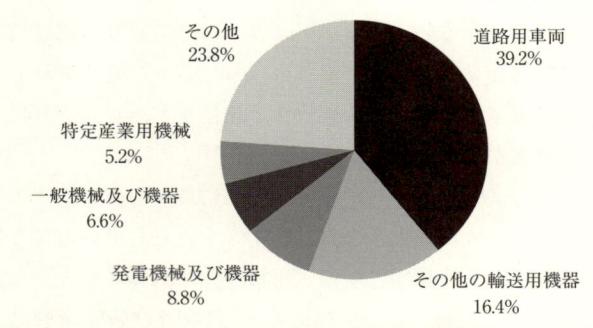

図 8-5　アフリカの日本からの輸入の商品分類別構成比（2010年）
（出所）　UN Comtradeのデータより筆者作成。

いる。同年にアフリカから日本への輸出額は約116億8565万米ドル，日本の輸出額合計の1.6％に当たり，アフリカの日本からの輸入額は約120億508万米ドル，日本の輸入額合計のやはり1.6％を占める。アフリカとの輸出・輸入が合計額に占める比率は，1980年代から90年代まで低下を続け，1999年には輸出が0.6％，輸入が0.9％まで低下したが，その後回復をした。また，日本とアフリカの間の輸出入の関係は，アフリカの側からみて約3億1944万米ドルの輸入超過となっている。

　アフリカから日本への輸出の累計額では，「原料別工業製品」が44.2％，「鉱物性燃料」が26.1％をそれぞれ占め，「非食用原料」14.5％，「食料品及び動物」7.2％が続く。「原料別工業製品」のほとんどは，精錬後の非鉄金属である。すなわち，アフリカから日本への輸出の大半は鉱産物関連品なのである。日本も低い所得の国々の輸出品に対して貿易上の特恵的措置を施しているが，アメリカやヨーロッパのように，大きくアフリカの輸出品を増やすには至っていない。他方，アフリカへの日本からの輸入の累計額では，「機械類及び輸送用機器」が81.0％と圧倒的な比率を占め，次いで「原料別工業製品」10.4％ほか工業製品が続く。工業製品は，アフリカへの日本からの輸入のほぼ全量を占めている。

　さらに日本からの輸入の具体的な中身についてみてみよう。図8-5は，2010年におけるアフリカの日本からの輸入をより細かい商品分類に従い，示したものである。

　アフリカが日本から輸入する品目は，基本的に機械及び鉄鋼などの重工業製

第8章　アフリカと日本

表8-2　アフリカにおける日本の主要貿易相手国（2010）

	第1位		第2位		第3位		第4位		第5位		合計
日本の輸入	南アフリカ	61.5%	スーダン	10.4%	ナイジェリア	4.6%	アルジェリア	4.0%	エジプト	4.0%	84.5%
日本の輸出	南アフリカ	31.9%	リベリア	16.3%	エジプト	12.1%	アルジェリア	8.0%	ナイジェリア	5.6%	73.9%

（注1）　表中のパーセンテージは各国のアフリカ全体の輸出額・輸入額に占める割合をあらわす。
（注2）　「合計」は第1位から第5位までの国々の比率の合計をあらわす。
（出所）　UN Comtradeのデータから筆者作成。

品がほとんどである。そのうち機械及び機器が全体の4分の3弱を占め，また車両ないし輸送関連製品が全体の半分以上に及んでいることがわかる。すなわち，アフリカの日本からの輸入のうち主な品目は自動車関連製品なのである。

表8-2はアフリカにおける日本の貿易相手国上位5位の国々を示したものである。

輸出，輸入ともに，南アが最大の貿易相手となっている。同国のアフリカ最大の経済規模を考えれば当然かもしれない。南アからの日本の輸入の最大のものは非鉄金属60.6%であり，その大半は同国が世界最大の生産量を誇るプラチナ（白金）である。プラチナは装飾品や触媒等に使われる希少金属である。続くスーダン，赤道ギニア，ナイジェリア，エジプトからの輸入では，そろって石油及び天然ガスが圧倒的に高い比率を占めている。

南アへの日本からの輸出で多いのは道路用車両52.0%であり，その他を合わせると80%以上が機械類及び輸送用機器である。エジプト，アルジェリア，ナイジェリアも経済規模や人口が比較的大きい国であるが，3カ国ともに道路用車両や機械類が日本からの輸出品目のなかで高い構成比を占めている。ただ，ナイジェリアについては道路用車両が最大の比率なのは同じだが，必ずしも自動車以外の機械類の比率は高くない。異彩を放っているのはリベリアであり，経済規模が小さいにもかかわらず，ほぼ毎年アフリカの日本の輸出先として上位にある。リベリアへの輸出の大半は船舶であるが，これは同国が船舶関連税を減免して便宜置籍船（実質上の船主の国籍でない国籍の船舶）を受け入れていることによる。

以上を総合すると，日本もヨーロッパや中国と，また部分的にアメリカと同様に，アフリカから鉱産物・一次産品を買い，アフリカに工業製品を売る垂直的な貿易関係にあるといえる。が，今日の日本のアフリカとの関係，とくにア

表8-3 日本からアフリカへの直接投資残高（2010年）

(億円)

	アフリカ	うち南アフリカ	アジア	北米	ヨーロッパ	その他	全世界
製造業（計）	904	890	112,970	89,980	83,618	26,130	313,602
ゴム・皮革	132	×	3,236	1,497	1,822	276	6,963
鉄・非鉄・金属	43	43	9,062	5,948	1,915	4,018	20,986
一般機械器具	1	×	11,858	7,896	5,472	586	25,813
輸送機械器具	728	×	23,979	17,888	21,012	2,535	66,141
その他	―	―	60,504	55,292	52,862	18,518	187,175
非製造業（計）	4,104	978	60,409	123,852	74,103	100,838	363,309
農・林業	9	×	46	90	37	36	218
鉱業	879	×	1,586	3,847	9,199	27,181	42,691
建設業	7	―	918	322	539	312	2,098
運輸業	464	×	1,981	769	1,404	3,706	8,325
卸売・小売業	142	120	19,333	48,099	19,347	7,624	94,544
金融・保険業	2,426	―	20,706	47,604	31,383	56,564	158,683
サービス業	107	―	4,343	3,707	4,315	552	13,024
その他	―	―	8,141	11,137	3,693	2,232	25,203
直接投資全体	5,008	1,868	173,379	213,832	157,721	126,969	676,911

(注1)　―は日本銀行が公開した情報に該当データが存在しないものを示す。
(注2)　×は件数が少ないため，日本銀行が個別投資家の情報保護の観点から数値を明らかにしていないものを示す。
(出所)　日本銀行直接投資残高（地域別かつ業種別）平成22年末（http://www.boj.or.jp/type/stat/boj_stat/bop/dip/index.htm）．

フリカによって日本から輸入されるものは，他と比べて一定の特徴がある。その特徴については次節で詳しくみることにしよう。

（3）　直接投資等の推移・分野の特徴

上記の（2）において，基本的に貯蓄不足のアフリカは，国内貯蓄の代わりに投資をまかなうために何らかの方法で資本を受け入れる必要があることをみた。特に民間部門へ外国から資金が流入する主な回路は2つある。1つは，投資家が経営・事業展開など民間の企業等に永続的な利害関係を持つための「直接投資」であり，統計上は出資の10％以上の場合が原則として直接投資とされている。もう1つは，株式他の証券や債券の取得（直接投資に当たるものを除く）を目的とした証券投資である。

表8-3は，日本銀行のデータに基づき，2010年末における日本のアフリカ他各地域向けの直接投資の残高を，分野別に示している。日本の全世界への直接投資残高は67兆6911億円であり，北米，アジア，西ヨーロッパなどが上位を占めている。アフリカへの同残高は5008億円で，約0.7％に過ぎず，相対的に

きわめて小さい。また，全世界からアフリカへの直接投資残高に対する比率は，概算では３％程度と推計される（世銀と日銀の，2007年のフローの直接投資のデータによって推計）。

ただ，2000年からの10年間で日本からアフリカへの直接投資残高は約5.8倍と，全世界への同残高（約2.1倍）よりもはるかに急速に伸びている。21世紀になって日本企業のアフリカへの関わりが，小さいながらも強まり始めたことがうかがえる。アフリカへの直接投資を分野別にみると，非製造業の比率が製造業を大きく上回っている。これは製造業・非製造業の額があまり変わらない，日本の直接投資残高の全体的なあり方とは異なっている。アジア向けでは，製造業が非製造業をかなり上回っているが，これは日本企業が展開するアジア域内での国際分業ネットワークの形成によるところが大きいと考えてよい。

アフリカへの日本の直接投資のうち製造業については分野的な広がりが限られており，日銀の分類による「輸送機械器具」分野が80.5％と高い比率を占める。全世界への製造業投資残高では，輸送機械器具21.1％に次いで，「電気機械器具」分野の投資が18.5％と高い比率となっているが，後者の分野はアフリカ向けにはデータとして計上されていない。つまりアフリカには自動車関連の投資は一定の額行われているが，電気製品関連はないということである。これは（２）でみたアフリカと日本の間の貿易の分野的な広がりと同様のことである。製造業分野の投資の対象国としては，南アが98.4％とほぼ全てを占めている。

日本のアフリカの非製造業分野への投資では，「金融・保険業」が大きな比率を占めていることが目を引く。この分野の直接投資先の多くの部分を占めているのはモーリシャスであり，この国の提供する投資課税優遇措置が関係しているものと推測される。

一方，アフリカ大陸から日本への直接投資もない訳ではなく，2010年末には残高はなくなっているが，2009年末で315億円の残高があり，その６割強が運輸業に集中している。1990年代にはアフリカから日本への直接投資はほぼ皆無だったことを考えれば，ここにも両者の結びつきの強まりの一端をみることができる。ただ，アフリカから日本への直接投資は全世界からのそれの0.2％に過ぎない。

2010年末の日本の全世界への証券投資残高は，直接投資をはるかに上回り，272兆5179億円に及ぶ。そのうちアフリカ向けの証券投資残高は4608億円で直

接投資を少し下回る程度であり，全体に占める比率はわずか0.2%である。アフリカでは証券市場や債券市場が十分発達しておらず，日本の投資家としては活発な投資を行うことが難しいのであろう。証券取引所等の制度がアフリカの他の国より整っている南アへの証券投資がアフリカ全体の71.0%を占める。ただ，日本からアフリカへの証券投資残高も2010年までの10年間で約2.6倍に伸びており，全世界への同残高の伸び（約1.8倍）を上回っている。

アフリカからも日本へ証券投資が行われており，2010年末で2158億円と直接投資を大きく上回る額が流入している。こちらも過去10年間で約3.8倍の伸びを示している。しかし，この額は日本への証券投資の残高152兆4513億円のやはり約0.1%に過ぎない。

このように，全般的にいって民間の投資を通じたアフリカと日本の関係は，拡大しつつはあるものの，未だ希薄だといわざるをえない。

（4） 日本の対アフリカ援助の実績

先にみたように，アフリカは最も深刻な貧困をかかえ，さらに多くの国は貯蓄不足に苛まれ，世界の開発援助全体の半分近くを受け入れている。日本のアフリカ援助についてはどのような状況にあるのだろうか。

日本のアフリカに対する援助が本格的に開始されたのは1970年代のことである。当時の東南アジアでの反日感情の高まり，石油ショックを契機とした総合安全保障の認識などから，アフリカ諸国との友好関係を構築することが外交上有益と考えられたのである。欧米諸国からも，アジアばかりでなくアフリカにも援助を広げるように働きかけがなされた。**図8-6**のように，それ以来，日本はその援助の10%程度をアフリカに対して配分してきた。これは，世界の援助額全体に占めるアフリカの比率が50%近くである（図8-4参照）のに比べて低い水準にとどまっている。また，経済協力開発機構のデータによれば，2009年において，日本のアフリカ援助はアフリカ援助総計の3.2%に過ぎない。こうした相対的な援助の小ささの背景には，日本の援助が，近隣のアジア諸国に対する戦争賠償等に端を発し，その後も外交や貿易と連動してアジアに集中的に供与されてきたという歴史的経緯がある。

図8-6から明らかなように，日本のアフリカ援助のほとんどは，サハラ以南のアフリカに供与されている。また，日本の援助総体は，借り手にとって有

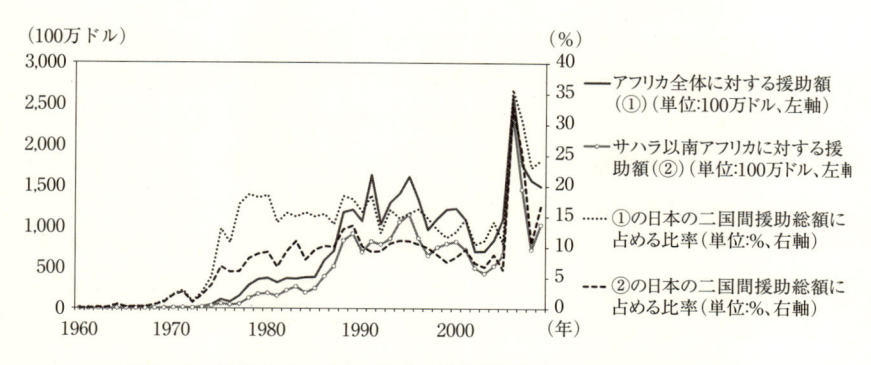

図 8-6　日本のアフリカに対する援助額と全体に占める比率の推移
（出所）　OECD Stat Extracts (http://stats.oecd.org/Index.aspx).

利な条件で供与される円建ての貸付（円借款）が主体である。しかし，有利といっても返済が必要なので，貧しい国々には基本的に供与できない。実際サハラ以南のアフリカでは借款を供与されても返済できない国が相次いでいる。そのため，アフリカの貧しい国々には原則として贈与と技術協力を内容とする無償援助が供与されたが，無償なので，借款に比べて供与される援助額は限られたものにならざるをえなかった。また無償援助の原資は国の予算であり，1990年代以降財政がひっ迫してからは，その影響を大きく受けることになった。こうしたことが重なって日本のアフリカ向けの援助の比率は他と比べて低いままにとどまってきたのである。

　ただ，日本からみて比率が低いとはいえ，日本の援助全体の金額が大きかった1990年代には，アフリカ諸国の小規模の経済にとって大きな意味を持つ場合もあった。いくつかのアフリカの国では，日本の援助額が全ての援助主体のなかで最大だった。また，日本は1993年から「アフリカ開発会議」を5年ごとに開催し，アフリカへの支援についてリーダーシップをとろうと努めてきた。日本は市場経済化，民主化，人権尊重など欧米諸国が援助を通じてアフリカ諸国に求める政策の原則には基本的に同調しつつ，アメリカ等が求めた極端な経済自由化・規制緩和には距離を置き，またアジアの経験のアフリカへの移転を唱え，アジア等とアフリカとの南南協力を提案した。21世紀初頭まで貿易額が低迷していたこともあり，援助は，アフリカと日本の関係にとって相対的に大きな意味をもっていたのである。

21世紀になってミレニアム開発目標（国連での議決に基づく貧困削減を目的とする各国共通の目標）の達成に向けて諸外国がアフリカ援助を増強し，中国などの新興援助国も登場するなか，日本の援助の相対的比重は低下しつつある。こうした状況下，日本政府は2008年にアフリカ向けの援助を増額することを国際的に表明し，そのための措置を開始した。

　援助に関して特筆すべきことは，2011年3月に発生した東日本大震災に際して，多数のアフリカ諸国から日本に対して支援が差しのべられたことである。支援を提供した国・地域は163という空前の数に上り，その中に31のアフリカの国々が含まれ，その多くは所得の低い国々であった。援助は先進国から貧しい国への一方通行ではなく，双方向の支援として展開する可能性をもつことがはじめて明らかになった。同時にアフリカやアジアの支援国には日本の援助を受け入れてきた国が多く，援助がまさに長期的な意味での互恵関係を作ることに役立っていることが示された。

（5）　人の動き

　アフリカから日本への来訪者の数は，長期的にみると年々増えている。出入国統計によると，アフリカ諸国の国籍を持つ入国者の数は1960年にはわずか854人だったものが，1980年には1万1394人に達した。その後，2000年に2万0643人，ピークの年となった2008年には2万8836人のアフリカ人が日本を訪れている。増加のスピードは速いものの，他の地域との比較の上でその絶対数はまだ少数にとどまっており，2010年のアフリカ人入国者数2万6888人は入国者数全体の0.3％に過ぎない。またアフリカ人入国者の国籍別では，南ア（17.7％），エジプト（14.5％），ナイジェリア（11.2％）の順に多くなっている。他方，2010年時点で日本に長期滞在するアフリカ人の数（在留資格を得た者のうち，短期滞在者を除いた人数）は1万1060人で，国籍としてはナイジェリア21.7％，ガーナ15.5％，エジプト14.3％の順に多い。長期滞在者全体にアフリカ人の占める比率は約0.5％である。こうした日本へのアフリカ人来訪者・滞在者の数における国ごとの順位は，表8-2で掲げた貿易相手国の順位とは対応していない。来訪者・滞在者の数は，貿易関係だけではなく，各国の人口規模，海外への志向性の強さ，日本への入国資格要件などに左右されると考えられる。

一方，アフリカを訪れる日本人の数を正確に知ることは入国者に比べて簡単ではない。ここでは世界観光機関の集計により旅行者の数をみる。2004年に日本からアフリカを訪れた人の数は17万1681人（出国者数総計の0.8％）であったが，2008年には23万6522人（同じく1.2％）に増加している。これは日本を訪れるアフリカ人の数を大きく超えている。それは両者の経済力の差もあるが，同時にアフリカから日本に来る人の多くが留学・研修など長期の滞在を目的としているのに対して日本からアフリカへ行く人の多くが短期の観光客であることにもよると考えられる。2008年に日本からの旅行者が訪れた国はエジプト45.8％，南ア11.7％，ナイジェリア11.0％となっている。古代文明に関わる観光資源の多いエジプトへの旅行者が多いことはアフリカが観光の対象になっていることを象徴している。

また，外務省の統計によれば，2009年にアフリカに長期に在留する日本人の総数は7888人，そのうち長期滞在者は7266人，永住者は622人である。国別で最も多いのは南ア16.6％で，それにエジプト13.3％，アルジェリア12.1％が続く。アフリカでの日本人長期在留者は世界全体の0.7％とやはりわずかである。が，この人数は2002年から一貫して増え続けている。なお，アフリカに存在する支店等を含む日系企業の数は484で全世界の日系企業数の約0.9％であり，経済関係の強さを反映して，その約40％が南アに集中している。

2　アフリカからみた日本

（1）　比較対象としてのヨーロッパ，アメリカ，中国とアフリカの関係

冒頭の要旨でアフリカは日本にとって遠くて遠いところだと述べたが，日本もアフリカにとって遠くて遠い場所といえるかもしれない。そのことは，ここまで示した数字である程度明らかだが，さらにアフリカと経済関係を結ぶ他の地域と比較しながら，考えてみよう。

たとえばアフリカにとってヨーロッパは，今日のアフリカ諸国の骨格を形作ったのはヨーロッパだといえるほど近しい関係にある。北アフリカと南ヨーロッパは地中海をはさんで長い間交流を続けてきた。北アフリカとイタリアやフランスの貿易がさかんなことは既にみたとおりである。他方で，サハラ以南のアフリカ地域については，14世紀まではむしろインド洋を介してアジアと交

易をしていたが，15世紀末から沿岸部に西欧列強の略奪や破壊を伴う進出が始まった。そして，西欧列強によるアフリカ人奴隷の南北アメリカ大陸への輸出によって，アフリカは大きな被害を被った。

そして，19世紀末，イギリスとフランスをはじめとする西欧列強は，北アフリカを含むアフリカ全域を分割して植民地支配を開始した。英仏など宗主国は商品作物を普及させ，プランテーション（大農園）や鉱山の開発を進めた。それらの産品の輸出のため，植民地政府はアフリカ人を徴用して，港湾，鉄道，道路などのインフラストラクチャーを建設した。この過程でヨーロッパ系企業は，一方でアフリカで生産した一次産品を自国及び欧米諸国に，他方で自国製品を植民地に販売する事業形態を確立していった。今日のアフリカとヨーロッパの間の垂直的な貿易関係は，こうした植民地的経済関係に起源をもつ。

また，気候の温和な地域にはヨーロッパ系住民が入植した。とくに南アには20世紀初頭のイギリスによる全域支配の確立のかなり前から，オランダ系を中心とする住民が入植していた。ヨーロッパ系住民は南アにおける産業発展の担い手となった。他方で，彼らのアフリカ系住民との複雑な関係は，20世紀末まで維持されたアパルトヘイトという人種差別体制の時代を経て，現在まで続いている。また，植民地時代にアフリカには，インド亜大陸や中東出身の人々が渡来し，宗主国出身の官僚らとアフリカ系住民との間に立って，末端の官吏や流通業者として活動し，諸国の独立後も定住して経済の一翼を担うようになった。

1960年代の独立後，アフリカ諸国の政府は経済運営の主導権を，旧宗主国系や非アフリカ系の企業や人々から取り返し，自らのものにしようと努力した。けれどもアフリカ諸国の政府にとって，植民地時代に作られた行政機構，国内の流通や国際貿易の仕組み，そして旧宗主国の援助や企業の資本注入なしには，国家の運営は困難だった。ヨーロッパ系企業は，植民地時代に獲得した資産，商権やノウハウ・知識を武器に，アフリカと世界との経済関係に影響力を行使し続けている。アフリカにとって貿易相手先が多様化したとはいっても，旧宗主国を中心とするヨーロッパ諸国は依然，全体として最大の貿易相手である。

ヨーロッパはアフリカにとって最大の援助の供与者でもある。アフリカの貧困国政府の援助依存は深く，ヨーロッパ諸国の意向に強く影響される状況が続いている。とりわけ冷戦後，アフリカ諸国は援助の供与と引き換えに，ヨー

ロッパから民主化，人権問題，行財政改革・腐敗の防止などで厳しい条件を突き付けられてきた。

　アフリカにとって，アメリカとの関係もヨーロッパと並んで重要である。アメリカには奴隷の子孫たち（アフリカ系アメリカ人のほとんど）が住み，両者を文化的，政治的に結びつけている。またアフリカは，世界の超大国であるアメリカの戦略や意向に大きく影響されてきた。冷戦時代には，東部の「アフリカの角」地域や南部アフリカなどでアメリカとソビエト連邦の代理戦争が展開され，冷戦後アフリカはアメリカによる「テロとのたたかい」の前線となっている。

　1980年代から世銀・IMFによって推進された構造調整政策はアフリカ諸国に大きな影響を与えたが，同政策には市場主義を推し進めようとするアメリカ政府の後押しがあった。既にみたようにアフリカにとってアメリカは，最大の輸出先であり，また他の先進諸国と異なって農産物，とくに不足する穀物の供給者となっている。さらにアメリカがアフリカの産品に市場を開放し，輸出志向の衣類産業の展開などを助けてきた背景には，アフリカ系アメリカ人のアフリカ支援に対する熱意がある。アメリカはまた，世界最大の援助国としてヨーロッパと同様に民主主義や人権などの政治的価値基準の尊重をアフリカ諸国に求め続けてきた。

　アフリカにとって近年最もダイナミックに変化しているのは，最大の輸入先である中国との関係であろう。西欧列強の進出前には，インド洋やアジアの諸地域をはさんでアフリカと中国の間にさまざまな経済交流があった。14世紀には中国から東アフリカに明の提督鄭和の率いる船団の一部が訪れたこともある。アフリカ諸国の独立後，米ソの双方と対立した中国はアフリカ諸国との友好関係を重視して非同盟外交を展開し，人種差別政策をとる南アの白人政権への対抗などを後押しした。とはいえ，21世紀になるまでのアフリカと中国の関係は，貿易にしても政府間協力にしても限られたものだった。しかし，21世紀を迎え，アフリカと中国との関わりは劇的に拡大し，また多元化した。まず，中国の資源需要の拡大の影響や両者の貿易の増加は既にみたとおりである。そればかりでなく，今日の中国は，自国企業の世界への進出を強く促す「走出去」と呼ばれる政策をとっており，アフリカはその主要な進出先となっている。アフリカ諸国の多くで中国政府の金融面での後押しを受けた中国系企業がインフラスト

ラクチャーの建設事業、鉱業採掘権、広大な土地の所有権を獲得し、欧米への製品輸出を目的として工場を操業するなどしている。また中国人の移民・出稼ぎ者が多数アフリカ諸国へ流入してもいる。アフリカの人々の間で強まる自国への警戒感や反発を緩和する目的もあってか、中国からアフリカへの援助も急増している。中国は非同盟外交の時代から、平等互恵、内政不干渉を政府間協力の原則としてきており、厳しい条件を突きつける欧米を敬遠するアフリカ諸国の政府のなかには中国の援助拡大を歓迎する傾向もある。

表8-1にみるように、中国以外にもブラジルやアフリカの大国南アなどの新興国、ナイジェリアなどがアフリカ諸国の貿易相手として台頭してきていることは注目すべきだろう。

（2） アフリカにとっての日本との経済関係

アフリカにとって、中国よりさらに地理的に遠い日本との関係は、近代以前はヨーロッパ人についてアフリカ人が日本に渡航する程度で、か細いものだったといってよい。近代以降も植民地化されたアフリカが独自に日本と関係を築くことは難しかったが、アフリカは原綿などの供給地や欧州航路の中継地として日本と交流をもつようになった。また、アフリカの近代化を目指す人々にとって日本の発展の経験は刺激となり、参考となった。

しかし、上で述べたような、アフリカと欧米との間に歴史的に形成されたような密接な関係は、アフリカと日本との間には存在しなかった。独立後のアフリカ諸国の多くと日本との関係は、そうした意味で希薄なところから出発したといってよい。にもかかわらず、表8-1でみたように、1980年代には日本はアフリカにとって非欧米の国として最も重要な貿易相手となった。その頃、日本は人種差別のために国際社会から制裁を受けていた南アの最大の貿易の相手となり、南アと敵対するアフリカ諸国や欧米諸国から強い批判を浴びた。

ただ、多くの自国企業がアフリカに資本を投下し、利権を有するヨーロッパ諸国や、戦略的に石油を大量に輸入し、工業製品に加えてアフリカの穀物不足を補う輸出力をもつアメリカなどに比べて、日本のアフリカとの貿易額は全体としては決して多くなかった。他方で、1970年代から日本は、アフリカへの政府開発援助を増加させ、1990年代にはいくつかの国にとって最大の援助国となった。日本は、欧米諸国と政治的・経済的価値を共有しつつも、自らの基準

第8章　アフリカと日本

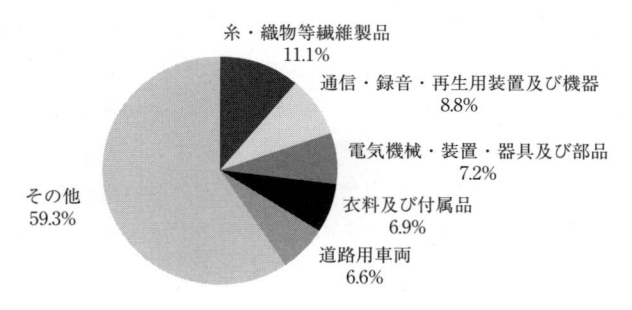

　　　　　　　　　　糸・織物等繊維製品
　　　　　　　　　　　　11.1%
　　　　　　　　　　　　　　通信・録音・再生用装置及び機器
　　　　　　　　　　　　　　　　　8.8%
　　　　　　　　　　　　　　電気機械・装置・器具及び部品
　　　　　　　　　　　　　　　　7.2%
その他
59.3%　　　　　　　　　衣料及び付属品
　　　　　　　　　　　　　6.9%
　　　　　　　　　　道路用車両
　　　　　　　　　　　6.6%

　　図8-7　アフリカの中国からの輸入の商品分類別構成比（2010年）
　　（出所）　UN Comtradeのデータより筆者作成。

をアフリカ側に突きつける欧米の姿勢に違和感を抱き，距離を置いてきた。侵略や植民地支配の経験がないこともあって，日本の欧米とは異なるスタンスはアフリカ諸国の政府の側から好感をもたれることもあった。1994年に南アの人種差別体制が解体され，日本のアフリカ外交に刺さったトゲが抜かれると，日本の経済力，大きな援助額，そしてアジアの経験・南南協力の提唱は，アフリカの政府や識者にとって，非欧米世界，とくにアジアを代表する支援国として日本に関心を寄せる理由にもなった。

　しかし，現在アフリカにおいてアジアの代表としての日本の地位は，中国に取って代わられつつある。既にみたようにアフリカと中国の間の経済関係は多元的なもので，それが急速に緊密化している。なかでも最も重要なのは貿易関係であるが，表8-1でみたようにアフリカにとって，日本との貿易の比重は以前と変わらず，反対に中国との貿易の比重が大きく上昇している。とくに，アフリカにとっての日本の位置づけを把握する上で重要と思われるのは，アフリカの日中両国からの輸入である。以下では両者について比較してみよう。

　まず2010年の時点での，アフリカの中国からの輸入額は日本の約13倍にも上る。**図8-7**は，2010年のアフリカの中国からの輸入を図8-5と同じく細かい分類に従ってみたものである。アフリカの中国からの輸入の特徴は，特定の大きな比率の品目がなく，「その他」の部分が大きいことが示すように，多様な品目にわたっていることである。それに対して，日本からの輸入は主要輸出品である機械類にほぼ集中し，しかも自動車など車両及び関連製品に大きく特化している（図8-5参照）。

では，具体的にどのようなアフリカの需要が日中両国からの輸入と対応しているか，という点について考えてみよう。図8-5に示した日本からの輸入品目のうち，「発電機械」，「鉄・鉄鋼」，「一般機械」，「特定産業用機械」のほとんどは，消費ではなく，何らかの生産活動に用いられることを主な目的として輸入されたと考えられる。他方2品目で半分以上を占める道路用車両及び輸送用機器のほとんどを占める自動車及びその部品については，自家用車向け，すなわち耐久消費財として輸入される場合もあるだろう。しかし，とりわけアフリカの人口の大半を占めるサハラ以南の諸国の多数の貧困な人々にとっては，自家用車を購入することは難しい。日本からアフリカが輸入する自動車の多くは中古車であるが，日本の数十分の一の平均所得しかない国々の人々にとっては中古車でも高嶺の花である。輸入される自動車の相当部分は，運送業用ないし比較的富裕な限られた層の自家用のためだと推測される。一方，先に述べたように，自動車等と並んで日本の主力輸出品となっているのが，家庭電気製品やパソコンをはじめとする電気機械・機器であるが，この品目はアフリカの日本からの輸入では上位にはない。

　中国については，図8-7のように繊維製品及び衣料製品のような軽工業製品，また通信・録音等関連の機器（テレビ，ラジオ，携帯電話機やオーディオ関連機器など）や電気機械（家庭電気製品など）が，アフリカの同国からの輸入の上位を占めている。少なくとも同図に示された品目からみると，中国からのアフリカの輸入の多くは個人や家庭での消費向けであると考えられる。しかも重要なことは，中国からの輸入品は，所得のそれほど高くないアフリカの人々でも買うことのできる手ごろな品目が多いと推測される。

　アフリカへの日中両国からの輸入品目の違いには，アフリカ内部の経済的変動のあり方が影響している。21世紀になってからアフリカ諸国の経済成長率が上昇したことは繰り返し述べてきたが，そのなかで，消費はかなり急速に拡大してきた（2000年から07年の間，家計最終消費は年平均4.9％の伸び率を記録した）。他方製造業は，それを下回る伸びであり（同じく年平均3.7％），しかもその伸びはかなりの部分，鉱物資源の精錬・精製の拡大に牽引されたと考えられる。すなわち，アフリカ内部の消費財を生産する製造業の成長は，需要の伸びに追いついておらず，その差を埋めるように中国などからの消費財輸入が拡大したと思われる。他方で，製造業の成長率がそれほど高くないことから，アフリカの

製造業の現場への機械等の導入も限られていたことが推測できる。そのことが，機械を主要な品目とする日本からの輸入が中国ほどには増加しない原因となっているだろう。

実はかつての日本は，個人や家庭で使用される品目や軽工業品をアフリカに対して輸出していた。1980年の時点でも現在と同様，自動車関連製品や鉄・鉄鋼が上位を占めるが，第4位の品目が「通信・録音・音声再生用機器」8.7％，第6位が「糸・織物等繊維製品」3.7％となっている。既にみたように，日本自体が，電気機械，衣料，通信機器等などの分野で競争力を失い，中国などからの輸入に多くを依存するようになっている。その同じ状況は，アフリカの日本からの輸入の品目構成の変化にも影響しているのである。

21世紀になり，急成長する新興国に限らず，他の途上国でも広く消費が拡大する傾向がみられた。その一端は，上で触れたアフリカでの消費の急速な拡大であるが，そこで注目されたのが，「ピラミッドの底辺（Base of Pyramid：BOP）」向けのビジネスである。それまで購買力が乏しく，市場としては期待されてこなかった世界経済の底辺の人々を，潜在的に旺盛な購買意欲をもった人々とみなし，アプローチを工夫してその需要を掘り起こしていこうとするのがBOPビジネスである。中国企業は品質や機能は劣っても安価な製品，とくに消費財を生産し，輸出することで，国外に広がるBOPビジネスの機会をつかみ，さらに輸出を拡大させてきた。アフリカの所得の低い層にも大きく広がった新しい消費財の具体例が携帯電話機であるが，中国はその需要の獲得に成功している。中国は政府系金融機関がアフリカ諸国の電気通信ネットワークの建設のために融資をし，中国系企業がその建設事業を担うなど，官民を挙げて輸出及びBOPビジネス拡大を推進している。

これに対して，日本の製品は，自動車や電気製品を筆頭に海外において高い品質・機能を持つという評価を定着させてきた一方で，自国の所得水準の上昇・消費文化の成熟に伴い価格競争力を大きく失ってきた。たとえば，アフリカの貧困層が携帯電話機に期待しているのは，まず安く会話や通信をすることであり，その需要に，きわめて複雑高度になった日本の機種のコンセプトは応えられていない。同様のことは多くの消費財についていえる。電気製品をはじめとする日本の製品は，アフリカ諸国では高級ブランド・イメージとともに捉えられている。その背景には，新興国に比べると，日本人の生活水準・生活形

態がアフリカ人からかけ離れていることがある。日本企業は，中国や東南アジアに工場を移転し，企業内国際分業を広げることで，現地法人を含むグループ全体として価格競争力の維持に努めてきた（だからこそ，日系企業の製品であっても日本からの輸出としては記録されないものが増加した）が，日本製品は広くアフリカの消費者が受け入れるようなものにはなっていないといえるだろう。それが，中国との大きな貿易額の差に帰結しているのである。

3 日本からみたアフリカ

　日本にはヨーロッパのようにアフリカを侵略し，植民地化した歴史はなく，またアメリカのように奴隷を移入して酷使したり，アフリカで代理戦争を引き起こしたりしたこともない。そうした日本のあり方はアフリカの人々にとって受け入れやすいものであろう。しかし，欧米のような深い歴史的，あるいは戦略的関わりをもたないことは，日本の対アフリカ関係が希薄であることの裏返しともいえる。そして，過去，中南米等を目的地として組織的に進めたような移民送出し政策を，日本はアフリカに対しては進めてこなかった。それは，自国民をアフリカへ積極的に送り出している，現代の中国のあり方とは対照的である。

　実際，希薄な関心しかもたないため，日本の対アフリカ政策は，とりわけ1980年代まではアメリカやヨーロッパからの批判や圧力に反応して形成される受動的な面が強かった。南アの人種差別政策への制裁で国際的批判を浴びたのも，日本政府が，アフリカの抱える問題自体に対応した政策をとろうとする意志が薄弱だったことが根底にある。南アに対して強硬な態度に出られなかったもう1つの要因は，この国がプラチナなどの日本の産業にとって重要な希少金属の産地であることである。そうした資源供給地としての一定の重要性は南アのみならずアフリカ全体について現在でも変わっていない。そうした重要性は世界的な資源価格の高騰のなかで，むしろ高まりつつあり，それが近年の日本の輸入全体に占めるアフリカの比率の上昇にもつながっている。ただ，そうした趨勢のなかで，日本とアフリカの間にある垂直的な貿易関係は継続し，より強化されつつある。

　過去，垂直的な貿易関係は，日本と東アジアを含む多くの途上国の間に成立

していた。しかし，現在では，日本と東アジアとの関係ははるかに複雑で緊密なものとなっている。1980年代までに日本国民の所得水準が向上し，製造コストが国際的に割高になると，必要とされる技術水準のあまり高くない繊維・衣料や，次いで重厚長大産業と呼ばれる資本集約的産業において，新興工業経済地域（NIES）などの追い上げを受けるようになった。

こうした趨勢を受けて，日本の製造業は，海外へ積極的な展開を図った。企業の海外進出はとくに円高の進んだ1980年代半ばから活発になり，きわめて多面的なかたちで進んだ。企業がまるごと海外に移るのではなく，製造工程を分割して，各生産拠点を販売先に近いところやより労賃の低いところなどの立地条件に応じて配置していくかたちが目立つようになった。その過程で日本の企業は積極的に海外投資を行った。このようにして，ある産業のみならず，一企業の製造工程が国境を隔てて分散（フラグメンテーション）するという，企業内国際分業が展開するようになった。

その投資の主要な対象となったのは，先進国などの製品の販売先と並んで，東アジア地域である。東アジア地域は，第2次世界大戦後に独立して以降の開発努力もあり，アメリカや日本からの援助も活用して，農業開発を通じて食料供給を安定させ，インフラストラクチャーや普通教育の整備を進めていた。そのために日系企業の投資を受け入れる条件をそなえていた。製品の組み立てなど比較的簡単な技術で済む製造工程を始めとして，日系企業の生産拠点が東アジア諸国に設けられていった。今や日本の製造業は，東アジアを中心に張り巡らされた国際的なネットワークなしには成立しえなくなっている。こうした国際的に分散した製造工程を結び合わせるために，東アジア域内でさかんに貿易が行なわれるようになっており，日本の輸出入もそうした側面を考慮しないでは理解できない。他方で東アジア諸国の製造業も日本製の部品等を必要とするようになっており，両者の不可分の関係は東日本大震災で日本からの部品供与の中断が東アジア諸国の企業に大きな影響を与えたことに現れた。

日系企業をひとつの核とした国際的な分業体制が形成されるのと連動しながら，1980年代以降，東南アジア諸国もNIESに続いて高度の成長を遂げた。それに続いて中国がいっそう高度の成長を遂げ，「世界の工場」と呼ばれるまでに発展してきた。こうして豊かになった東アジアは，日本の輸出品にとっての重要な市場ともなり，逆に日本も東アジアから多くの輸入品を買うようになっ

た。

　貿易の発展と並行して，日本を含む東アジア諸国は資金の国際的流通も自由化させ，相互の金融的な結びつきを強めていった。現在では，アジア諸国は，アメリカを超えて日本にとって最も重要な経済的パートナーとなっている。

　東アジアとのような緊密な経済的結びつきは，日本とアフリカの間にはほとんど欠如しているといってよいだろう。例外は南アで，同国は主に自動車産業の直接投資を受け入れ，日系企業の国際分業ネットワークの一部を形成している（表8-3参照）。しかし，他のアフリカの国々には日系企業のそうしたネットワークへと加わる動きは乏しい。これを日本からの地理的な遠さだけで説明することは，南アへの日系企業の投資の例や，ヨーロッパ系の企業もそうしたネットワークを構築できていないことを考えれば，適切ではない。むしろ，アフリカ諸国には，高度な技術を用いる日系製造業の投資を受け入れるような条件が，未だそなわっていないことが問題だろう。その条件とは，上でも触れたように農業開発の進展，製造業企業を支える法制度，インフラストラクチャーや質の高い教育を受けた労働力である。

　アフリカは10億人の人口を抱える大陸であり，その人口規模は世界で最も急速に増加しつつある。その人口は貧しくとも，将来にわたって魅力的な市場となることは間違いない。今後も日本が現在の繁栄を維持するために世界の市場に製品を販売することが必要であれば，アフリカという潜在的な巨大市場とどのように向き合うかを考えていかなければならないだろう。アフリカを遠いままにしておくことは，日本経済のためにもならない。しかし，その市場に日本の企業が参入していくのは容易ではない。BOPビジネスにも参入していけるような革新が望まれるが，それは販売の現場と生産の現場との密接な連携による個別的な努力によるところが大きいと思われる。だが，日本の企業は全体としてアフリカの販売の現場に関する知識を欠いている。

　もしBOP参入のための革新の可能性が当面低いとすれば，日本としてとるべきなのは，やはりアフリカの人々の生活水準の向上を長期的に粘り強く支援していく道であろう。そこで，鍵となるのは，2つのことである。1つは中国を含むアジアとの関係が強まりつつある状況を，アフリカの持続的な発展に役立つものとすることである。とりわけ，可能性が高いのは，インド洋に面するアジアの国々とアフリカの結びつきの強化だろう。たとえばインドの，アフリ

カの貿易パートナーとしての躍進に注目したい。表8-1には表れていないが，インドも急速にアフリカとの貿易を拡大している。既に触れたように，この地域では，西欧列強の進出の前から活発な交流があり，植民地時代にはインド等アジア出身の人々がアフリカに渡って根を張り，現在に至るまでさかんに経済活動を展開している。インド洋岸のアジア諸国には日系企業も，第1節で触れた国際分業ネットワークの一環として，たくさんの拠点をもつようになっている。それらを通じて，アジアのパートナーとともにアフリカを視野に収めた事業展開を図ることは日本からの直接の働きかけのみによるよりも現実的な場合があろう。つまり，アフリカ開発会議で提起されたような南南協力の発想をより拡大して，日本―アジア―アフリカの民間での三角協力を推し進めるのである。

2つめは，日系企業がもつようになった国際的な生産の分業ネットワークを構築するための前提条件をアフリカに創り出してゆくことであろう。その前提条件とは上述のような発展した農業，法制度，インフラストラクチャーや，健康で知識に富み，高い能力を有する労働者の存在であり，これらを創り出すことは民間企業の力だけでは難しく，政府と援助が一定の役割を果たさなければならない。

日本の援助の全体的・長期的趨勢をみると，従来の主要援助対象であったアジアの国々が富裕になって援助を必要としなくなりつつあり，アフリカへの援助の比率が上昇していくと考えられる。2008年に開かれた4回目のアフリカ開発会議で日本政府は，アフリカ援助増加の世界的傾向を受けて，自国の援助を4年間で倍増させ，円借款を大幅に増額し，さらに日本企業のアフリカへの民間投資を促進するための金融支援を進めることを表明した。重点分野としては，インフラストラクチャー，農業，保健などがあげられている。

ここで，円借款の増額は日本の財政ひっ迫に対応した措置であるが，将来に向けてアフリカの債務負担を増やすことが懸念される。また，民間投資の促進については南ア等を除くアフリカでは，アジアでのような製造業の国際分業ネットワークの一端をになう投資事業がさかんに行われる可能性は当面低く，大規模な投資は資源開発に集中するものと想像される。アフリカを資源依存に起因する脆弱性から脱却させ，持続的で着実な発展の軌道に乗せるためには，まずその基礎的な条件となる農業開発，インフラストラクチャーの整備や人材

■□コラム□■

アフリカのなかの日本と中国

　日本人の多くがアフリカ各国をつぶさに区別できないように，アフリカの庶民も，東アジアの国々を区別できないことが多い。最近各地で中国人の姿を多く見かけるようになり，アフリカでは東アジア人と言えば中国人と見る人が増えているようである。かわいらしい子どもたちから「ニーハオ」と声をかけられるのはよいとして，町の市場で商売人たちから，中国人向けのからかいの言葉をしつこく投げかけられるのには正直閉口する。
　マラウイの観光地で一人の現地の青年が，筆者に声をかけてきた。
「どこから来たんだい」
「日本だよ」
「へえ，そいつはすごい。日本は素晴らしい国だ」
「日本のことを知っているのかい。みんなよく間違えるけれど，中国とは違うよ」
「当たり前じゃないか。他の連中とは違って，俺はよく日本を知っている。日本人は中国人と違ってすごい民族だよね」
「そうかい，どんなところがすごい？」
「だって，日本はジェット・リーの国だろう」
　ジェット・リーはアフリカの若者の間で人気がある，中国出身のアクション・スターである。知ったかぶりの青年との話は早々に切り上げた。
　アフリカの大都会で目にする自動車の多くは日本の中古車であるが，しばしば前の所有者が書いた事業者名などの日本語が，その車体に残されている。トラックや小型バスに付いたままの「○○建設株式会社」，「△△幼稚園」，「××旅館」といった文字には，資材の運搬や送迎に奔走した日本での「前半生」が，透けてみえ懐かしい気持ちになる。筆者が生まれ育った町の自動車教習所の名前を小型バスの横っ腹に見つけた際は，はるばる海を越えてきたその車体を思わず撫でてやりたくなった。友人によれば，アフリカの人々は漢字をつけたままの車をエキゾチックで素敵に感じるのだそうだ。そういえば，車体全体を再塗装した際に元の日本語を見よう見まねで再現しようとしたらしい車を見ることもある。変形した漢字を誇らしげにつけたまま走っている姿は，何ともほほえましい。
　ただ，悲しいかな，漢字のついた中古車もどれだけ日本から来たと理解されているかは疑問である。アフリカと日本が分かりあえるには，モノだけではなく，やはり心を重ね合わせる人間どうしの交流が必要だろう。影の薄い日本のことだけでなく，存在感を強めながら反感を集めてもいる新興大国中国の将来も思うとき，そうしたありきたりのことが大切に思えるのである。

養成などの整備に注力することが望まれる。そのために援助が果たすべき役割は大きい。

　援助供与にあたって，もう1つ問題となるのは，アフリカに依然として存在する，民主主義の脆弱さ，人権侵害，腐敗などの問題である。欧米諸国がそうした問題について強硬な立場をとり，日本がそれにやや距離を置いてきたのは，既にみたとおりである。しかし，日本の柔軟で寛容な立場は，中国の援助の拡大でその希少価値を失いつつある。中国はアフリカ諸国の内政に対して不干渉の原則に立っており，またそもそも，中国自体がこれらの問題を抱えており，アフリカ諸国にそれらの問題について改善を求めること自体が自己矛盾になる。アフリカ諸国の政府にとっては，中国という援助供与国の選択肢が増えたことは，欧米の圧力をかわすことにつながる。しかし，そうしたことが民主主義の定着，人権の尊重，腐敗の抑制へのアフリカ内部の努力を抑制することになってはならないだろう。欧米と中国の間に立つ日本は，日本なりの方法でこれらの努力を後押ししてゆくことが切望される。

　アフリカ諸国の経済が，国際経済と結ばれて，そのなかにある機会を自らのために活かしながら，持続的に発展するための条件を整備すること，そして政治的にも民主的な諸価値を増進していくこと，それらに，ここまで述べたような日本なりの多元的な貢献をすることができるようになったとき，それは，アフリカと日本の距離が今よりもはるかに近くなることを意味していよう。

　東日本大震災後，所得の低いアフリカの国々までが，過去の日本の援助に応えて支援をしてくれたことは，私たちにとって大きな意味をもっているだろう。アフリカ諸国がより力をつけ，国際社会の有力なメンバーとなることを日本として手助けするのは，決してアフリカだけのために役立つのではなく，将来の日本の利益にも関わっているのである。そして，そのことが実現するとき，アフリカと日本の距離は現在よりはるかに近いものになっているにちがいない。

●参考文献
青木澄夫（2000）『日本人のアフリカ「発見」』山川出版社。
コリア，ポール著，中谷和男訳（2008）『最底辺の10億人——最も貧しい国々のため

に本当になすべきことは何か?』日経BP社。
平野克己（2009）『アフリカ問題——開発と援助の世界史』日本評論社。
峯陽一・武内進一・笹岡雄一（2010）『アフリカから学ぶ』有斐閣。
舩田クラーセンさやか（2010）『アフリカ学入門——ポップカルチャーから政治経済まで』明石書店。
モヨ，ダンビサ著，小浜裕久監訳（2010）『援助じゃアフリカは発展しない』東洋経済新報社。
コリア，ポール著，甘糟智子訳（2010）『民主主義がアフリカ経済を殺す』日経BP社。
髙橋基樹（2010）『開発と国家——アフリカ政治経済論序説』勁草書房。
佐藤寛編（2010）『アフリカBOPビジネス——市場の実態を見る』日本貿易振興会。
北川勝彦・髙橋基樹編（近刊予定）『現代アフリカ経済論』ミネルヴァ書房。

（髙橋基樹）

終　章
グローバリゼーションと日本経済

　2011年3月11日に発生した東日本大震災は，日本経済に多大な被害をもたらした。この大震災は，同時に，日本企業のみならず，たとえば，米国の自動車産業にも深刻な影響をもたらしている。東北地方で生産されている自動車部品が米国に供給されなかったためである。改めて，日本経済の動向が世界に影響を与えていること，あるいは日本経済と世界経済が密接につながっていること，さらにはグローバリゼーションが進展していることが実感させられたといえよう。

　経済面におけるグローバリゼーションは，主としてGATT/WTO（後述）を通じて進展してきた。ただ，グローバリゼーションは，いくつかのリスクを抱えている。現時点で問題となるのは，資源不足，グローバル・インバランス及び経済の金融化である。一方，日本経済，とりわけわが国企業は，対外直接投資を拡大することなどにより，グローバリゼーションへ積極的に対応してきた。ただ，グローバリゼーションに一層対応し，かつ東日本大震災からの復旧を可能にするためには，さらなる開放が必要である。

　本章では，グローバリゼーションと日本経済の関係について，これまでの動きを振り返り，今後について展望してみたい。

1　グローバリゼーションが進行する世界経済

(1)　グローバリゼーションの背景

　グローバリゼーションとは何であろうか。さまざまな定義があり得るが，ここでは「ヒト，モノ，カネ，資本，さらには，情報などの移動が国境を越えて地球規模で盛んになること」と定義しよう。政治的・経済的な国境の重要性が低減される，あるいは除去されることともいえる。

　ところで，**表終-1**は世界平均でみた輸出依存度の推移をみたものである。この表から明らかなように，戦後，世界の輸出依存度は傾向的に上昇してきた。

表終-1 輸出依存度の推移

(単位：%)

1965年	1970年	1975年	1980年	1985年
12.3	13.6	16.4	18.7	18.8
1990年	1995年	2000年	2005年	2009年
18.9	21.0	24.3	26.8	24.2

(注)　輸出依存度＝財・サービス輸出/GDP
(出所)　World Bank, *World Development Indicators.*

　すなわち，世界の貿易は，経済規模（すなわち，GDP）を上回るスピードで拡大してきたことになる。言い換えれば，財・サービス貿易における国境の重要性は低下し，経済あるいは貿易におけるグローバリゼーションが進行しつつある点を示している。

　このように，戦後，貿易量が順調に拡大してきた背景として，次の3点が指摘できる。まず第1点は貿易の自由化が進展したことである。第二次大戦後，GATT（関税貿易一般協定）及びWTO（世界貿易機関）を通じ，各国は関税及び非関税障壁の削減あるいは低減を行ってきた。すなわち，1948年にスタートしたGATTは，度重なるラウンド交渉などを通じて，主として関税率の引き下げに努力してきた。その結果もあり，鉱工業品に関する関税率は，GATT発足当時の世界平均40％から，1995年のWTO発足時には同4.7％にまで低減している。また，GATTを発展させることによって発足したWTOは，さらなる関税率の引き下げに加えて，サービス貿易の自由化，あるいは投資に対する障壁の除去などにも努めている。このようなGATT/WTOの交渉を通じ，国際貿易にかかわる様々な障壁あるいは費用は低減するようになり，その結果，貿易量が一層拡大するようになったのである。

　また，GATT/WTOの枠外で各国・各地域で進められてきたFTA（自由貿易協定），あるいはEPA（経済連携協定）も重要である。これらにより，少なくとも加盟国間において，貿易にかかわる障害の削減が進んだことは間違いない。

　第2点は新興国，とりわけ中国の台頭である。既述したように，関税率は大幅に引き下げられるようになった。ただ，関税率が1桁といったレベルに達し，これ以上の大幅な引き下げは困難になったにもかかわらず，貿易量は相変わらず増加している（表終-1参照）。その背景として考えられる点のうち，重要なものは新興国が台頭したことである。とりわけ注目すべき点は中国である。**表**

表終-2　世界GDPに占める各国のシェア

(単位：%)

	1985年	1990年	1995年	2000年	2005年	2009年
中国	2.4	1.8	2.5	3.7	4.7	8.7
日本	10.7	13.9	17.6	14.5	9.4	9.0
米国	32.2	25.9	24.6	30.7	25.8	24.3

(注)　各国の自国通貨による名目GDPをドル換算して作成。従って，為替レートの変動によっても変化する。

(出所)　UN, *National Account Aggregate Database*.

終-2は，世界の主要地域のGDPのシェアを比較したものであるが，ここから中国のシェアが急速に上昇していることを読み取れるであろう。2010年には，そのGDPは日本を上回るようになり，世界第2位の経済大国になったことは記憶に新しい。

同国では，1970年代末以降，いわゆる「改革開放」路線が選択され，その結果，1990年代に入ると，目覚ましい経済成長を遂げることになる。訓練された安価な労働力を利用し，さらには最近では技能労働者を活用した製品が世界に輸出されるようになったことである。また，同国は，旺盛な内需を賄うため，エネルギー・資源を世界から輸入するようになった。かつて国内のみで十分に供給できた原油・石炭なども，現在では輸入に依存するようになっている。

世界の貿易量を拡大させた第3の要因は，主として1990年代後半から進展したICT (Information Communication Technology) 化，あるいは情報化である。国内取引と比較して，貿易取引には種々のリスクがつき物である。そもそも外国の相手先・商品を探す（サーチ）コストは，消費者・企業にとって国内の取引と比較すると大きなものになるであろう。また，取引先と契約を締結する際，相手国における法制度・商習慣などについて，十分に理解しておく必要がある。さらに，為替レート変動に伴うリスクも重要である。これらのコストは，いかに情報化が進展しようとも，常に発生すると考えられる。ただ，インターネットを利用することにより，海外諸国に関する情報は簡単に入手できるようになったことから，これらのコストは確実に低下してきたといえるであろう。これまで貿易とは無縁であった国内の中小企業が，ウェブを活用することにより，輸出入を行うようになった例は数多く存在する。

（2） グローバリゼーションとリスク

　このように戦後，順調に進展してきたグローバリゼーション及び，それによる世界貿易の発展であるが，いくつかリスクも存在する。場合によっては，世界経済がグローバリゼーションの悪影響により，深刻な景気後退にも陥りかねないからである。さまざまな点が考えられるが，現時点では次のようなリスクが重要である。

　まず第1は資源及びエネルギーの供給制約である。資源採掘技術の目覚ましい進展，LNGタンカーに代表される輸送技術の進展などにより，資源の需要国は比較的容易に世界の各地域から資源・エネルギーを調達できるようになった。このように，資源・エネルギーの利用可能性が高まったことが，世界経済の発展を可能にしたともいえるであろう。ただ，その半面，経済成長のスピード程には資源の供給量の増加が追いついておらず，資源及びエネルギー価格の高騰がもたらされている。加えて，二酸化炭素をはじめとする温室効果ガス排出量が増加の一途をたどっており，その結果，異常気象が頻発するようになったとみられることも重要である。資源及びエネルギー不足は，今後，世界経済の成長及び貿易の増加にとって，制約要因になる可能性が高い。

　第2点はグローバル・インバランスである。すなわち，米国における経常収支の赤字がほぼ恒常的に増加を続ける一方，中国など新興国及びOPEC諸国の経常黒字が恒常的に続いているという現象である（図終-1参照）。なお，本図では，2009年及び2010年のグローバル・インバランスは縮小している。ただ，両年は，「リーマン・ショック」の影響が本格化した異例の時期である。IMFによれば，2011年以降についても，かつてと比較すると経常赤字は縮小すると見込まれてはいるものの，依然として大幅な水準にとどまっている。

　米国では，巨額の財政赤字（＝政府部門の超過需要），及び低い貯蓄率（＝過剰消費）が相まって，海外からの財・サービス購入が常に財・サービスの供給を上回る状況が継続し，恒常的な経常収支の赤字をもたらせている。一方，近年に至り注目されるようになったのは，中国の経常黒字である。安価で良質な財の輸出が好調であること，人民元の為替レートが比較的低い水準にとどまっていることなどが，その主因と考えられている。加えて，原油価格の高騰を背景にOPEC諸国も黒字を累積している。この結果，米国の赤字，中国・OPEC諸国の黒字というグローバル・インバランスという構図が定着しているのである。

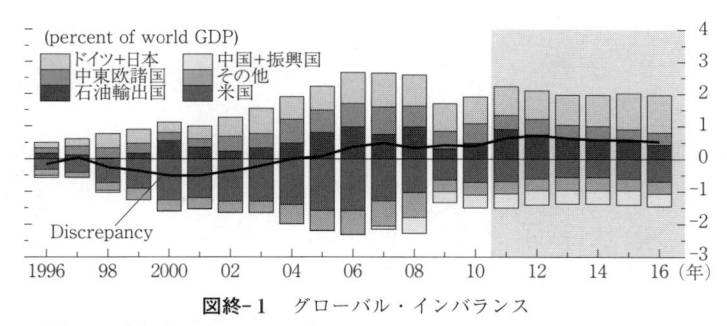

終　章　グローバリゼーションと日本経済

図終-1　グローバル・インバランス

(注)　2011年以降はIMFによる予測
(出所)　IMF, *World Economic Outlook*, April 2011, p.23

　一体，どこまで本構図が持続するのであろうか。どこかで，大きな修正が発生するのであろうか。
　第3のリスクは経済の金融化とも称せられる現象であり，このグローバル・インバランスと密接に関係する。すなわち，中国など黒字国は，獲得した外貨を米国に投資しているため，米国への資金還流が行われており，既述したグローバル・インバランスの持続が可能となっている。その際，米国では，最先端の金融工学（フィナンシャル・エンジニアリング）を駆使した金融商品が開発され，販売されており，黒字国からの資金流入を促進した点も重要である。一方，黒字国側でも，輸出促進のため自国の為替レートを割安な水準に維持するため，積極的に為替市場において自国通貨売り・ドル買い介入を行った。その結果，黒字国において過剰な流動性が供給されたのである。すなわち，米国など先進国においては巨額の財政赤字が継続し，それをファイナンスするため金融緩和策が実施され，一方，新興国でも自国通貨安を維持するため流動性の供給が行われ，いわば世界的な「バブル」発生の原因となった。2008年9月の「リーマン・ショック」発生の一因ともいえる。また，一次産品市場に投機的な資金流入が続き，資源価格の上昇が加速した背景でもある。その後も，米国のみならず欧州においても，「バブル後遺症」に見舞われており，世界経済の回復を困難なものとしている。

2 グローバリゼーションに直面する日本経済

(1) 増加する対外直接投資

次に，これまで述べてきたような世界経済におけるグローバリゼーションの進展に対して，日本経済，あるいはわが国産業はどのように対応してきたのかについて考えてみたい。さまざまな角度からの分析が可能であるが，ここでは，対外直接投資を通じた企業の海外進出に焦点を当てたい。平均的にいうと，日本企業はグローバリゼーションの第3ないしは第4の段階（後述）に入りつつあり，その際，重要とみられるのは対外直接投資だからである。

一般に企業のグローバリゼーションは，次のような段階で進展する。まず第1段階は，代理店などを通じた輸出入である。ただ，輸出入の規模が拡大するにつれ，たとえば，輸出においては効率的なアフターサービスの提供，あるいは輸入で現地における検品などが次第に重要となる。このため第2段階において，企業は自らの販売拠点あるいは，調達拠点を設立するようになる。ただ，次第に輸出入規模が一層拡大するようになると，わが国企業は輸出面では貿易摩擦，また，輸入面では原材料・製品の調達などで困難に直面する。このため，企業のグローバリゼーションは，第3段階，すなわち，輸出においては製造拠点の設置，あるいは輸入面では，資源確保のための対外直接投資を行う。さらにグローバリゼーションが進む第4段階において，企業はそれぞれの活動に最も適切な国・場所に拠点を設置し，それぞれの拠点間で情報・部品の融通を行うというグローバル企業となる。

図終-2はわが国企業による対外直接投資の推移をみたものである。わが国企業による対外直接投資には，次のような特徴が存在する。まず第1は，日本の対外直接投資が本格化したのは，1970年代に入ったからという点である。当時，いわゆる「ニクソン・ショック」を契機に円高が進行したこと，日本の大幅な出超を背景に日米貿易摩擦が深刻化したことから，輸出から現地生産への海外戦略のシフトがみられたからである。なお，当時，進出先として注目されたのは東南アジアであり，また業種別では繊維産業が対外直接投資をリードした。さらに，70年代には，いわゆる石油危機が発生，資源調達の重要性が認識されるようになり，資源保有国への投資も活発化した。

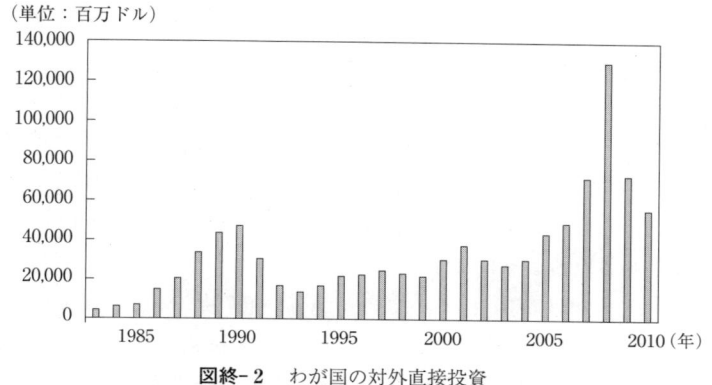

終　章　グローバリゼーションと日本経済

（単位：百万ドル）

図終-2　わが国の対外直接投資

（注1）　1995年度以降は，円建てで表示されている金額をドル換算している。
（注2）　ドル換算方法，定義の変更があったため，1995年前後で厳密には連続性がない。
（出所）　JETRO「日本の対外直接投資（国際収支ベース，ネット，フロー）」

　第2に，1980年代半ば以降にも，いわば第2次ブームが起こっていることである。この時も，いわゆる「プラザ合意」後の円高進行が重要な要因であった。地域別にみると，とりわけ米国向けが大幅に増加した他，「市場統合ブーム」に沸く欧州向けも増加した。また，産業別にみると，自動車を始めとする輸送機械，さらには電気機械が中心であった。また，円高により，円ベースでみた投資額が割安になったことも，対外直接投資を促進した。第3は2000年代に入ってからであり，中国を始めとするアジア諸国向けが好調となっている。
　このように，何度かのブーム期を経て，わが国企業の対外直接投資が拡大を続け，その結果，わが国企業の海外生産比率（＝現地生産高/当該企業の世界における生産高）は上昇の一途をたどるようになった。すなわち，同比率は1985年度の3.0%から90年度に6.4%，さらに2009年度には17.8%にも達している（経済産業省調べによる）。

（2）　生産のネットワーク化

　こうした海外生産の拡大とともに注目されるようになった点は，アジアにおけるわが国企業を中心とした生産のネットワーク化である。なお，このネットワーク化は，何もわが国企業のみ，あるいはアジアにおける企業活動のみが有する特徴とはいえない。程度は別として，米国あるいは欧州企業でも，それぞ

れ北米あるいは欧州において同様の戦略が採用されている。ただ，アジアにおけるわが国企業が際立っているといえる。

かつてD．リカードは，各国が比較優位に基づいて「産業間貿易（Inter-industry trade）」を行えば，貿易の利益が生じる点を論証した。たとえば，農産物と工業品の間で貿易を行うことである。ただ，近年，産業構造が近似している諸国間で，近似した製品が取引される「産業内貿易（Intra-industry trade）」の増加が注目されるようになってきた。

加えて，アジア及びEUにおいては，「製品内貿易（Intra-product trade）」の増加が目立っている。具体的には，生産活動を複数の生産プロセスに分解（fragment），それぞれの生産プロセスに適した立地条件を有する国・地域を選択し，これらの地域に各生産プロセスを分散立地させることである。工程間分業とも称される動きである。その結果，複数国にまたがる生産拠点間で中間財を融通しあうというパターンの貿易が顕著に増加しているのである。たとえば，製品の開発は日本で，部品の生産を中国で，また，アセンブリーをベトナムで行い，最終製品は米国・日本で販売するといった生産パターンである。それ以前に国内で完結していた生産体制が，このような国境を越えた生産分業体制に転換されれば，結果的には，中間財および部品を中心とするアジア及びEU域内貿易の増加をもたらすことになる。

こうした生産のフラグメンテーション（fragmentation）を引き起こす要因として最も重要な点は，輸送費の削減である。ここで輸送費とは，狭義の物理的輸送費だけではなく，関税・非関税障壁，さらには国境を越えることによる異なった通貨間の交換に起因する為替レートの存在も含まれる。ASEANをはじめとするアジアにおける経済統合の動き，あるいは，1997年のアジア金融危機以降，アジアにおける通貨危機回避への試みが続けられており，アジア各国をまたぐ貿易について，輸送費の削減が進みつつあるといえる。その結果，アジアの他国に生産拠点を設置したとしても，国内に完結した生産システムを設ける場合に比較して，コストが格段に増加することはない。因みに，アジア（具体的には，ASEAN＋6ヵ国）における域内貿易比率は1980の36.7％から次第に上昇し，2008年には53.2％にまで達している（IMFの"Direction of Trade Statistics"による）。1970年代後半のEUとほぼ同水準である。

ここで，アジアとEUにおける工程間分業について比較してみよう。アジア

とEUは，域内分業体制という点で類似点がみられる。いずれも多くの諸国が存在し，国境が複雑に入り組んでいる。また，域内の所得格差が大きなことも同様である。比較的所得格差が小さいと考えられがちなEUにしても，たとえば，ルーマニアとルクセンブルグには大きな差がある。所得格差は賃金格差にもつながることから，労働コストが重要な生産プロセスを低所得国に配置すれば，コスト引き下げが可能になる。また，EUにおいては経済統合が，アジアにおいては自由貿易協定が締結されるなどにより，国境を超える取引に関する輸送費が低下しつつある点も共通点として重要である。

ただ，両地域にはいくつかの面で相違点がある。まず第1は制度面での統一性である。EUにおいては，新規加盟国を受け入れるに当たり，EUの制度導入を義務づけている。したがって，たとえば特許権・著作権，環境保護制度など，均一な制度が実現している。一方，アジアにおいては，各国が各様の自由貿易協定を締結しつつある。日本・フィリピンの自由貿易協定は，中国・ASEANの自由貿易協定とも，さらには現在，議論されているTPP（環太平洋パートナーシップ）とも，その内容は異なる。かつてJ．N．バグワィティは，こうした現象を「スパゲッティ・ボウル現象」と呼んだ。このことがアジアにおける域内分業体制を形成するうえで，どの程度まで障壁になるかは明らかではない。ただ，わが国企業がアジアを舞台に精緻な域内分業体制を形成しようとする場合，障壁になる可能性は否定できない。

第2点は通貨の問題である。EUの場合，多くの国で既にユーロが導入されている。また，現時点ではユーロ圏外にある諸国でも，何らかの方法によりユーロにペッグした通貨体制を採用している。一方，アジアにおいては，人民元・ウォン・円など主要通貨についてすら，包括的なに安定化メカニズムが形成されていない。このことが，為替レート変動という不確実性につながり，域内分業に障壁となることもあり得る。

第3は輸送費に関するものである。EUの場合，多数の諸国は陸路で結ばれており，トラック・鉄道により生産拠点間の輸送が可能である。ところが，アジア諸国は海によって隔てられている諸国が多く，生産拠点間の輸送には，トランシップ（陸上輸送と海上輸送の間の積換え）が必要であり，コスト上不利である。いかに一貫した輸送体系を形成するか重要な課題といえる。

3　グローバリゼーションと今後の日本経済

　最後に，これまで述べてきたグローバリゼーションに対して，今後，日本経済はどのように対応していくのか，あるいは対応すべきかについて論じることにより，終章の締めくくりとしたい。

　いくつかの論点があり得るが，これらを議論する前に，まず，明らかにしておきたい点がある。それは2011年3月11日に発生した東日本大震災からの復興である。戦後最大となった大震災に対して，多くの政策を講じる必要があることは論をまたない。また，その復興が単なる元への復旧であってはならず，より活力のある経済を形成する復興があることも，また論をまたない。

　その際，次の点が重要と思われる。まず第1点は，そもそも日本経済の成長力が低下しつつあったという事実である。因みに，1974年〜1990年という期間中，平均で4.2％であった日本の経済成長率は91年から2010年という期間中には0.9％へ低下している。また，こうした成長率の長期的な低下を背景に，日本の財政事情は悪化を続け，今日に至っている。果たして，日本経済全般の活力が失われつつあるという環境の下，東北地方が活力を取り戻すことは至難の業といえるかもしれない。東北の再建と日本の再建は，同時に実現しなければならない課題といえるであろう。因みに，阪神淡路大震災の前年である1994年時点で日本の公的債務残高／GDP比は79.0％であったが，2010年には199.7％というレベルに上昇している（OECDによる）。したがって，このままでは財政資金のみによる東北復旧支援は困難な情勢である。すなわち，財源面に限って考えても，日本経済全般の活性化により財政事情を改善させることと，これを通じて東北支援を実現することを同時に達成することが必要となっている。

　第2は，日本経済がどのような位置にあり，どのように変化しようとも，グローバリゼーションは一層進行するであろうし，日本経済もグローバリゼーションを避けて通ることは不可能になっているということである。そうだとすると，むしろ日本からグローバリゼーションを乗り切るという姿勢が不可欠とみられる点である。図終-1によれば，21世紀に入り，わが国企業による対外直接投資は一層拡大しつつある。企業は，むしろグローバリゼーションを一層視野に入れたオペレーションを進めつつあるともいえるであろう。

第3に指摘したい点は，グローバリゼーションが国内経済に及ぼす影響である。しばしば，日本経済を一層開放することは，海外企業あるいは外資の進出を招き，その結果，外資主導型経済が形成されれば，比較的競争力の弱い産業に悪影響が及び，日本の安定が脅かされるという議論がある。ただ，外国企業の進出や外資の流入により，競争が促進されれば結果的には国内の生産性が上昇し，日本経済の競争力が強化されることは明らかである。換言すれば，一層の「開国」を進めることが重要とみられるのである。よりむしろ恐れるべき点は，日本経済が世界から取り残され，「ガラパゴス化」することであろう。

　繰り返しになるが，グローバリゼーションの進行はもはや止めることは不可能であり，むしろこれを乗り切ることにより，日本経済の活性化，さらには東北地方の復興が可能になる点を強調しておきたい。

●参考文献
経済産業省『通商白書』各年版。
内閣府『経済財政白書』各年版。
内閣府『世界経済の潮流』各号。
IMF, *World Economic Outlook*, 各号。
石川・菊地・椋編著（2007）『国際経済学をつかむ』有斐閣。
西島章次編著（2008）『グローバリゼーションの国際経済学』勁草書房。

（久保広正）

索　引
（＊は人名）

ア 行

アーリーバード・プロジェクト　151
＊青山光子　83
＊赤松要　116
アジア金融危機　113
アジアの経験　203, 208
アパルトヘイト　206
アフトヴァズ　102
アフリカ開発会議　203, 215
アフリカ系アメリカ人　207
アフリカ人奴隷　205
アフリカ成長機会法　197
アフリカの製造業　210
＊安倍晋三　149
アメリカ　196, 206, 207
アルジェリア　186, 199
アンカー電機　147
安全保障　36
アンチ・ダンピング課税　68
安定供給（資源の──）　178
アンブレラ条項　147
域内貿易比率　175
一次産品　188, 190-192, 199
移民　207, 212
移民社会　32
衣料　211
インド政庁　133
インド綿花　132, 133
インド綿糸　132
インド洋　207, 214
ヴァウチャー　98, 101
＊ヴァジパイ，アタル・ビハーリー（インド首相）　148, 149
エジプト　186, 199

エチオピア　193
円借款　123, 134, 148, 150-152, 202
援助　194, 202, 215
援助依存　206
円高　8
欧州2020　75
欧州金融安定ファシリティー　75
欧州金融監督者システム　75
欧州金融メカニズム　75
欧州システミック・リスク・ボード　75
欧州の砦　68
大阪紡績　132
＊岡崎勝男　156
オランダ病　100
オリガルヒ　98, 101

カ 行

海外生産比率　225
海外投資　193
改革開放　221
外国直接投資　143
外南洋　109
開発輸入方式　134
＊海部俊樹　148
カカオ　191
価格拡大効果（輸出額の──）　174
科学技術協定　77
加工貿易　190
ガスプロム　102
カナダ　22
ガラパゴス化　229
＊カレルギー，リヒャルト・クーデンホフ　83
雁行形態発展論　116
＊ガンディー，ラジーブ（インド首相）　135, 157

＊菅直人 141
機械 198, 209, 210
機会の公平性 35
企業内国際分業 211, 213
技術協力 202
北アフリカ 186, 193, 205
協調関係 35
ギリシャ危機 73
キリブル鉄鉱山 134
金融・保険業 201
金融工学 223
口先介入 21
組み立て工程 11
グローバリゼーション 10
グローバル・イシュー 67, 76
グローバル・インバランス 222
グローバル金融危機 89, 99
黒字国責任論 26
軽工業製品 210
経済自由化 172
携帯電話 211
系列関係 21
結果の公平性 35
原綿 208
＊小泉純一郎 149
鉱業 188, 207
鉱業産品 191
工業製品 189
鉱産物 197-199
構造調整 207
購買力平価 111
広範囲（フルセット）の工業化 117
鉱物資源 190, 210
コーヒー 191
国際競争力 3
国際通貨 77
国際ドル 113
国際分業 190, 201, 213, 215
国民総所得 186
コタック・マヒンドラ銀行 147

＊ゴルバチョフ，ミハイル 86, 95

サ 行

在華紡 40
最恵国待遇 23
財政ひっ迫 215
在日米軍基地 36
財閥解体 20
サハラ以南のアフリカ 186, 193, 205
サハリンプロジェクト 89, 103
サプライチェーン 12, 126
産業間貿易 226
産業空洞化 11
産業構造転換 116
産業政策 30
産業内貿易 226
サンクトペテルブルク 85, 86, 91, 92
三国同盟締結 20
サンフランシスコ講和条約 131, 133, 155
産油国 193
資源・エネルギー 6
資源依存型 91
資源開発 215
資源確保 13
資源の呪い 174
資産バブル 21
市場経済移行 101
市場経済化 97
市場統合白書 68
持続可能な成長（sustainable growth） 75
自動車 188, 199, 201, 209, 210, 213, 214
ジニ係数 4, 80
シベリア開発協力プロジェクト 95, 96
下関条約 40
ジャパン・バッシング 35
10月革命 86
重工業製品 198
重厚長大産業 212
囚人のジレンマ 34
自由の国 31

索引

証券投資　200, 201
少子高齢化　2, 36
消費市場　121
植民地　212
植民地支配　196, 205
所得水準　186
人権　207, 215, 217
人権問題　206
新興援助国　203
新興諸国　190
新自由主義　162
人種差別　206, 208, 212
＊シン，マンモハン（インド首相）　141, 150, 157
垂直的な貿易関係　197, 212
スーダン　199
数値目標　27, 28
スーパー301条　22
スズキ自動車　135, 144, 147
スパゲッティ・ボウル現象　227
スミソニアン協定　25
正規雇用　4
生産ネットワーク　11, 107
生産のネットワーク化　225
生産プラットフォーム　181
製造業　188, 192, 212-215
成長のための日米経済パートナーシップ　29
制度環境　192
製品内貿易　226
政府主導　162
世界銀行　134, 136, 139
石油　190, 192, 196
尖閣列島（魚釣島）　49
走出去　207
ソ連　86, 93, 94, 97

タ　行

第一三共　147
第1次産業　188
第1次石油ショック　25

対外進出政策（「走出去」）　52
対外的な脆弱性　192
＊大黒屋光太夫　92
対中経済協力の3原則　46
対中経済フィーバー　45, 46
対中投資ブーム　47
大店法　28
対内直接投資　8
第2次産業　188
対日貿易3原則　44
対ロ投資　91
対ロ貿易　87, 88
＊高田屋嘉兵衛　92
タタ・テレサービシズ　147
タックスヘイブン（租税回避地）　169
単一欧州議定書　68
単一銀行免許（Single Banking Licence）制　74
ダンピング　26
地域貿易協定　13
地域経済統合　181
小さな政府　26
チェンマイ・イニシアティブ　127
知的な成長（smart growth）　75
茶　191
中国企業による対日投資　59
中国脅威論　61, 63
中国崩壊論　61
チュニジア　186
長期滞在者　204
長期的取引関係　33
朝鮮特需　122
直接投資　8, 9, 144, 193, 200, 201, 214
通貨危機　175
通貨発行特権　77
通商条約　19
通商法301条　22
通信機器　211
＊鄭和　207
デカセギ　162, 182

233

出稼ぎ者　207
鉄鉱　140, 198
鉄鋼　209
鉄鉱石　134, 135, 136, 140, 191
デリー高速輸送システム建設計画　150, 151
デリーメトロ　150, 151
テルコ・コンストラクション・エクイップメント　147
電気機械　210, 211
電気製品　201
電子製品　188
天然ガス　190, 196
毒入り餃子事件　48
トモダチ作戦　19
トヨタ自動車　145, 147

ナ 行

ナイジェリア　199
内政不干渉　207, 217
長崎国旗事件　44
＊中曽根康弘　135
ナラシマ・ラオ　157
南巡講話　125
南南協力　208
南南協力支援　172
ニクソン・ショック　25, 224
日・EC共同宣言　69
日・EU協力のための行動計画　69
日・EU市民交流年　69
日・EU相互認証協定　72
日印会商　133
日印平和条約　131, 155, 156
日米安保問題　24
日米円ドル委員会　27
日米規制緩和対話　29
日米経済調和対話　29
日米経済摩擦　26
日米構造協議　28
日米繊維交渉　25
日米半導体協定　27

日米貿易経済合同委員会　24
日米包括経済協議　28
日米綿製品協定　24
日系移民　162
日ソ共同宣言　94, 104
日ソ貿易　94
日中長期貿易取り決め書　45
日中平和友好条約　45
日本異質論　30
日本人の対中認識　61
日本鉄鋼業　134
日本の対中投資　41, 54
日本綿業　132
ネオリベラリズム　172
＊ネルー，ジャワハルラール（インド初代首相）　156
農業　192, 215
農産物　207
農地改革　20
＊野田佳彦　150
野村證券　147

ハ 行

＊パール，ラダ・ビノード　156
パイプライン　91, 103
バイラディラ鉄鉱山　134
＊鳩山由紀夫　150
東アジアの奇跡　109
東アジア貿易マトリクス　51
東日本大震災　13, 203, 213, 217
非正規雇用　4
非製造業の直接投資　200
日立建機　147
非鉄金属　190, 198, 199
非同盟外交　207
人の動き　204
平等互恵　207
「ピラミッドの底辺（Base of Pyramid：BOP）」向けのビジネス　211
貧困　186, 192

索　引

ヒンドゥスタン・モーターズ　135
＊プーチン，ウラジミール　87
　プーチンのリスト　102
　福田ドクトリン　125
　腐敗　206, 215, 217
　フラグメンテーション　226
　プラザ合意　21
　プラチナ　199, 212
　フランス　196, 205
　プランテーション　205
　フルブライト奨学金　31
　プレミア・オートモービルズ　135
　文化産業　11
　分散（フラグメンテーション）　213
　ベルギー　196
　ペレストロイカ　86, 88, 91
　便宜置籍船　199
　変動相場制　25
　貿易依存度　50
　貿易黒字　193, 194
　貿易上の特恵的措置　196, 198
　貿易の多様化　10
　貿易摩擦　20, 67
　貿易マトリックス　138
　包括的な成長（inclusive growth）　75, 80
　法人所得税　12, 181
　法制度　215
　ポートフォリオ投資　119
　補完的貿易関係　163
　保護主義　21
　北方領土問題　88, 94, 104
　本田技研工業　144, 147
　ボンベイ航路　132

マ　行

マルチ・ウドヨグ社　135, 136, 140
マルチ・スズキ　140
マルチ・ラティーナ　167
マルチ800　135
マル優制度　28

満州産業開発5カ年計画　42
三井住友銀行　147
南アフリカ　199, 201, 206, 208, 212-214
ミレニアム開発目標　203
民主主義　206, 207, 215, 217
綿紡績業　40
モーリシャス　201
モスクワ　85, 98, 105
＊森喜朗　148
モロッコ　186

ヤ　行

友好貿易　44
ヤ行　73
ユーロ圏　196
輸出　195
輸出依存度　5
輸出加工区　125
輸出結合度（Bilateral Export Intensity Index）　138
輸出自主規制　25, 68
輸出プラットフォーム　181
輸入　195
輸入代替的工業化政策　162
ヨーロッパ連合　196

ラ　行

ラウンド交渉　220
ランバクシー・ラボラトリーズ　147
リーマン・ショック　2, 39, 73, 222, 223
リーマン・ブラザーズ　147
リスボン戦略　75
リビア　186
リビジョニスト　30
リベリア　199
ルール・メーキング・パワー　79
ルック・イースト政策（Look East Policy）　139
レアアース　179
レアメタル　179

冷戦　28, 206
冷戦終了　36
労働集約型産業　116
労働生産性　3
ロシアの産業構造　89
ロスネフチ　102

ワ 行

湾岸戦争　139, 157

アルファベット

APEC（アジア太平洋経済協力）　126
ASEAN（東南アジア諸国連合）　108, 124
　──自由貿易地域（AFTA）　126
BRICs　87, 98
CACM（中米共同市場）　181
CAN（アンデス共同体）　181
CEPA（(日印) 包括的経済連携協定）　131,
　141, 143, 147, 150, 155, 158
CTBT（包括的核実験禁止条約）　149
DAC（開発援助委員会）　55
DFC（インド貨物専用鉄道構想）　151
DMIC（デリー・ムンバイ間産業大動脈構想）
　150-152, 158
DMICDC（デリー・ムンバイ間産業大動脈開発会社）　151
EAEG（アジア経済グループ構想）　126
EMU（経済通貨同盟）　73
EPA（経済連携協定）　13, 82, 127, 220
日本チリ──　171

日本ペルー──　171
日本メキシコ──　171
ERASMUS　77
ETP（Executive Training Programme）　70
FTA（自由貿易協定）　13, 36, 127, 220
GATT　220
IMF（国際通貨基金）　135, 136, 139
　──・GATT体制　25
ISバランス　22
LAFTA（ラテンアメリカ自由貿易連合）
　181
LT貿易　44
M&A　180
MERCOSUR（南米南部共同市場）　181
MOSS協議　28
NAFTA（北米自由貿易協定）　22, 176, 181
NIES（新興工業経済地域）　108, 212
NTTドコモ　147
ODA（政府開発援助）　134, 143, 135, 147,
　170, 193
対中──　54
OECD（経済協力開発機構）　55
PRIDE（南部半島地域産業開発回廊）　152
SEATO（東南アジア条約機構）　124
STEP（本邦技術活用条件）　151
TPP（環太平洋パートナーシップ）　15, 24,
　127, 227
UNCTAD（国連貿易開発会議）　124
WTO　29, 220

《**執筆者紹介**》（所属，執筆分担，執筆順，＊は編者）

*西島章次（元・在ブラジル日本大使館公使，はしがき，序章，第7章）

地主敏樹（神戸大学大学院経済学研究科教授，第1章）

加藤弘之（神戸大学大学院経済学研究科教授，第2章）

*久保広正（神戸大学大学院経済学研究科教授，はしがき，第3章，終章）

吉井昌彦（神戸大学大学院経済学研究科教授，第4章）

三重野文晴（京都大学東南アジア研究所准教授，第5章）

佐藤隆広（神戸大学経済経営研究所教授，第6章）

高橋基樹（神戸大学大学院国際協力研究科教授，第8章）

《編著者紹介》

西島章次（にしじま・しょうじ）
- 1949年　神戸市に生まれる。
- 1978年　神戸大学大学院経済学研究科博士課程修了。
- 1994年　経済学博士（神戸大学）。
  神戸大学副学長，神戸大学経済経営研究所教授，
  在ブラジル日本大使館公使を歴任。
- 2012年7月28日　歿。
- 主　著　『現代ラテンアメリカ経済論』（共編著）ミネルヴァ書房，2011年。
  『グローバリゼーションの国際経済学』（編著）勁草書房，2008年。
  East Asia and Latin America : The Unlikely Alliance, co-edited, Rowman & Littlefield, 2003.

久保広正（くぼ・ひろまさ）
- 1949年　大阪府に生まれる。
- 1973年　神戸大学経済学部卒業。
- 現　在　神戸大学学長補佐・大学院経済学研究科教授，博士（経済学），
  日本EU学会理事長。
- 主　著　『現代ヨーロッパ経済論』（共編著）ミネルヴァ書房，2011年。
  『現代ヨーロッパ経済〔新版〕』（共著）有斐閣，2006年。
  『欧州統合論』勁草書房，2003年。

シリーズ・現代の世界経済　第9巻
現代の世界経済と日本

2012年10月30日　初版第1刷発行　　　　〈検印省略〉

定価はカバーに
表示しています

編著者	西島章次
	久保広正
発行者	杉田啓三
印刷者	藤森英夫

発行所　株式会社　ミネルヴァ書房
607-8494　京都市山科区日ノ岡堤谷町1
電話代表　(075)581-5191
振替口座　01020-0-8076

© 西島章次・久保広正，2012　　　亜細亜印刷・藤沢製本

ISBN978-4-623-06274-4
Printed in Japan

シリーズ・現代の世界経済〈全9巻〉

A 5 判・美装カバー

第1巻 現代アメリカ経済論　　　地主敏樹・村山裕三・加藤一誠 編著

第2巻 現代中国経済論　　　　　加藤弘之・上原一慶 編著

第3巻 現代ヨーロッパ経済論　　久保広正・田中友義 編著

第4巻 現代ロシア経済論　　　　吉井昌彦・溝端佐登史 編著

第5巻 現代東アジア経済論　　　三重野文晴・深川由起子 編著

第6巻 現代インド・南アジア経済論　　石上悦朗・佐藤隆広 編著

第7巻 現代ラテンアメリカ経済論　　西島章次・小池洋一 編著

第8巻 現代アフリカ経済論　　　北川勝彦・高橋基樹 編著

第9巻 現代の世界経済と日本　　西島章次・久保広正 編著

―――― ミネルヴァ書房 ――――
http://www.minervashobo.co.jp/